윤명철 해양논문선집 ④

해양방어체제와 강변방어체제

| 윤명철 해양논문선집 ④ | 해양방어체제와 강변방어체제

2012년 1월 16일 초판 1쇄 인쇄
2012년 1월 26일 초판 1쇄 발행

지은이 | 윤명철
펴낸이 | 권혁재
책임편집 | 윤석우
편집 | 김현미, 조혜진

펴낸곳 | 학연문화사
출판등록 | 1998년 2월 26일 제2-501호
주소 | 서울시 금천구 가산동 371-28 우림라이온스밸리 B동 712호
전화 | 02)2026-0541~4
팩스 | 02)2026-0547
이메일 | hak7891@chol.com
홈페이지 | www.hakyoun.co.kr

ISBN 978-89-5508-263-0 94910
ISBN 978-89-5508-259-3 (전8권)

책값은 뒤 표지에 있습니다.
잘못된 책은 바꾸어 드립니다.

윤명철 해양논문선집 ④

해양방어체제와 강변방어체제

| 윤명철 지음 |

학연문화사

머리글

"역사는 인간의 발명품이고, 역사학은 발명의 도구이며, 역사학자는 창조자이며, 수리공이다."

개체의 경험은 아침햇살에 녹아내리는 이슬처럼 흔적을 남기지 않는다. 모든 생명체들은 불유쾌하고 전율을 일으키는 죽음의 자각을 극복하기위해 부단한 노력을 기울였고, 자손을 만들어 종의 기억을 지속시킨다.

생물학적으로 독특한 생성배경을 지닌 인간은 자발적으로 획득한 인식능력으로 인하여 본의 아니게 비자발적으로 또 다른 허무감을 동반자로 삼게 되었다. 실로 오랜 세월 혹독스러운 고뇌 끝에 인간은 색다른 하나의 발명품을 내놓았다. 역사이다. 자연사와 또 다른 역사를 만듬으로써 인간은 개체로서 시간과 공간의 한계를 극복하였고, 전체로서 자유의지와 존엄성을 동반하게 되었다. 인간은 역사 속에서만 인간은 끊임없이 존재하고, 자신의 존재가치를 시시각각 확인하고 만족스러워 한다.

역사학은 별로 중요하지 않을 수도 있다. 하지만 역사적인 인식은 중요하다. 그것이 있으면 인간은 개체로 머무르지 않고 무한한 生命體 및 非生命體와 섞여진 통일체로서 전체를 지향하고 있음을 느낀다. 현재는 한 부분일 뿐이고, 이 부분은 파편이 아니라 먼 과거와 먼 미래와 연결된 끈이며 '터' 라는 사실을 이해한다. 인류는 물론이고 한 개체의 탄생과 존재, 다른 개체와의 만남 등이 '우연과 필연' 여부를 떠나서 유일무이한 불가능의 가능태임을 자각한다.

2011년 12월 윤명철

fore-word

History is an invention and a means of invention. A historian is a creator and an engineer. The author had a view and a model as a historian since the first time he had an interest in studying history. He held questions and critical consciousness about modern-history which led to develop a new research method through various research fields. With the reason, he developed theories, concepts, and terms as well as introduced a way of understanding through modelling.

In 1985, the term, 'HANLYUKDO', was developed in the way of overcoming 'the Korean Peninsula' and 'a historic view of peninsular'. In 1993, 'The East-mediterranean sea model' was developed. 'The East-mediterranean sea model' is a matter of idea and civilization which will be developed to 'theory of the East-mediterranean civilization'. In 1995, he linked governing style and space to categorize 'direct-sovereignty', 'indirect-sovereignty', and 'orbit' with a model of Goguryo. He suggested geo-culture and geo-mentalogy besides geo-economics and geo-politics as the way of human use of space and field. He explained a meaning of nature environment through academic theories from various studies and apprehended comprehensively.

In 2003, He introduced 'the oceanic view of history' in national Congress of historical science and declared a necessity of interpreting Korean history from the oceanic perspective. He also suggested 'a historic view of ocean and land' which is to view the ocean and the land as one organic system. Since the time until 2011, he have presented academic accomplishments that supported and proved those suggestions including 'the ocean-land systen', 'a ocean city', 'a river-ocean city', 'the oceanic defense system'.

He had a question about 'motility' observed in history. He established stability, mobility, migratory, and mo-stability cultures. Those theories are comprehensively systemized based on modern physics, astrophysics, proxemics, biology, ethology, physiology and architecture. In the process, he established 'mother-civilization', 'east-asian civilization', and 'pan-asian theory' in order to understand our culture from the civilized perspectives.

Theories that such models are logically and ideologically based upon include 'history organicism theory', 'field & multi-core theory', and 'reflux system theory'.

'History is anthropology'
'History is praxeology'
'History is futurology'
'History is lifelogy'

He suggests a few points to Korean history academia.

First, It is to understand a reason of being, a role, a meaning, and a value of history. A historian is a recorder, an evaluator as well as a creator.

Second, it is to approach through various research methods. It is necessary to expand a research field and apply more themes and subject materials.

Third, intellectuals have an accountability to be free. It is a duty to develop 'own theories' with own thoughts and methods.

Forth, it is to understand an appropriate research method to study the ocean-related field. Theoretical approach regarding an essence and a system of the ocean needs to be a priory. It is to analyze and investigate mechanisms of the ocean scientifically and theoretically. There are oceanophysics, oceanography, Nautical Science, shipbuilding, geography, political science, urban geography, ocean folks, Fishery anthropology and other natural sciences.

The author have presented about 40 books, 10 co-authored works, and 140 dissertations. This does not include history related reviews, poems and essays. He primarily organized research accomplishments in this collection. In the future, he intends to focus on the study of human, idea, and the future. He looks for criticisms and advice from scholars.

序言

"历史是人类的发明,史学是发明的工具,史学家则是它们的创造者和不断修葺的匠人"。

笔者自跨入史学之门开始,便确定了独立的史观与史家范式。带着对现存韩国近代史学研究的强烈不满与批判意识,渴求以浑然独到的科学研究方法,开拓多彩斑斓的未知学术领域。基于上述端由,时获独得之见,别创有多样语汇、理论、概念;渐由此而设定范式,演绎逻辑,导入阐释。

自1985年始,为克服处处冠以"韩半岛"用词的半岛史观影响,竭力试图赋以"韩陆岛"之称,取而代之。1993年,别出机杼,独创"东亚地中海模式"理论,承望借穷极之思想,行文明之进路,向"东亚地中海文明论"方向平流缓进。

1995年始,又以高句丽历史为鉴,贯穿其统治方式与空间的互动,将"直接统治圈"、"间接统治圈"、"影响圈" 三者严格区分,进而利用"空间"、"地域"、"人间"三维分析方式,提出了独立于既存的"地政学"(geo-politics)、"地经学"(geo-economics)等概念之外的"地文化学"(geo-culture)、"地心学"(geo-mentalogy)等概念。从自然环境等多重意味及角度加以论证,潜心冥会、融释贯通,具体地把握了史实。

2003年在韩国全国史学大会上,主张导入"海洋史观",宣告并阐述了立足于海洋,重新诠释韩国史的必要性,藉此提出将陆地与海洋有机结合的"海陆史观"。此后至2011年,续以多种方式逐步立证补完,相继出版了各类研究成果。

围绕针对解释东亚地中海空间与世界观的"海陆体系"学说,又形成了"海港都市"、"江海都市"等等都市理论,以及海洋防御体系理论,以多重论证范式构成了整体作业不可或缺的环节。

针对历史发展过程中呈现的"运动性问题",从运动的观点出发,在对文化与人类生活方式特征关系的论证之中,设定了"农耕定居性文化"(stability)、"游牧与狩猎流动性文化"(mobility)海洋流动性文化(liquidity)与回游性文化(migratory)以及对各种文化都有所并融的"动中静文化"的(mo-stability)概念。这些理论借助了新近发展的现代物理学、空间学、生物学、动物行动为学、生理学、建筑学等多重学科知识概念,贯穿融会,使浑然于一体。在此过程中,为了从东方文明角度贯穿把握,还添加了"母文明"、"东方文明圈"、"泛亚洲论"等理论观点。

由上述模型、理论等构成的学说和思想,为论证历史有机体系及其特征的"历史有机说"、论证历史构成与体系关系的"地域多核说"以及论证历史运动方式的"环流系统说"提供了必要的补充。

'史学乃人间之学'
'史学乃行动之学'
'史学乃未来之学'
'史学乃生命之学'

至此,笔者对韩国近代史学研究提出如下建议。

首先,必须对史学的存在理由、作用、真义、价值深入探索,加以根本性理解。史学家不应单一局限于"记录者"、"评价者"的范畴,同时应担负"行为者"的职责。

其次，史学研究方法应竭力接近多样。需广泛开拓研究领域，多方选择主题素材。在空间上力求突破半岛界限，实现向东亚，乃至泛亚洲领域的拓展。

第三，学者应以崇尚自由为己任。凭借自由的思考方式，励志竭精、独辟蹊径、自出机杼、成一家之风。

第四，对于海洋相关研究，需对针对方法，由表及里、谙练通达。为此，须优先对海洋空间本质、体系，予以深刻的理论性接近；对海洋文化之构成、机制，予以科学的理论性分析；以力求谨本详始、穷本溯源。

海洋研究，大千世界；琳琅珠玉、包罗万象。既兼收有：海洋物理、气候物理、航海学、造船术；人文地理、自然地理、气候地理、政治地理、都市地理；又并蓄及：与海洋史紧密相关的海洋民俗学、渔业人类学等多门自然科学。无所不包、无所不容、无所不及、无所不至。

笔者独撰书籍40余卷，另与他人合著书籍又10卷有余，出版论文140余篇。外与历史相关的史评、书评、诗集、随笔等不涉其内。倾平生之所学，聚渊渟泽汇，萃为此编。以为将来，人间之问题、思想之问题、文明之问题、未来之问题，集中研究之所共用。

恭望同仁，不吝赐教。

东国大学教授 尹明喆 youn, myung-chul（东亚海洋史及高句丽史）

序文

"歴史は人間の発明品であり、歴史学は発明の道具であり、歴史学者は創造者であり、また修理工でもある。"

筆者は歴史を構想する決意をした時から、歴史観と歴史学者としての目指すべきモデルがあった。加えて韓国の近代歴史学に対する強い不満と批判意識があったゆえ、自然に他とは違う新しい研究方法を追求し、研究領域を多彩に開拓した。その結果、多様な理論と概念、用語などを作り上げ、モデルを設定し演繹的な解釈をする方法を導入した。

1985年度に韓半島という用語と半島史観を克服する試みとして '韓陸島' という造語を作った。1993年には '東亜地中海モデル' を作り出した。この東亜地中海モデルは究極的には思想と文明の問題であり '東亜地中海文明論' として発展するものである。1995年には高句麗をモデルとする統治方式と空間を連動させ '直接統治圏'、'間接統治圏'、'影向圏' として分類した。人間が空間、もしくは地(土地)を利用する方式として既存の '地政学(geo-politics)' '地経学(geo-economics)'、他に '地文化学(geo-culture)' '地心学(geo-mentalogy)' などの概念を提案した。自然環境の意味を多様な分野の学問理論として説明し、具体的な実状を把握した。

2003年には全国歴史学大会において '海洋史観' の導入を主張し、韓国歴史を海洋的観点で解釈する必要性を宣言した。これに続き海洋と陸地を一つの有機的なシステムとして捉えようとする '海陸史観' を提案した。その後、

2011年に至るまで多様な方式でこれをさらに補完し、理論と理論を立証する研究成果を発表した。'東亞地中海'という空間と世界観に対する解釈である'海陸的システム'、これを実現する'海港都市'、'江海都市'の都市理論、'海洋防御体制'などのモデルはこの研究の一環である。

またこれらとは別に、歴史に現れる'運動性'の問題がある。運動の観点で文化と人間の性格を論ずる農耕の安住性(stability)文化、遊牧と狩猟の移動性(mobility)文化、海洋の流動性(liquidity、及び回遊性(migratory))文化、そしてこのような性格を集約した'動中静(mo-stability)文化'などを設定した。このような理論を近世再び現代物理学、天体物理学、空間学、生物学、動物行動学、生理学、建築学などそれぞれの各学問の理論を借り、精巧に体系化させている。この過程で韓国の文化を文明的な観点で把握するため'母文明'、'東方文明圏論'、'凡アジア論'などを設定した。

このようなモデルと理論の論理的、思考的基礎になるものは歴史が有機体的である体系と性格をもっているという'歴史有機体説'、歴史の構成と体系を論ずる'場と多核(field&multi-core)理論'、歴史の運動方式を論じた'環流システム論'などであり、他にこれを補完する小理論である。

'歴史学は人間学だ'。

'歴史学は行動学だ'。

'歴史学は未来学だ'。

'歴史学は生命学だ'。

筆者は韓国近代歴史学会に数々の提言している。

一つ、歴史学の存在理由と役割、意味と価値を追求し、基本的な理解をするようにしなければならない。歴史学者は'記録者'であり'評価者'であるだけでなく、同時に'行為者(creater)'の役割も担っている。

二つ、歴史学の研究方法論は多様な接近方法が必要である。研究する領域を拡張させ、主題と素材を多様に選択する必要がある。空間的には半島を超え東アジア、更には汎アジアに拡張させる必要がある。

　三つ、知識人は自由な存在でいなくてはいけない。自由な思考と方式でもって可能な限り '自己理論' を啓発することが学者の任務である。

　四つ、海洋と関連する研究をしようとするならばそれに相応しい研究方法を理解しなければならない。海洋空間の本質と体系に関連した理論的接近が優先しなければならない。海洋文化のメカニズムを科学的に、なおかつ理論的に分析し糾明しなければならない。

　海洋物理や気候などの海洋学、航海学と造船術（工学ではなく）、人文地理、並びに自然地理、気候などを含んでいる地理学、政治学（海洋力と関連した）、都市地理学、そして海洋史と密接な学問として海洋民族、漁業陣路医学、その他、自然科学などがある。

　筆者は40余りの著書と10余りの共著と、その他に約140編程度の論文を発表してきた。もちろんここに歴史と関連した評論、詩、手記などは含めていない。筆者はこの選集を通して研究成果を一次的に整理した。これからは人間の問題、思想の問題、文明の問題、未来の問題などの主題を集中的に研究していく考えである。学者達の批判と助言をお願いしたい。

韓国東国大学教授 尹明喆 youn, myung-chul

（東アジア海洋史、並びに高句麗史）

차례

머리글 · 5

01 | 요동지방의 해양방어체제 연구

1. 서론 · 19
2. 해양방어체제의 성격 · 20
3. 요동지방의 해양전략적 가치 · 25
4. 요동 해양방어체제의 성격 · 31
5. 해양방어성의 성격과 구조 · 36
6. 결론 · 55

02 | 강화지역의 해양방어체제연구
-관미성 위치와 관련하여-

1. 서론 · 57
2. 해양방어체제의 성격 · 59
3. 강화지역의 해양환경과 역사적 상황 · 66
4. 봉천산 지역의 해양전략적 가치 · 79
5. 결론 · 92

03 | 문학산성의 해양방어체제적 성격 검토

1. 머리말 · 95
2. 인천의 해양역사적 환경 · 97
3. 해양방어체제의 성격 · 107

  4. 문학산성의 해양방어체제적 성격 · 111
  5. 맺음말 · 121

04 | 하남지역의 방어체제 연구노트 1
    -새로운 형태의 산성방어체제인 옹로를 중심으로-

  1. 서론 · 123
  2. 하남지역의 군사적 가치와 배경 · 124
  3. 새로운 방어체제 형태 · 134
  4. 맺음말 · 152

05 | 황해도 남부의 해양방어체제에 대한 연구

  1. 서언 · 155
  2. 개관과 역사적 배경 · 157
  3. 해양방어체제의 분석 · 162
  4. 결어 · 178

06 | 한강 고대 강변방어체제 연구 1
    -한강 하류지역을 중심으로-

  1. 머리말 · 179
  2. 한강 하류의 역사적 환경 · 183

3. 강변방어체제의 분석 · 192

4. 맺음말 · 210

07 | 국내성의 압록강 방어체제연구

1. 서론 · 213

2. 國內城의 首都 조건 검토 · 214

3. 압록강의 군사전략적 환경 · 226

4. 압록강 강변방어체제 · 232

5. 결론 · 242

08 | 고대 한강 강변방어체제 연구 2
   －서울 지역을 중심으로－

1. 서론 · 245

2. 한강 강변방어체제의 역사적 배경 · 247

3. 강변방어체제와 한성위치 검토 · 253

4. 한강 강변방어체제 · 263

5. 맺음말 · 271

09 | 千里長城의 구축시스템 및 海陸的 성격 검토
　　　　-江海都市論을 중심으로-

1. 서론 · 275
2. 遼東지역의 自然 및 歷史的인 環境 검토 · 276
3. 고구려성과 천리장성의 이해 · 282
4. 천리장성의 구조적 특성-터이론의 틀 속에서 · 289
5. 결론을 대신해서 · 303

01

요동지방의 해양방어체제 연구*

1. 서 론

　　동아시아의 역사는 육지질서 뿐만 아니라 해양질서의 영향도 적지 않게 받았다. 지리적 지형적 조건을 살펴보아도 한반도를 중핵에 두고 동해·황해·남해·동중국해가 둘러쌓여 있으며, 다시 이 바다들을 대륙과 일본열도가 둘러싸고 있다. 소위 지중해적 형태를 띠우고 있다. 또한 동아시아의 정치·경제·문화·군사적 관계의 중심이되는 국가와 종족들도 역시 이 지역을 중심으로 갈등과 협력의 관계를 연출하여 왔다.

　　고대에 고구려와 한족, 북방종족들간의 쟁패전은 요동반도와 발해만 그리고 황해북부를 둘러싼 성격이 강했다. 지정학적(地政學的)·지경학적(地經學的)·지문화적(地文化的) 입장에서 보아 필연적인 일이었다. 특히 소위 남북조시대가 끝나고 고구려와 한족이 본격적으로 대결을 벌이던 시대에는 요동만 지역은 군사적으로 매우 중요한 지역이 되었다. 전쟁과 전투가 바다에서 벌어졌고, 승패와 국가의 운명을 좌우한 사건도 해양을 매개로 해서 이루어진 경우가 많았다.

---

* 「遼東지방의 해양방어체제연구」, 『정신문화연구』겨울호, 통권 77호, 1999.

각 나라들은 상륙작전 등 해양을 통한 침투를 시도하고, 해안선근처에서 적극적인 공방전을 펼쳤다. 따라서 해양방어체제는 적 수군의 침입방어와 국토의 보존이라는 원론적인 목적 이외에 수도방어체제와 깊은 관련이 있고, 또한 외교통로 및 교역로를 보호한다는 다중의 의미를 가졌다. 따라서 각 나라들은 자국이 점유한 지역을 중심으로 치밀하고 복합적이며, 다양한 해양방어체제를 구축하였다. 그 가운데에서도 경기만의 해양방어체제는 전략적으로나 전술적으로, 또 국가정책과 관련하여 매우 의미가 있었다. 특히 고구려와 백제가 본격적인 충돌을 벌였으며, 양국의 관계를 불평등하게 확정시킨 관미성 전투는 당시의 역사상은 물론 해양방어체제의 실체를 규명하는데도 매우 중요한 단서를 제공한다.

본고는 고구려가 요동의 해양지역을 얼마나 중요시했으며, 어떠한 체제로 방어망을 구축했는가를 탐구하고자 한다.

이를 위해 필자는 당시 요동지역의 해양방어체제를 개괄적으로 살펴보고, 해양전략적 가치를 이해하며, 해양방어체제의 한 모델을 탐색하고자 한다. 사료가 부족한 만치 당시의 전쟁과 전투상황을 참고로 하고, 해양전략과 전술적인 입장과 현장조사를 바탕으로 지리 지형적 특성을 분석하였다.

2. 해양방어체제의 성격

해양방어체제는 형태와 기능에 따라 여러 가지 종류가 있다. 또한 위치와 규모, 용도와 기능에 따라 몇 가지로 분류할 수 있다.

1) 분류와 기능

해양방어체제는 크게 나누면 성곽(城郭)과 봉수(烽燧), 그리고 소규모의 해안초소체제로 나눌 수 있다. 성곽은 내륙으로 들어와 축성된 큰 성, 독립적인 섬의 방어성, 해안가에 있는 진성(鎭城), 해안주변에 산포한 비교적 규모가 적은 산성이 있다. 또한 해안의 일정한 부분을 감싸서 선의 개념으로 방어하는 장성(長城)이 있다. 봉수는 섬과 해안의 적당한 곳에 있는데, 때로는 작은 성의 역할을 겸하는 경우도 있다. 봉수에는 일정한 수의 군인들이 지키고 있으며, 건물도 있어서 상황에 따라서는 다양한 기능을 한다.

해양방어체제의 독특한 체제로 볼 수 있는 것이 바로 해안초소의 기능을 하는 시설이다. 보(堡), 돈대(墩臺), 참호(塹壕) 등이 있는데 물론 이것들은 조선시대의 용어와 개념이다. 하지만 전 시대에도 그러한 기능의 시설들은 분명히 있었을 것이다. 고구려는 육상관방시설을 설치하면서 큰 산성들 외에도 소규모의 산성들을 쌓았으며, 중요한 길목에는 차단성들을 쌓아 효율적으로 방어했다.

이러한 해양방어체제는 몇 가지 기능을 갖고 있다.

육상방어는 전체전략과 전술 및 지형적인 특성에 따라서 약간의 차이가 있을 수 있으나 기본적인 것은 적군과 마주칠 당시에 초전에서 박살내는 성격을 지니고 있다. 반면에 해양방어체제는 해양에서 적의 수군과 마주쳐 해상전투가 벌어지는 경우가 있고, 선박을 이용하여 상륙하는 적을 저지하고 방어하는 전략이 있다. 이때 방어거점은 내륙이 아닌 해안가에 위치해 있으며, 일부는 섬 안에도 있다. 그러나 무엇보다도 해양방어체제는 섬 및 해안에서 적의 침입을 막아내는 것이다. 때문에 소극적이고 수동적인 측면이 있다.

해양방어체제의 1차 임무는 관측(觀測)과 검문(檢問)이다.

시설물은 섬 또는 해안에서 가까우면서도 높은 지대에 있어야 한다. 해안초소나 섬에서는 대부분 육지의 관측장소에 비하여 고도가 낮기 때문에 먼 곳까지 관측하기에 불리하다. 때문에 비교적 작은 선단의 소규모 침입을 관측한다. 또한 야음(夜陰)이나 시계(視界)가 불량한 날씨에는 해안까지 접근하는 적을 감시해야 한다. 이러한 해안을 초계(哨戒)하는 임무를 수행하는 것이 소규모 보(堡)나 교통호(交通壕) 등 해안초소들이다. 이러한 해안초소들은 물길을 장악하여, 적의 수로(水路)침투를 경계하기도 한다. 한편 대군의 접근은 미리 먼거리서부터 관측하고 방어에 대비하지 않으면 안된다. 때문에 먼 바다의 움직임을 상세하게 관측하고, 통신망(通信網)을 구성하기에 적합한 조건을 갖추어야 한다. 이 때 단순하게 높아서만 되지는 않고 시계가 광범위하고 양호한 장소이어야 한다.

해양방어체제의 2차 임무는 적군진입의 제어(制御) 및 저지(沮止)이다.

육상방어체제와 달리 적의 대군이 상륙했을 경우에는 초전에 격퇴하기가 힘들다. 기습성과 잠행성이라는 해양작전의 특성과 해안선이 길고 복잡하므로 많은 인원을 투입하지 않으면 안 된다. 때문에 소규모의 산발적인 공격과 교란작전을 써서 상륙과 이동 속도를 지연시키는 역할을 해야 한다.

해양방어체제의 3차 임무는 공격(攻擊)과 격퇴(擊退)이다.

해양과 관련해서는 해상에서 전개되는 선박들 간의 해전과 적의 선박과 수군이 침입하는 것을 방어하는 전투가 있다. 그런데 해양방어체제는 선박들의 해전에 직접 참여하거나, 측면지원을 해주는 경우도 있다. 요동반도의 비사성(卑沙城), 석성(石城), 그리고 해양도(海洋島), 석성도(石城島)안의 성들, 압록강 하구의 대행성(大行城), 박작성(泊灼城), 구련성(九連城) 등의 해안방어성 등은 해양전투, 특히 섬 안에 있는 성들은 해상전투에 직접 참여하거나 영향을 끼쳤다. 또한 큰 성들은 전면적인 해양작전이나 광개토대왕군이 수군작전 등을 펼칠 때 발진기지나 작전기지의 역할을 하였을 것이다. 그 밖에 수로를 보호하고 적 선단의 작전을 간접적으로 방해하는 것도 해양방어체제의 주요한 임무이다.

2) 해양방어체제의 종류

해양방어체제는 이러한 특성을 가지고 있으므로 위치에 따라 성의 종류가 다르다.
서해안은 리아스식 해안이 복잡하게 발달하였다. 때문에 곶(串)과 포(浦), 만(灣)이 헤아릴 수 없이 많다. 길고 긴 해안선 중에서 돌기처럼 톡 튀어나온 곶(串)은 해양방어체제에서 매우 의미있고, 중요하다. 관측이 용이하며, 적과 단거리내에서 조우(遭遇)하기 쉽고, 초기에 공격할 수 있다. 이러한 곳에 있는 성을 '곶성(串城)'이라고 부르고자 한다. 한편 강에서는 강폭이 좁아지거나 여울이 있는 양쪽에 이러한 방어체제가 있다. 임진강과 한강에는 이러한 방어체제들이 있다. 일종의 보루이다.

한편 만 안의 깊숙한 곳에도 방어체제, 즉 성이 있다. 우리나라의 서해안은 만이 발달하였으며, 크고 작은 강으로 이어졌다. 때문에 곳곳에 포(浦)가 형성되거나 나루(津)가 있다. 이 포(浦)와 진(津)을 지키기위하여 바로 해안과 접한 곳에 성을 쌓는다. 이 성을 '포구성(浦口城)'·'진성(津城)'이라고 부르고자 한다.

하지만 더 깊숙한 곳, 즉 만 전체를 주변지역과의 유기적인 관계속에서 작전을 수행하기 하기 위하여 내륙으로 좀 더 들어간 곳에도 성을 구축할 수 있다. 반도의 한 가운데나 반도와 육지가 이어지는 부분, 내륙으로 들어가 있지만 해양 내지는 해안을 관측하고 관리할 수 있을 정도의 위치에 있어야 한다. 육지 내륙에 있는 대성(大城) 내지 치소(治所)와 이어지는 길목을 집중방어(執中防禦)해야 하며, 공격의 거점(據點)도 되고, 큰 성과 직접 공동작전을 수행해야 한다. 이러한 임무를 수행한 거점성은 규모가 크므로, 본격적인 방어와 전투가 이루어진다. 앞에서 언급한 진성(鎭城)들의 일부가 이러한 성격을 지닌 것으로 여겨진다. 남양만의 당성(唐城)은 내륙으로 들어간 경우는 아니지만 남양반도의 한가운데 있으면서 주변 해안들의 방어체제를 종합적으로 지휘하고, 군사력을 집중시킬 수 있는 요충지에 있다. 요동반도 남단에 있는 비사성(卑沙城), 서한만으로 가는 중간인 장하의 석성(石城), 압록강 하구의 서안평성(西安平城), 박작성

(泊灼城) 등이 있고, 청천강을 지키는 안주성(安州城), 대동강 하구를 방어하는 장수산성(長壽山城), 황해도 남부해안을 방어하는 수양산성(首陽山城) 등이 그러한 역할을 수행하였다.

이러한 곳 말고도 방어체제는 구축되어야 한다. 예를 들면 수로를 관측하고 물길을 장악하는 길목에도 반드시 있어야 한다. 이러한 곳은 임진강과 한강이 만나는 지점에 있는 파주군(坡州郡)의 오두산성(烏頭山城), 김포반도의 한강(祖江)과 강화의 협수로(峽水路)가 만나는 김포의 문수산성(文殊山城), 황해와 예성강 한강이 만나는 강화북부인 하음면의 하음산성(河陰山城), 그 건너편 황해도의 백마산성(白馬山城), 그리고 강화도의 교동도(喬桐島) 등이 있다. 물론 금강하구에도 있었을 것이다.

해양방어를 주목적으로 다양한 장소에 설치된 방어체제들은 단독으로 작전을 수행하기도 하지만, 주변의 다른 만(灣)·곶(串)·포(浦)·진(津)·섬(島)들과의 유기적인 관련 속에서 방어와 공격을 할 수 있는 전략적 요충지를 선택해야 한다. 특히 봉수 등 신호체계가 효율적으로 운영될 수 있고, 신속하게 작전을 개시할 수 있는 곳이어야 한다. 그 외에도 큰 성인 경우에는 대규모의 군사가 진주하면서 작전을 할 수 있고, 군기를 충분하게 저장할 수 있어야 한다.

또한 해양방어체제에 있어서 매우 중요한 부분이 있다. 그것은 단순하게 해양이나 해안의 전략환경과 관계를 맺는 것이 아니라 늘 육상에서의 작전과 아울러 이루어져야 한다. 그러므로 방어체제는 내륙에 포진한 군사체계와 유기적인 관계에 있어야 하며, 특히 내륙으로 진입하는 육상 교통로를 반드시 염두에 두어야 한다. 그러니까 해양방어체제는 당시 해양전략은 물론 국가전체의 군사동원체제 및 국방체제와 유기적인 관련 속에서 구축되어야 한다.

이러한 여러 가지 조건과 목적 속에서 각개의 해양방어체제는 나름대로 특색있게 효율적으로 만들어져야 한다. 무엇보다도 중요한 것은 가장 신속하고 정확하게 관측하는 일이다. 때문에 지형을 고려하고 축성목적에 충실하면서 해양과 해안의 적을 멀리 광범위하게 잘 관측할 수 있는 지점을 선택해야 한다. 반면에 해안에서는 성의 위치나 규모가 잘 드러나지 않아야 하며, 특히 내부가 관측되어서는 매우 불리하다. 위에서 살펴본 바와 같이 해양방어체제는 위치와 규모에 따라서도 다양한 형태가 있다. 목적과 기능에 따라서 여러 가지 종류가 있다.

해양방어체제에 대한 이러한 개념과 성격, 분류를 토대로 하여 1차적으로 강화지역을 살펴보고자 한다.

3. 요동지방의 해양전략적 가치

고구려는 산성의 나라이다. 고구려란 명칭도 성을 뜻하는 구(溝)에서 나왔다는 설이 있을만큼 성은 중요하다. 고구려의 성은 단순한 군사방어처가 아니라 행정의 처소로서 일종의 행정기관이었다. 『구당서(舊唐書)』에 따르면 고구려는 60여개의 성에 주(州)와 현(縣)을 두었다. 큰 성에는 욕살(褥薩)을 임명하고 작은 성에는 도사(道使)를 두었다.[1] 그런데 같은 『구당서(舊唐書)』[2] 나 『삼국사기(三國史記)』에는 176개의 성이 있다고 한다. 그러니 대단히 많았음을 알 수 있다.

진대위(陳大爲)의 「요녕고구려산성초탐(遼寧高句麗山城初探)」(1985)에 의하면 요녕성(遼寧城)에서 현재까지 밝혀진 것만 해도 87개나 있다. 산이 있고, 산을 활용할 수 있는 곳이면 어떠한 형태로든 산성을 쌓은 것이다. 고구려가 강력한 국가로서 오랫동안 존속할 수 있었던 것은 기마군단을 이용한 원거리 기동습격전술을 활용했고, 반면에 산

---

1 『舊唐書』권199, 상 고려전, '外置州縣六十餘城, 大城置褥薩……'
2 『舊唐書』권39, 지리지2.
'高麗本五部, 一百七十六城, 戶六十九萬七千……'

성을 쌓아 거점을 확보해가면서 일단 확보한 땅은 절대 빼앗기지 않고자 했기 때문이다. 유목민의 공격방식과 농경민의 수비방식을 조화시킨 국방전략을 활용했기 때문이다. 따라서 고구려의 산성은 하나하나에 대한 연구도 중요하지만 지형전략에 맞추어 각 성들의 연관관계를 유기적으로 파악해야 한다.

요동반도는 요녕성의 동남부에 있으며 서남방향으로 뻗어 발해(渤海)와 황해(黃海)를 나누고, 산동반도와 서로 마주보고 있다. 지형적으로는 비교적 평원이나 중부에는 구릉과 산지가 있는데, 해발 500~1,000m이다. 반도의 양쪽 해안지대에는 역시 평원이 발달하였다. 동북은 비교적 온난하고 비가 많아 일년의 평균 강수량이 700~1,000mm이어서 옛부터 농경과 과일재배에 적합한 곳이었다. 특히 압록강 하구인 단동(丹東)일대는 동북에서 비가 많은 곳이다. 또한 요동반도는 중국 내에서도 광산자원이 매우 풍부한 곳이다.

안산제철소(鞍山製鐵所)는 세계적으로 유명하고 해성(海城)에는 마그네슘 광산이 있다. 이 지역의 철은 고대부터 유명해서 고구려가 요동으로 진출한 배경으로 철의 생산을 들고 있고, 또한 고구려가 강성한 원인 가운데 하나로 요동지방의 철을 들고 있다. 실제로 후기에는 북쪽인 유목민족들과 초피교역(貂皮交易)[3]과 마철교역(馬鐵交易)을 하였는데,[4] 물론 이때 철 생산은 주로 이 지역에서 생산된 것이다.

요동반도는 반도인 만큼 바다와 직접 맞닿아 있으며 리아스식해안으로 이루어져 있어 복잡하다. 특히 동남부에는 항만과 도서가 발달하였다. 대장산도(大長山島)·소장산도(小長山島)가 있는 장산군도가 있고, 대련만(大連灣)·금주만(金州灣) 등이 있다. 여순(旅順)의 서쪽해상에는 소용산도(小龍山島 : 蛇島)가 있으며, 산동반도와의 사이에 크

---

3 松田壽男,「貂皮交易と遊牧圈」,『內陸アジア論集』, 1979, pp.208~211.
  李在成,「初期庫莫奚의 成長과 周邊諸族」,『東洋史學硏究』28, 1988, p.30.
4 李龍範,『韓滿交流史硏究』, 동화출판공사, 1989, pp.166~167.
  『隋書』권84 室韋傳,『新唐書』권219, 室韋傳, "土少金鐵 率易於高麗 器有角弓楛矢."

고 작은 섬들로 이루어진 묘도군도(廟島群島)가 있다.

요하(遼河)·대릉하(大凌河) 등 만주의 중요한 강들이 거의 대부분 이곳으로 흘러 들어온다. 때문에 섬들이 많고, 수륙교통에 편리하다. 이러한 자연조건은 일찍부터 해양세력이 발호하고 성장할 수 있는 기틀을 마련해준 것이었다. 항구로는 요하의 하구인 영구(營口), 산동반도와 이어지는 여순(旅順), 대련(大連) 그밖에 단동(丹東) 등이 있다. 서안에 있는 동북염전은 현재도 중국 4대 염전 가운데 하나이다. 물론 과거에도 염전이 발달한 곳이었다. 이러한 자연조건은 요동반도의 역사에 강한 영향을 끼쳤으며, 역시 이 지역을 차지한 고구려에게도 심각한 영향을 끼쳤다.

요동반도는 동과 서로 각각 산악지형이 있고, 그 가운데 평원이 펼쳐져 있는데, 바로 이곳이 만주와 화북을 갈라놓는 땅이다. 따라서 한족은 서쪽에, 고구려는 동쪽에 있었고, 이 지역에는 북방종족들이 번갈아 가며 살고 있었다. 물론 그 이전 시대에는 고조선이 있었다. 그런데 요동반도는 동서를 가를 뿐만 아니라 북방세력과도 이어지는 곳이다. 북방에서 유목종족들이 남으로 내려오고자 할 때 가장 손쉽게 이용하고 정착할 수 있는 지역이 바로 요동반도이다. 일종의 대회랑(大回廊)이었다. 더구나 정치적으로 진공상태인 경우가 많았으므로 비교적 손쉽게 정착할 수 있었다. 한족의 일파들 외에도 선비(鮮卑)·거란(契丹)·돌궐(突厥) 등 이곳으로 내려온 유목종족들은 동으로 고구려를 치거나 서로 한족(漢族)들을 공격하였으며, 일부는 장기간 나라를 이루고 살기도 하였다. 그래서 고구려가 요동지방을 차지하기 전까지는 유목종족들을 비롯하여 변방 나라들 간의 전쟁이 끊이질 않았다. 그런데 요동반도는 해양질서와 관련하여 동아시아에서는 매우 의미가 있는 곳이다. 실제적인 무력충돌과 정치력의 대결하는 장소가 화북과 남만주일대라면 자연히 해양질서의 중심도 요동반도와 깊은 관련이 있다.

요동반도와 산동반도가 만나 황해의 일부를 막아 발해를 이루게 하였다. 묘도군도(廟島群島)로 막혀있어(渤海海峽이라고 부른다.) 발해는 거의 내해(內海, inland-sea)나 다름없다. 해상세력들이 발호할 수 있고, 육지세력들이 비교적 손쉽게 해양세력에 대하여 영향력을 행사하거나, 직접 해양세력화 할 수 있다. 넓은 발해를 가운데두고 각각 다른 세력들이 접해있다면 분명히 연안 지배권을 둘러싸고 갈등을 벌였을 것이다. 또한 요동반도는 화북세력과 무관하게 만주세력과 산동세력, 혹은 남방세력이 만날 수 있는 통로가 된다. 이 지역은 현재도 주민들간의 이주가 손쉽게 이루어지지만 고대에도 역시 잦은 교류와 이동이 있었다.

요동반도는 적어도 황해북부에서는 가장 중요한 해양질서의 거점이다. 황해의 북부에서 혹은 환황해권에서 교역 등을 하고자할 경우에 반드시 거쳐야 할 곳이 요동반도 이다. 고대의 항해는 특별한 정치적인 목적이나 군사상의 이동 등을 제외하고 교역이나 문화교류 등 민간인의 교섭인 경우에는 일반적으로 연근해항로(沿近海航路)를 이용했다. 안전하고 많은 사람들을 만날 기회가 많아 교역에 유리하기 때문이다. 연근해항해를 할 경우에 반드시 거쳐야 할 곳이 요동반도이고, 그 가운데에서도 요동반도의 끝이다. 때문에 이 지역에는 일찍부터 사람들이 모여살고, 많은 갈등들이 있었을 것이다.

요동반도는 해양문화가 발달하여 산동반도(山東半島)의 대장산도(大長山島)의 유적지에서는 6600년 전의 바다생물을 식료로 하는 인간의 유적지가 발견되었으며, 근처 장도(長島) 대호촌(大浩村) 출토의 용산문화(龍山文化) 유지(4,000여 년 전)에서는 선미(船尾)의 잔적(殘跡)을 발견하였다. 목판의 두께는 5mm, 판면이 평정(平整), 순묘(榫卯 : 장부구멍)이 분명하고 선장(船槳 : 삿대)은 근대의 것과 크게 다르지 않다. 또 근처의 장도 북경유지(北慶遺址)에서는 석망추(石網墜)를, 바다 가운데에서는 석묘(石錨)를 발견되었다. 이는 장도열도가 고대에 항해사업을 한 물증이다. 이미 요동반도(遼東半島)가 5000년 전에 해운업(海運業)이 형성되었으며, 아마도 6000년 내지 7000년 전, 신석기 중기에는 산동반도와 요동반도의 연해를 오고가는 항해가 있었던 것으로 보여진다.[5] 대련시 장

---

5 汶江, 古代中國與亞非地區의 海上交通四川省 社會科學院 出版社, 1989, p.6. 內藤雋輔 역시 濱田박사의 고고학적인 해석을 수용하여 남만주와 요동반도 사이에 항로가 있었다고 주장을 하고 있다.(朝鮮史研究, 東洋史研究會 刊, 1962, pp.378~378에서.)

해현(長海縣) 광록도(廣鹿島)의 오가촌(吳家村) 유지에서는 1945년 이전에 주형도기(舟形陶器)가 발견되었고, 대련시 여순구구(旅順口區) 곽가촌 신석기 유적지에서(상층 4870 100년, 하층 5015 100년) 주형도기 발견되었다. 요동반도 황해연안의 신석기 유적인 단동시 동구현(東溝縣) 마가점향(馬家店鄕) 삼가자촌(三家子村) 후와(後洼) 유지 아래층(6000년 이상 된 곳)에서 배모양의 도기(陶器 : 舟形도기) 3개 발견되었다.[6] 대문구(大汶口)문화의 석기들 가운데에는 독목주(獨木舟)를 가공하는 공구들이어서 일찍부터 조선술이 발달했음도 알 수 있다.[7]

고인돌도 여러군데 분포되어 있다. 고인돌은 길림의 유화(柳化), 매하구(梅河口), 통화(通化) 등에도 많이 분포되어 있지만 이곳 요동반도에 많이 분포되어 있다. 와방점시(瓦房店市), 보란점시(普蘭店市), 장하(庄河) 등 요동반도 남부 해안지대에는 탁자형의 고인돌이 있다.[8] 요동지역은 고인돌뿐만 아니라 무덤 등도 고조선과 관련이 있다. 정가와자(鄭家窪子) 유적지들은 대표적이다. 그런데 이 대련지역은 고조선 시기의 무덤인 강상(崗上)·누상(屢上)무덤도 있고, 요녕식동검의 분포지이기도 하다. 북한에선 이곳이 바로 고조선의 중심지였으며 왕검성도 역시 이곳에 있었다고 주장을 해왔다.

고조선이 중심이 요동이냐 평양지역이냐에 대해서는 시기별로 다른 견해를 보이고 있는데, 최근에는 평양설이 강하다. 그러나 요동반도가 기본적으로 고조선의 영토였다는 사실에는 변함이 없다. 해방 직후에 홍기문 등이 주장한 '고조선 요동설'은 1960년대부터 리지린이 보강하여 고조선 요동중심설을 피력하였다.[9] 1960년대 중반

---

6 汝江, 『古代中國與亞非地區的海上交通』, 四川省 社會科學院 出版社, 1989, pp.5~6.
　內藤雋輔 역시 濱田박사의 고고학적인 해석을 수용하여 남만주와 요동반도 사이에 항로가 있었다고 주장을 하고 있다. 『朝鮮史硏究』, 東洋史硏究會 刊, 1962, pp.378~378.
　孫光圻 著, 『中國古代海洋史』, 海洋出版社, 1989에서는 pp.34~36까지 중국지역에서 발견된 선사시대 통나무(獨木舟) 배 유적지 일람표가 상세히 되어있다.
7 彭德淸, 『中國航海史』, 人民交通出版社, 1988, pp.5~6.
8 許明綱의 「大連地區石棚硏究」, 『博物館硏究』, 1995년, 1기 총 49호, 吉林省考古學會에는 이 지역의 고인돌에 대한 연구사정리와 함께 고인돌분포가 있다.

에는 요동지역에서 조중 합동발굴을 통해서 그곳이 고조선 지역임을 밝혔다.[10] 고조선문화가 대릉하에서 청천강계선에 이르는 광범위한 범위였으며 기원전 8세기에는 이미 시작된 것으로 보았다. 그러나 고조선의 왕검성을 요양(遼陽)부근의 개평(蓋平)으로 보고 있는 리지린은 이 강상무덤이 있는 요동반도 남단을 고조선의 중심지가 아니라 변방이라고 보고 있다.[11]

강상(崗上)무덤은 바닷가 근처인 감정자구(甘井子區)의 후목성역(后牧城驛) 부근에 있다. 강돌 바닷돌을 주워다 쌓은 적석총이다. 즉 둥근 언덕위에 돌을 쌓아서 동서 28m, 남북 20m의 무덤 구역을 만들고, 그 안에 20여 개의 무덤구덩이를 만들었다. 무덤의 주인인 듯한 석곽을 중심으로 많은 무덤들이 있다. 백수십명 분의 사람들뼈와 부장품들이 출토되었는데 순장의 흔적으로 보여지며 고조선 시기의 무덤으로 판단한다. 요녕식 청동기인 6자루의 비파형단검을 비롯하여 26개의 청동기토기 등 거의 900여 점에 달하는 유물들이 나왔다.

강상무덤은 현재 바닷가에서 불과 몇 백m 밖에 떨어져 있지 않다. 서한만에서 연안항해를 해서 요동반도 끝에서 산동반도로 남진하거나 발해로 들어가는 교통로를 장악할 수 있는 전략적인 거점이다. 따라서 그 곳은 해양능력을 바탕으로 정치력과 경제력을 갖춘 해상호족들의 거점이며, 무덤의 피장자들은 요동반도 남단의 지배자이거나 그와 관련된 사람들일 것이다. 강상무덤 근처에는 누상(樓上)무덤이 있다. 명도전이 발견되어 기원 전 7~5세기로 강상무덤보다는 약간 시기가 늦지만 구조와 유물들이 거의 동일하다.

---

9 리지린, 「고조선 국가 형성에 관한 한 측면의 고찰 -한자 사용의 시기에 대하여-」(상), 력사과학, 1960, 2호;(하), 력사과학, 1960, 4호.
10 조중공동고고학발굴대, 「강상」, 『중국동북지방의 유적발굴보고』, 1966.
김용간·황기덕, 「기원전 천년기 전반기의 고조선문화」, 『고고민속』, 1967, 2호.
11 「고조선의 위치에 대하여」, 『고조선에 관한 토론 논문집』, 1963, p.77 및 『고조선연구』, 1963.

고조선의 해양활동은 위만조선(衛滿朝鮮)에 대한 기록과 관련하여 추정할 수 있다. 『사기(史記)』에는 위만조선에 관한 몇 가지 기사가 있다. 한반도에 있는 세력들은 황해를 직항하거나 연안항해 내지 근해항해를 이용해서 서한만과 요동만을 통과하는 해로로 교섭했을 것이다. 그렇다면 당연히 고조선의 영역 내를 통과해야 한다. 이러한 정치·외교적인 환경 속에서 고조선이 정치력을 행사할 의지가 있는 국가라면 일정한 정도의 수군력(水軍力)을 갖추고 있어야만 한다.[12] 고조선은 『관자(管子)』에 의하면 기원전 7세기경에 산동(山東)의 제(齊)와 교류를 했는데 물론 이는 해양력을 바탕으로 하였을 것이다. 그들은 한반도와도 교류를 했을 것이다.[13] 이러한 교류의 가능성은 명도전(明刀錢)과 오수전(五銖錢) 등 화폐들의 분포도를 보아서도 확인이 된다.[14]

4. 요동 해양방어체제의 성격

요동반도는 지형·지리적으로도 이러한 조건을 갖추고 있었으므로 이 지역을 차지한 세력들은 나름대로 국가경영에 필요한 시스템을 구축하였다. 고구려는 선진(先進)과 방어(防禦)의 거점으로서 성을 주축으로 한 일련의 군사체제를 구축하였다. 보통은 평원 한가운데의 평지성이거나 높지 않은 산이 있는 곳에 쌓은 산성이었다. 그런데 요동의 자연지형에 걸맞게 해양과 관련하여 쌓은 방어체제가 해안선은 물론 그 내륙

---

12 이 부분에 대하여는 尹明喆의 「黃海文化圈의 形成과 海洋活動에 대한 연구」, 『先史와 古代』, 한국고대사학회, 11호, 1998, 3장, 4장 참조.
13 이기동, 「黃海를 통한 韓中交涉史의 展開」, 『環黃海 韓中交涉史硏究심포지움』 2회, 진단학회, 1989.
14 이 화폐 분포도는 崔夢龍이 「고대국가의 성장과 무역」, 『한국고대의 국가와 사회』, 역사학회, 1985, pp.71~73에서 작성 인용한 것이 널리 이용되고 있다. 기원전 2~3세기의 유적인 평안북도 영변군 세죽리 유적에서는 명도전 2,000여매가 발견되기도 하였다.

으로 이어지는 곳에 광범위하게 구축되어 있었다.

이 지역에 쌓은 해양방어체제는 몇 가지의 기능을 하였다.

첫째, 화북지방이나 산동반도에서 출발한 해양세력이 요동반도로 상륙하는 것을 저지하는 기능을 하였다. 요동반도는 동북에서 서남으로 길게 뻗은 지역이므로 발해 전체는 물론 서한만에 이르기까지 상륙지점이 대단히 넓다. 더구나 산동반도와 요동반도 사이에는 묘도군도라는 크고 작은 섬으로 점점이 이어진 군도가 있다. 1997년도 영국에서 발행한 해도에 따르면 10m 미만의 얕은 해역도 넓은데다가 섬들이 워낙 많아서, 오호도(烏呼島)·대사도(大謝島)·구흠도(龜歆島)·유도(游島)등을 징검다리 식으로 이용한다면 큰 무리가 없이 요동반도로 상륙할 수가 있다.[15]

수(隋)나라와 당(唐)나라는 중국이 고구려를 칠 때에 해양력을 최대한 활용하였다. 이 전쟁은 질서란 측면에서도 실제 전략전술에서도 해양력이 강한 영향을 끼친 해양전적인 성격이 강한 전쟁이었다. 수군이 활용되었는데 그 수군의 출발점은 주로 산동반도 북부인 현재 봉래의 서쪽에 있는 동래(東萊)란 도시였다. 이곳을 출발지로 사은 이유는 바로 묘도군도(廟島群島)를 이용하려 하였기 때문이다. 중간 중간에 군수물자를 저장시켜놓고, 필요할 때는 쉽게 운반하고자 하였다. 묘도군도 상에 있는 오호도(烏胡島)는 전쟁 당시에 군량미 저장소가 되었다.[16] 오호도의 역할은 매우 커서 단순한 군량미 저장소가 아니라 수군을 직접 파견하거나 수군함대가 있었던 곳이었다. 당군의 침입할 때 오호진장(烏胡鎭將) 고신감(古神感)은 수군을 거느리고 고구려를 쳤다가 고구려

---

15 唐太宗 年間에는 烏呼島, 大謝島, 龜歆島, 游島 등이 있었던 것을 알 수 있다.
  賈眈의 道里記에는 入四夷之路가 있는데 제2인 登州海行入高麗渤海道에는 당시 가장 빈번하게 사용하던 항로와 함께 중간에 있던 이 지역 섬들을 기재하고 있다. 『唐書』卷3 志 第33 下 地理志7 下.
16 『舊唐書』권199, 열전 高麗.
  『삼국사기』권21, 고구려본기, 寶藏王 7년.

군에게 함선이 공격당하였다.[17]

그 외에 요동반도 남단에 상륙한 수군이 내륙으로 진군하는 것을 차단해야 했다. 또한 요동반도 동쪽의 남단에 상륙하는 적의 수군도 저지해야 했다. 때문에 해안선은 물론 바다 한가운데에도 방어체제가 구축되었고, 무수한 전투가 해양방어체제에서 벌어졌다.

둘째, 요하방어선의 배후공격을 저지하고 차단하는 기능을 했다.

요동에는 요하(遼河)가 흐르면서 일종의 차단시설 즉 해자 역할을 하였다. 때문에 고구려는 요하의 이동에 중요한 곳을 선택하여 성들을 쌓았다. 역사상에서 치열한 공방전을 벌인 성들은 대부분 요하와 가까운 지역에 있었다. 한족이 공격하고자 할 때 최초의 본격적인 공방전이 벌어지는 곳은 요하전선이었다. 그런데 요동반도에 수군을 이용하여 후방으로 상륙한다면 요하전선은 앞뒤로 포위되어 협공을 받는 위험에 처한다. 예를 들면 안시성(安市城)이 당태종군과 공방전을 벌이고 있을 때 이미 요동반도의 최남단인 비사성(卑沙城)을 점령한 장량(張亮)의 수군이 안시성 공방전에 참여하려고 하다가 중지하였다. 비록 실천은 되지 않았지만 그 전략적 가능성을 엿볼 수 있는 사건이다.

실제로 고구려는 당나라의 침입에 대비하여 16년간에 걸쳐 천리장성을 쌓았다. 이때 천리장성의 종점을 '…서남지해(西南之海)'[18] 혹은 '…서남속지해(西南屬之海)',[19] '…동남지해(東南之海)'[20] 등이라고 표현한 것은 천리장성을 쌓은 중요한 목적 가운데 하나가 해양방어임을 알려준다. 육상방어와 해양방어를 복합적으로 구축한 것이다. 물론 그 밖에도 곳곳에 해양방어체제를 구축하였다.

---

17 『삼국사기』권21, 고구려본기, 寶藏王 7년.
18 『舊唐書』권199, 上 列傳 高麗.
19 『新唐書』권220, 열전 고려.
20 『三國史記』권20, 고구려 본기, 榮留王 14년.

셋째, 요동반도는 압록강 하구를 보호하는 기능도 해야한다. 요동반도의 남쪽 해안선끝과 한반도가 만나는 곳은 압록강 하구이다. 압록강 하구는 해양방어에서 두 가지 의미를 지니고 있다. 하나는 압록강 하구에서 상류로 거슬러 올라가 단동(丹東) 근처인 봉황성(鳳凰城) 지역과 수도였고 중요한 전략거점인 국내성 지역을 방어하는 것이다. 봉황성은 북부지역에서는 가장 큰 성이며, 중요한 행정치소(行政治所)였다. 한편 압록강 하구지역은 초기부터도 해양교통의 거점이었지만, 황해북부의 연근해항로를 차단하기도 하며, 해상권을 제어하는 기능을 하는 곳이다.[21] 요동반도는 위에서 언급한 해양전략적 가치와 기능을 갖고 있으므로 일찍부터 해양방어체제가 구축되었을 것이다.

고조선 이후에는 한인들과 북방인들이 서로 이곳을 차지하면서 싸웠다. 공손씨(公孫氏)가 요동지역을 장악하고 있었을때 오늘날 남경지역에 거점을 둔 손권(孫權)의 오(吳)는 배로 중간의 위(魏) 지역을 통과해 교섭을 맺었다.[22] 당시 마필교역(馬匹交易)들이 이루어진 것이다.[23] 이 교섭은 오래가지 못했지만, 결과적으로 고구려와 오(吳)의 외교관계를 맺게 하였다.[24] 고구려와 오는 해로를 이용해 교섭 및 무역을 했는데, 이때 항구는 압록강 하구유역인 서안평(西安平)이었다.[25] 이들과 교섭을 하고, 중간의 공손씨

---

21 尹明喆, 「高句麗前期의 海洋活動과 古代國家의 成長」, 『韓國上古史學報』18호, 韓國上古史學會, 1995, 3장 참조.
22 『三國志』卷47, 吳書 第2 吳主傳.
23 西嶋定生, 『日本歷史의 國際環境』, 東京大, 1985, p.38.
『三國志』, 魏書 公孫淵傳에 인용된 『魏略』 등에는 吳와 遼東半島 公孫淵 정권과의 사이에 風力을 이용한 배로 渤海를 종단해서 軍事同盟, 馬匹交易 등이 빈번하고 신속하게 행해졌음을 보여준다.(內田吟風, 「東アジア古代海上交通史凡論」, 內田吟風博士頌壽紀念會, 同朋社, 1978, p.548 참조)
24 과정은 尹明喆, 「高句麗前期의 海洋活動과 古代國家의 成長」, 『한국상고사학보』18, 1995, pp.260~261 참조.
25 『漢書』卷28 地理志 下.
西安平을 설명하면서 "……案卽吳志所謂安平口也"라고 하여 안평구와 서안평이 동일한 지명임을 말하

(公孫氏), 위(魏)나라 등과 대결을 하기 위해서는 수군이 존재하고, 최소한 압록강 하구 유역에 해양과 관련한 군사시설 혹은 체제가 구축되어야 한다.

그 후 미천왕(美川王)때 후조(後趙)와 고구려는 중간의 연(燕)을 놓아두고 협공을 했다. 이때 양국은 해로를 통해서 군수물자를 운반했다. 즉 고구려는 330년에 싸릿대 화살인 고시(楛矢) 등을 보냈으며,[26] 그런데 중간의 연(燕)을 피해 신속하고 안전하게 해로(海路)를 이용해 산동(山東)지방으로 잠입한 것이다. 후조는 석호(石虎)가 선박 300여척에 곡식 30만곡(萬斛)을 보내고, 중랑장(中郞將) 왕전(王典)으로 하여금 1만여 명을 거느리게 하여 청주(青州)에서 선박 천소(千艘)를 만들어 연(燕)을 공격하자고 모의했다.[27] 반면에 연은 이러한 고립을 타개하기 위하여 남쪽으로 도망간 동진과 교섭을 했는데, 이때 연의 배가 출발한 항구가 바로 이 요동반도 끝의 마석진(馬石津 : 현재 여순항)이었다.

그러나 광개토대왕이 요동지역을 완전히 장악한 이후부터 비로소 고구려의 해양방어체제가 성립되기 시작했을 것이다. 동서남북 전방위 공략을 국가전략으로 채택하고[28] 본격적인 수군작전을 실시한 대왕은 해양전략적인 판단에 의해 방어체제들을 구축하였다. 남부에선 해양방어성을 겸한 국남(國南) 7성이 축성되었고,[29] 아마 이 무렵에 요동지방에도 성을 쌓았을 것이다. 한편 요동반도 남부의 성곽은 평양 천도이후에 전략적 요구에 의해서 축조된 것이며, 요하일대의 성곽을 배후(남부 : 해안)로부터 보호하려는 목적 때문이라고 한 견해도 있다.[30] 그리고 더욱 본격적이고, 요동 전체의 방

---

26 『三國史記』卷17. 高句麗本紀. 美川王 31年.
27 『晋書』卷106. 載記 第6 石季龍 上. 『資治通鑑』卷96. 晋紀 18 顯宗 中之下.
28 尹明喆, 「廣開土大王의 對外政策과 東亞地中海의 秩序再編」, 『廣開土好太王碑 硏究 100年』, 고구려연구 2집, 고구려연구회, 1996, p.665.
29 『三國史記』第18, 高句麗本紀 6, 廣開土王 3年.
30 申瀅植, 「고구려 천리장성의 연구」, 『백산학보』49호, p.73.

어체제와 유기적인 관련성을 맺고, 전체 방어전략의 입장에서 구축된 것은 역시 수(隋)나라와의 전쟁에 돌입하기 이전부터였을 것이다. 특히 고수전쟁은 동아지중해의 국제대전으로서 해양전적인 성격이 매우 강화되었다.

특히 수나라가 통일한 이후 한족(漢族)은 우수한 해양문화를 바탕으로 수로군 체제에 비중을 두었다. 수군이 요동반도에 상륙하여 북상하거나 아니면 그대로 통과해 압록강하구 혹은 대동강하구까지 공격을 시도했다. 그러므로 요동반도 남단의 해양방체제는 고구려에게 있어서 사활이 걸린 중요한 문제이었다. 때문에 방어측인 고구려로서는 요동반도의 해양방어체제를 구축하는데 힘을 기울였을 것이다.

5. 해양방어성의 성격과 구조

1) 건안성(建安城)

건안성은 요녕성(遼寧省) 영구시(營口市) 개현(蓋縣)의 청석령향(青石嶺鄉)에 있다. 광개토대왕 이후에 요서지방은 거란 등 북방종족들에 의하여 점거되었으며, 그 북쪽으로는 유연(柔然) 돌궐(突厥) 등이 번갈아가며 차지하거나 영향력을 행사하였다. 그런데 그들은 대체로 해양활동이 서투른 것으로 보인다. 적어도 그들이 그러한 활동을 한 흔적은 보이지 않고 있다. 그렇다면 발해만의 북부와 동부해역은 고구려의 활동범위였을 가능성이 크다. 다시말하면 발해 가운데에서도 요동만은 고구려의 활동범위였거나 최소한 영향력을 끼쳤을 것이다. 특히 요하구(遼河口)는 더욱 그러하다.

보통 우리가 말하는 요하구란 바로 이 영구로 흘러오는 소요하(小遼河)의 종점을 말한다. 요녕성의 모든 강, 태자하(太子河), 혼하(渾河) 등 모두 요하가 되어 이리로 모여든다. 반대로 바다에서 요하구로 들어오면 물길을 타고 요동지방으로 갈 수 있다는 것이다. 이러한 지리적 이점은 군사적 목적으로 이용, 또 바다와 강을 통한 교역에도 이용되었다. 현재도 요하구에서 요양까지 배가 통할 수 있다고 한다. 배가 어느 정도의 크기인지는 모르겠지만 우리가 흔히 얘기하는 고대의 조그만 배, 군선 정도는 가능하였다.

요하구는 현재에도 폭이 4km 정도 되보인다. 인공적인 시설은 거의 되어 있지 않고 항구는 깊숙히 들어가 있다. 이 하구는 거의 바다와 동일하기 때문에 고대 선박 수만 척이 이 안에 포진해 있더라도 전혀 문제될 것이 없다. 더구나 요동만 자체가 내항적 성격을 가진데다가 다시 요하구로 들어온 지역이기 때문에 파도를 전혀 느낄 수가 없다. 소요하의 하구인 영구지역 뿐만 아니라 금주지역도 매우 중요하고, 그 아래인 요동반도의 서쪽해안의 여러 지역과 크고 작은 만들은 새롭게 주목해야 한다. 그리고 그러한 해안 가까이에 쌓여진 성들은 해양방어 내지는 해양진출, 고구려의 수군활동과 관련하여 의미가 크다.

요동만 가운데에서 가장 깊숙하고 만이 크며 요하와 연결되어 수륙교통에 유리한 지역이 영구이다. 때문에 이곳에는 대규모 수군기지가 있었으며, 이를 보위하는 방어성이 있었을 가능성이 높다. 때문에 천리장성의 문제도 해양과 관련하여 좀 더 심도 깊게 연구할 필요가 있다.

천리장성의 기점과 종점, 그리고 위치와 형태에 대해서도 역시 많은 견해가 있다. 우리는 요동반도 남쪽의 비사성까지로 보고 있는데,[31] 중국인들을 중심으로 영구(營口)지역으로 보는 견해가 있다.[32] 특히 노변설(老邊說)은 최근에 강하게 제기되고 있다.

---

31 최근에 다시 申瀅植이 현지답사를 토대로 이 설을 주장하고 있다.
「高句麗 千里長城의 硏究」,『白山學報』49호, p.70.

32 李健才,「唐代高句麗長城和扶餘城」,『民族研究』, 1991-4.
王建群,「高句麗千里長城」,『博物館硏究』, 1987-3, p.35.
魏存成,『高句麗考古』, 吉林大 出版社, 1995, p.100.

즉 길림의 북방에서 영구의 노변까지는 중간 중간에 변강(邊崗)이란 지명을 가진 곳이 많이 있다. 이러한 지명을 이어보니까 천리장성으로 알고 있는 위치 및 거리와 유사하다. 그래서 이 노변을 천리장성의 제일 남쪽인 노변, 즉 종점으로 본다는 것이다.

 수나 당의 군대가 동래(東萊)를 출발하여 요동반도에 상륙할 경우에는 『삼국사기(三國史記)』, 『수서(隋書)』, 『당서(唐書)』 등 사료의 기록대로 남단의 비사성이나 동부의 해안지대에만 상륙하지는 않았을 것이다. 오히려 수군작전을 감행하고, 상륙작전을 효율적으로 시도하기 위해서는 영구나 개주지역이 더 바람직할 수 있다.

 당시 전장의 주전선은 요하전선이었다. 중심성 가운데 하나인 해성(海城)에 있는 안시성을 남쪽에서 공격하거나 배후에서 압박을 가한다고 할 때 건안성을 먼저 치고 북상해서 남북으로 협공하는 것은 효율적인 전술이다. 건안성에 상륙한다면 북으로 영구와 동북으로는 안시성, 남으로는 비사성, 그리고 동으로는 수암(岫岩)·봉성(鳳城) 등으로 진격할 수 있다. 건안성은 요동반도 서부해안에 포진한 고구려의 여타 해안방어성들과 유기적인 작전을 벌이면서 수군의 상륙을 방어했을 것이다.

 그러므로 건안성은 비사성, 석성과 함께 요동반도 해양방어성의 주요 3거점 가운데 하나이다. 적어도 전장이 요동반도이고 요하전선이 주전장이라고 할 때에는 건안성은 오히려 비사성보다도 더욱 중요한 해양방어성이 된다. 초기에 쌓은 천리장성의 종점이 영구(營口 : 蓋縣)지역에 있다는 주장도 있었는데,[33] 신형식은 이 해안성을 건안성으로 보고 있다.[34]

 건안성 북벽에서는 강이 보이고, 더 멀리로는 바다가 있다. 서쪽 성벽에 있으면 바다가 보인다고 한다. 따라서 건안성의 축성목적은 두 가지, 첫 번째는 요동반도 남단에 상륙해서 비사성을 격파하고 요동성, 안시성을 향해서 오는 적을 방어하기 위한 역

---

33 東潮·田中俊明, 『高句麗の歷史と遺蹟』, 中央公論社, 1995, p.380.
34 앞의 책, p.70.

할, 두 번째는 영구, 즉 요하구로 상륙한 적이 안시, 요동으로 빠지는 것을 막기 위한 역할을 한 것으로 판단된다. 즉 요동만을 지키는 해양방어체제의 일환으로서 구축되었을 가능성이 크다. 거기다가 안시성을 지켜주는 외곽방어 역할도 하고 있다.

구조

건안성은 6세기 초 혹은 그 보다 약간 빠른 시기에 축조되었다는 견해가 있다. 그러나 당시의 정치 군사적인 상황으로 보아 광개토대왕 이후부터 쌓았을 가능성이 크다. 성은 해발 300m에 산세가 험준한 곳을 이용하여 쌓았으며, 석성과 토성이 섞여 있는 비교적 규모가 큰 토석성이다. 석벽이 분명한 형태로 보이고, 북쪽 산들은 원만한 구릉으로 되어 있다. 나무는 하나도 보이지 않고, 오로지 군데군데 커다란 바윗돌, 그리고 풀숲으로 되어 있다. 성 위에서는 평야가 보인다. 북벽아래에는 고려성촌의 일부와 저수지가 있다. 좌우, 동서로 역시 그보다 높은 산이 솟아 있다. 북벽은 바깥쪽에서 완벽하게 남아있으나 상당히 무너져 내려서 내부의 황토색 돌들이 드러나 있다. 벽 자체의 평균 높이는 정확히 측정할 수 없는데 평균 1.5m, 약간 파진 곳까지 계산하면 약 2m가 된다. 사용된 돌들은 성교하고 삭시세 나뉘어서 쌓은 것이 아니라 사언식을 그대로 깨서 임시로 쌓은 모습을 보이고 있다. 견치석들은 그다지 많이 눈에 띄지 않는다.

능선으로 내려서면 서소문(西小門)이 있다. 토성은 상당한 부분이 무너졌음에도 불구하고 옹성구조(甕城構造)임이 드러난다. 외부에서 안으로 올라오면서 우측 방향으로 자그만 언덕모양의 각루가 있고, 왼쪽에는 높게 각루가 있다. 각루 사이를 돌아오면서 성문이 2m 높이로 둔덕처럼 쌓여져 있고 문으로 돌아서 좁은 곳, 폭 3m 내지 4m 정도의 서문 흔적이 있다. 들어오면서 왼쪽에 바위덩어리가 있다. 서쪽의 소문을 지나서 능선을 타고 아래로 쭉 내려가면 마을로 들어가는 도로와 만난다. 폭이 7m 가량 되는 수구문(水口門)자리이다. 가장 높은 능선의 바로 밑에 서문이 있다. 현재는 폭은 10m 이상, 그리고 서문의 문자리는 무너져 내려 머리통만한 돌들로 무더기를 이루고 있어토 석 혼축성 임을 알 수 있다. 폭이 10m 정도이고, 성문의 두께는 무너져서 계측이 곤란하지만 5m정도이다.

서문에서 수직 60° 각도의 직선으로 산봉우리이다. 따라서 굳이 성을 쌓을 필요가 없이 자연지형을 그대로 이용하였다. 수구문과 서문 사이에는 흙으로 쌓은 치(雉)의 형태로 추정되는 것이 두 개, 형태가 희미한 것이 한 개, 총 세 개가 보인다. 수구문에서 북벽을 향해서 뻗은 언덕은 지금 흙을 대규모로 퍼냈기 때문에 치가 있었는지의 여부는 확인할 수 없다. 다만 산의 경사도로 보아 최소한 한 개의 치가 있었을 것으로 보여진다.

한편 서문 바깥쪽으로 완만한 경사의 구릉이 연결되고, 중간에는 용도가 의심스런 집 한 채가 홀로 있다. 그 집 아래로 넓은 평원이 펼쳐지고 있는데 사방이 산으로 가로막힌 지형이다. 645년 당군의 침입에서 영주도독(營州都督) 장검(張儉)은 건안성전투에서 아군 수 천명을 죽였다고(포로) 한다. 또 장량(張亮)의 군대가 건안성 아래를 지나갔다. 이 때 고구려 군사와 접전이 벌어졌다.[35]

필자의 조사에 의하면 건안성의 서문 밖은 성문 바깥이면서도 성 안 같은 모습을 하고 수 만명이 접전을 벌일 수 있을 정도의 분지성 평원이다. 성 안의 서벽 바깥쪽, 성 동의 산군들을 살펴본 결과, 건안성은 하나의 성구조라기 보다는 양성체제(兩城體制) 내지는 삼성체제(三城體制)로 되어 있는 것으로 추정된다. 현재 알려진 건안성을 중심으로 좌우로 몇 개의 산이 둘러싸여 성 내부를 만들면서 자연적인 방어의 구실을 한다. 따라서 양쪽에 관애를 설치하고 산성의 미약한 부분에 조금만 토성을 쌓는다면 광활한 삼성(三城)구조로 될 수 있다고 생각한다. 북벽 바깥쪽은 광활한 넓은 평야지대이고, 특히 바깥쪽 벽에는 수천 명 내지는 수만 명이 한꺼번에 동거할 수 있는 넓은 평원

---

35 『舊唐書』권69, 열전 張亮.

으로 되어 있고, 바깥쪽으로 높은 산들이 불쑥 솟아 길을 막고 있으므로 성일 가능성이 매우 높다.

현재까지 건안성은 단성구조로 되어 있으므로 둘레가 5km에 불과한 중성으로 이해하고 있다. 그러나 현장을 조사한 필자의 견해대로 삼중의 구조로 되어 있다면 대성 가운데 하나가 될 것이다. 그리고 서쪽과 북벽이 만나는 곳,(단성구조가 아니라 삼성구조일 경우), 두 개의 산과 능선이 마주치는 곳은 평평한 반면, 굉장히 좁으므로 관애가 설치되었을 가능성이 크다. 그 길은 청석령관애로 이어진다.[36]

2) 득리사산성(得利寺山城)

득리사산성은 보란점(普蘭店)시에 있다. 멀리서도 형태가 완연한 아주 잘 쌓은 산성이다. 나둔을 지나서는 도로에 좌우로 거대한 절벽과 벼랑들이 끝이 뾰족하고 파도처럼 연결되고 있다. 좌우측으로 길게 몇 단으로 되어 있다. 환인의 오녀산성과 유사한 느낌을 주지만 규모는 훨씬 몇 배 더 크다. 성벽이라기 보단 하나의 관광명소처럼 보인다. 고구려인들은 이 사연적인 시령시세를 이용해서 방어진지를 구축했을 것이다.

요동반도의 서안 남쪽에는 몇 개의 만이 있는데 그 가운데에 복주만(復州灣)과 보란점만이 있다. 보란점만은 좀더 크고 바로 아래에 금주만(金州灣)과 붙어 있다. 복주만은 규모는 적은 편에 속하지만 만 내부에 장흥도(長興島), 봉명도(鳳鳴島) 등 섬들이 있고, 내부로는 내륙에서 복주하(復州河)가 흘러들고 있다. 산성은 이 복주하의 옆에 있다. 이 성의 기능은 역시 해안가 가까이있고, 복주만으로 상륙하여 내륙으로 진입하는 적을 막는 역할을 하였을 것이다.

---

36 尹明喆, 『말타고 고구려가다』, 청노루, 1997, pp.348~351.

보란점시는 만이 넓고, 염전이 많이 발달해 있다. 요동반도 아래쪽에서 소금이 많이 생산됐다는 『한서지리지(漢書地理志)』, 『한서(漢書)』의 기록과 일치하고, 고구려의 요동반도 진출이 염전확보와도 관련이 있음을 의미한다. 이 근처에도 역시 해양방어성이 있었을 것이다. 이점진(李店鎭)과 태양승향(太陽升鄕)에는 고구려산성이 있다. 이곳을 점령당하면 남으로는 비사성이 위험하고, 북으로는 건안성, 동으로는 장하의 석성까지 이르는 곳에 위치한 성들이 매우 위험해진다.

3) 비사성(卑沙城)

금현(金縣)의 금주(金州)시내에서 동북으로 20km 떨어져 있는 우의향(友誼鄕) 팔리촌(八里村)의 동쪽인 해발 663m의 대흑산(大黑山) 위에 있다. 때문에 현지에서는 대흑산산성이라고 불리운다. 사료에서는 비사성(卑奢城)·비사성(卑沙城)·사비성(沙卑城)으로 불리운다.[37] 대흑산은 대혁산(大赫山)·대화상산(大和尙山)이라고도 불리운다. 산은 전체가 기암절벽이며, 100m가 훨씬 넘는 벼랑의 병풍이 둘러쳐져 있다. 현재는 정상 부근에 2개의 방송용 안테나가 있다. 산성은 대흑산을 바라보면서 서남방향으로 들어가는데 성의 둘레는 5km이다.

(1) 해양전략적 가치
비사성(卑沙城)은 요동반도(遼東半島) 남단이고, 금주만, 대련만, 묘도군도(廟島群島)와 만나는 곳에 있으므로 해양전략적으로 매우 중요한 위치에 있다. 요동반도의 남부해안으로 적의 수군이 상륙하는 것을 저지하는 가능이 있다. 산동반도와 요동반도 사이에는 묘도군도라는 크고 작은 섬으로 점점이 이어진 군도(群島)가 있다. 수심이 전반

---

37 李殿福 著, 車勇杰·金仁經 譯, 『中國內의 高句麗 遺蹟』, 학연문화사, 1994, p.83.

적으로 매우 얕은데다가 섬들이 워낙 많아서, 징검다리 식으로 이용한다면 큰 무리가 없이 요동반도로 상륙할 수가 있다.

수와 당의 수군은 동래(東萊)에서 출발하였는데, 이는 묘도군도를 이용하여 요동반도로 직접 상륙하려는 전략목표 때문이었다. 고구려군은 요동반도 남단으로 적의 수군이 직접 상륙하여 내륙으로 진입하는 것을 차단해야 했다. 이 곳을 점령당하면 요동반도의 동부와 서부해안이 적의 수군 앞에 맥없이 노출된다. 뿐만 아니라 득리사산성, 건안성 등을 거쳐 안시성까지 진군하여, 역으로 요동방어의 핵심지역들을 배후에서 공격할 수가 있다. 안시성 공방전이 벌어졌을 때 이곳을 점령했던 장량은 수군을 이끌고 구원하려던 시도가 있었다. 당시의 기록에 따르면 비사성에서 안시성까지 2일 거리였다고 한다.[38]

비사성이 해양방어상으로 가장 유리한 이점은 관측(觀測)과 제어(觀測)에 적합한 위치이다. 비사성은 항해상의 물표로도 훌륭한 역할을 하였으므로 고구려 수군의 해상작전에 도움을 주었고, 평상시에도 항해교통에 매우 중요한 역할을 하였을 것이다. 금주만과 대련만이라는 동서 2개의 만을 동시에 관측하고 방어할 수 있다. 즉 동서(東西)의 양쪽 방면에서 들어오는 적을 방어할 뿐 아니라 북상하는 적을 저지하기에 적합한 지역이다.

현장을 조사한 바에 따르면 산의 정상에 가까워질수록 금주시내가 한 눈에 보여 적의 움직임을 쉽게 관찰할 수 있다. 멀리 요동반도 남쪽의 황해를 바라보고, 북쪽으로 금주만도 잘보이므로 적선의 상륙이나 이동 등을 정확히 관찰할 수가 있다. 해양방어성이며, 요동반도의 최고 전방 방위성인 비사성이 노철산수도(老鐵山水道)가 시작되는 여순(旅順)에 있지 않고, 이 곳에 있는 이유가 바로 이것이다.[39]

---

38 『三國史記』, 고구려본기, 寶藏王 4년.
39 『新增東國輿地勝覽』에 의하면 비사성이 한강 하류유역에도 있었음을 기록하고 있다. 그 명칭이 해안방

비사성의 이러한 기능은 실제 전투에서도 분명하게 드러났다. 고구려군은 598년에 요서의 해안지방을 선제공격해서 해안방위시설을 빼앗는다. 이후 수(隋)의 주라후군(周羅睺軍)은 동래를 출발하여 황해를 건너 평양성을 공격하고자 하였으나 중간에 풍랑을 만나 돌아갔다. 그러나 당시의 전황과 해상개황으로 보아 주라후군은 고구려수군에 공격을 받았을 가능성이 크다고 본다.[40] 수양제는 본격적으로 수륙양면작전을 실시하였다. 그래서 처음에는 래호아군(來護兒軍)이 황해북부를 횡단한 다음에 평양성을 공격하였으나 평양성 60리 밖에서 고건무(高建武)장군(후에 영류왕이 됨)에게 대패하였다. 그 다음인 614년의 공격에서 래호아군(來護兒軍)은 전략을 바꿔 수로군을 이끌고 비사성을 공격했다.[41] 비사성은 그 후에도 당군의 공격을 끊임없이 받았다. 645년에 장량(張亮)의 수로군은 등주(登州)를 출발해서 비사성을 공격하기 시작한다. 정명진(程明振) 등이 야간에 서문으로 급습을 해서 결국은 점령당하였다. 그 해 여름에 벌어진 5월 전투에서 고구려군은 8,000명이 죽음을 맞았다.[42]

(2) 산성의 구조와 기능

산성의 전체둘레가 5km이다. 서와 남으로 이어지는 능선 위에 성벽이 뻗어있고, 서남 골짜기를 둘러싸고 있다. 서쪽은 경사가 비교적 완만해서 성으로 올라갈 수 있는 유일한 길이다. 계곡은 깊게 파여 있고 양쪽을 감싸고 있는 능선은 높고 경사가 급해

어 혹은 물과 관련이 있을 가능성을 보여주고 있다.
40 尹明喆,「高句麗末期의 海洋活動과 東亞地中海의 秩序再編」,『國史館論叢』52집, 1994, pp.97~98.
　물론 이 전투에 대해서『隋書』,『隋書列傳 周羅睺傳』,『資治通鑑』등은 전말을 기록하고 있지 않다.
41 『三國史記』, 고구려본기, 영양왕 25년.
　『隋書』, 列傳 來護兒傳.
　『資治通鑑』권182.
42 『三國史記』, 고구려본기, 寶藏王 4년.
　『舊唐書』, 高麗傳,『新唐書』, 張亮傳,『册府元龜』,『資治通鑑』권179 등.

적들이 올라 붙기도 힘들 뿐더러 위에서 어떤 형태로든 방어할 수가 있었다. 동서 골짜기의 폭은 1km이다. 『삼국사기(三國史記)』 보장왕 4년조에는 '성의 사면은 절벽으로 되어 있고, 오로지 서문 만이 가히 오를 수 있다.'(城四面懸絶 惟西門可上)라고 기록하고 있다. 그러나 실제로는 남쪽으로도 오를 수가 있다.[43]

서문을 중심으로 좌우로 성벽이 뻗어 있으나 근래에 개축한 것이다. 서문에서 바라다 보이는 서쪽 골짜기는 양쪽으로 두 개가 있는데 계곡을 통해서 올라가는 길 밖에 없는데 양쪽 능선에서 공격한다면 거의 접근이 불가능하다. 서문은 폭이 3m, 높이는 1.5m 정도로 일정하다. 서문근처의 성벽은 그 양쪽에 경사를 이루고 있고, 남쪽의 성벽은 완만한 기울기에 협축을 하였다.[44] 성벽은 서문의 좌우로 연결되는데 왼쪽은 북방향으로 조금 연결되다 없어지고, 오른 쪽은 200m정도 이어지다 벼랑에서 끊어진다. 평평한 길로 나 있어 따라가 보니 절벽의 바로 윗부분이 불룩하게 튀어 나와 있고 위가 평평하다. 주로 가공되지 않은 청회색의 석회암을 사용했지만 가공한 것도 있으며, 내부에는 흙을 채워놓기도 하였다.[45] 『요동지(遼東志)』에 따르면 내부에 우물이 2개 있었다고 한다. 성 내부의 평탄한 흙단 가운데에서 연화문의 기와조각을 발견하였는데 점장대로 여겨진다.[46] 성벽은 총 길이가 5km이지만 산군 전체가 하나의 덩어리로 되어 실제 산성의 범주는 크고 길이도 더 길었을 것으로 판단된다. 요동반도 서쪽의 해안방어성으로는 이 외에도 개현(蓋縣) 서둔향(西屯鄕)의 연통산보성(煙筒山堡城), 개현(蓋縣) 쌍대자향(雙臺子鄕)의 성자구산성(城子溝山城), 와방점시(瓦房店市) 득리사향(得利寺鄕)

---

43 尹明喆, 앞 논문, pp.360~361.
44 東潮 田中俊明, 『高句麗の歷史と遺蹟』, 中央公論社, 1995, p.366.
45 石英變質岩을 사용했다는 기록도 있다. 孫德連, 「卑沙城」, 金州博物館館刊, 1990, 제 1기 孫進己 孫海 主編, 『高句麗渤海硏究論文集成』(中國古代民族硏究集成之一), 高句麗卷 (三), 哈爾濱出版社, 1994, p.130 참조.
46 許明綱, 「大連地區高句麗四座山城略考」, 『博物館硏究』, 1996, 제 1기, 孫進己 孫海 主編, 앞의 책, p.99.

의 마권자산산성(馬圈子山山城), 와방점시(瓦房店市) 태양승향(太陽升鄕)의 고려성산산성(高麗城山山城), 와방점시(瓦房店市) 이점향(李店鄕)의 람고산성(嵐崛山城) 등이 있다.[47]

4) 석성(石城 : 城山山城)

장하현(莊河縣) 성산진(城山鎭 : 城山鄕) 사하촌(沙河村) 만덕둔(萬德屯)의 서북에 있다. 현성에서 40km정도 서쪽으로 떨어져 있다. 석성은 들판 가운데 우뚝 솟아오른 산봉우리가 아니라 산군 속에 자리잡고 있는데, 해발 290m이다. 황해의 장산군도해역(長山群島海域)으로 흘러드는 벽류하(碧流河)의 동쪽에 있다. 장하현지(庄河縣志)에는 '현성의 서쪽 90리에 있다. 남북으로 두산이 마주보고 있는데, 가운데에 협하(狹河)가 있다. 남(南)을 전성(南), 북(北)을 후성(後城)이라고 한다.'[48]고 되어있다.

(1) 해양전략적 가치

요동반도는 고구려의 내륙으로 진입하는 것을 저지하고, 압록강 하구를 보호하는 기능도 해야한다. 때문에 요동반도 남부에는 많은 성들이 구축되어있다. 보란점(普蘭店)·수암(岫岩)·장하(庄河)·봉성(鳳城) 등에 크고 작은 성들이 있다. 공격수군이 요동반도의 동남부 해안에 상륙하였을 경우에는 곧장 북상하다가 본계(本溪), 신빈(本溪) 등을 거쳐 고구려의 내부, 즉 국내성 외곽의 주변지역으로 진격할 수 있고, 역으로 서북진하여 요하전선의 안시성(安市城)·신성(新城) 등 전방방어성들을 후방에서 공격할 수 있다.

---

47 서길수, 『高句麗城』, KBS, 1994.
48 許明綱, 「大連地區高句麗四座山城略考」, 『博物館研究』, 1996, 제1기, 孫進己 孫海 主編, 『高句麗渤海研究論文集成』(中國古代民族研究集成之一), 高句麗卷 (三), 哈爾濱出版社, 1994, p.98.

한편 요동반도의 남쪽 해안선 끝과 한반도가 만나는 곳은 서한만(西韓灣)과 압록강 하구이다. 압록강하구는 해양방어에서 두 가지 의미가 있다. 하나는 단동 근처의 봉황성 지역과, 수도였으며 중요한 전략거점인 국내성 지역을 방어하는 것이다. 봉황성(鳳凰城)은 북부지역에서는 가장 큰 성이며, 중요한 행정치소였다. 두 번째, 압록강 하구 지역은 초기부터 해양교통의 거점이었고, 황해북부의 연근해항로를 차단하며, 해상권을 제어하는 기능이 있다. 따라서 요동반도의 동남부해안을 방어하는 일은 적의 수군이 서한만(西韓灣)을 점령하고 압록강의 하구지역으로 진입하는 해로(海路)를 차단하는 기능을 한다. 물론 이때는 성에 배치된 수비군으로만은 부족하다. 해상의 수군과 공동작전을 벌여야 효율적이다.

장하는 길다란 해안선의 한 중간에 위치해 있어 동서로 각각 요동반도의 끝에서 압록강하구로 이어지는 중간에 있다. 석성이 있는 지역은 이렇게 해양전략적인 가치가 크기 때문에 서북과 동북으로 중요한 방어성들과 연결되고 있다.

해안선은 비교적 단순한 편이지만 앞에는 황해북부에서는 유일하게 장산군도(長山群島)가 있다. 장산군도는 장해(長海)가 있는 중심섬인 대장산도와 소장산도, 동쪽의 석성도와 대왕가노(大王家島) 외에 여러섬 들로 이루어져 있다. 그런데 이 섬들을 중간에 두고 육지쪽에는 리장산해협(裏長山海峽)이 있고, 바깥쪽에는 외장산해협(外長山海峽)이 있으며, 그 외해에는 외장산열도(外長山列島)가 있다.

그러므로 민간의 해양세력은 물론 고구려의 수군활동이 성장할 수 있으며, 육지와 유기적으로 공동작전을 실시하기에 매우 적합한 지형이다. 특히 이 지역의 해양도 장해 등에는 고려성이란 명칭이 남아있어 당시 고구려가 축성한 것인가에 대해 보다 면밀한 조사와 검토가 필요하다. 석성은 비록 해변과 멀리 떨어져 있다고 하나 성 안에서 바다가 보이고, 평원으로 몰려오는 적의 움직임을 관측할 수가 있다.

또한 주변의 오고성과 장하현의 석성도에 있는 고구려의 성과 연결되고 있다. 결국 석성은 장해현 장산군도와 석성열도(石城列島) 등을 동시에 방어하면서 수암지역 등 내륙의 성들과 연계를 맺은 해양방어의 중심성이었다. 때문에 이 성은 『신당서(新唐書)』 고려전(高麗傳)에 치열한 전투가 벌어지던 성으로 기록되어 있다. 수군(水軍)을 이끌고 온 우진달(牛進達)군이 요동반도 남쪽해안에 상륙한 다음에 이곳에 이르러 100번의 전투가 이루어졌다고 한다. 물론 장하(庄河)의 성산산성이 이 때의 석성인지에 대해서는 단언할 수가 없으나 현재로서는 이 성으로 보고 있다.

(2) 성의 구조와 축성시기

석성은 여러 가지 특징을 갖추고 있고, 기능과 구조적으로도 매우 완벽한 산성이다. 산 전체를 거의 능선을 따라 화강암으로 둘러쌓았으며, 둘레는 2,898m이다. 근처의 다른 성들에 비하면 큰 편은 아니지만 현재로서는 가장 잘 남아 있다. 많은 군사가 성안 뿐만 아니라 주변 지역에 포진할 수 있고 성 외의 주변 산속에도 웅거할 수 있게 되있다. 특히 협곡을 사이에 두고 건너편 험한 산에 성이 있는데 자매성이라고 할 수 있다.

성문은 동남서에 모두 5개 있다.[49] 정문은 남문이다. 왼쪽에 계곡을 끼고 오른쪽에서 흘러내려오는 능선을 막아 화강암 돌로 문을 쌓았다. 오른쪽은 높이가 3.5m 왼쪽은 6m이상이다. 차를 통과해 들어가는데 성문의 두께는 4m이상이다. 길이 30~40cm 정도의 돌로 차곡차곡 쌓아 외벽을 했는데, 길고 큰 돌은 1mm가 넘기도 한다. 그런데 여기 돌들은 횟빛에다 산화철의 녹빛으로 변색된 것들이 꽤 많다. 계곡을 막은 곳은 성벽의 수구문(水口門)자리이다. 현재는 윗부분에 직경 1m미터의 구멍이 뚫려있고, 물이 흘러내린다.

남벽이 병풍처럼 가지런히 펼쳐지고 중간에는 튀어나온 치들이 보인다. 동문은

---

49 許明綱, 위 논문, p.99.

아주 견고하게 돌로 차근차근 쌓았는데 옹성구조이다. 높이가 8m 정도이다. 폭도 두꺼워 남문과 마찬가지로 3m정도이다. 입구의 너비 역시 3m정도인데 큰 수레 등은 들어오기가 힘들었을 것이다.

동문을 지나면서 성벽이 연결되다가 단단한 각을 이루면서 완벽한 형태의 치(雉)가 있다. 백암성의 치보다 커보이고 돌들도 하나하나가 부드러운 느낌을 주는데다가 전체적으로 곡선 분위기를 갖고 있다. 높이는 10m정도이다. 상단은 60도 각도로 급경사를 이루고 있는데 반하여 하단부 5m는 경사를 45도 각도로 낮추면서 굽도리 형태로 단을 쌓았다. 안정되고도 부드러운 구조이다. 첨성대의 옆면과 경사도나 모양, 돌다듬은 것이 유사하다. 단은 16개이다. 그러니까 1단이 평균 30cm 정도이다. 동문의 치는 위에 요철형의 여장이 있다. 여장은 수비하는 군사가 몸을 숨기면서 적을 향하여 공격할 수 있도록 담벽 위에 요철형으로 튀어나온 구조이다. 이곳은 돌들의 색깔이 하얗게 되어 아래 성벽과 다른 것으로 보아 근래에 다시 주어다 쌓은 것으로 판단된다. 여장은 높이 40cm, 폭 60cm 정도로 정면에만 4개가 있고 넓이는 가로 6m, 세로 4m 정도이다. 안에도 돌무더기가 남아있고, 한쪽 구석으로 요망대라고 중국인들이 써놓은 매끈매끈한 화강암비가 서있다.

동벽은 산위 쪽으로 올라가는데 안쪽은 특이하게도 2단 구조로 되어 있다. 평지에서 2m 높이로 단이 있고, 그 안은 약 60cm인 면적이 있고, 다시 2m의 성벽이 있다. 그러니까 병사들은 60cm 폭으로 길게 이어지는 공간 위에서 비교적 자유롭게 활동하면서 적과 전투를 하였던 것이다.

내성(內城)을 독특한 구조를 이루고 있다. 성벽이 두 갈래로 갈라지면서 내부를 둘러싸고 있다. 십자로 모양처럼 오른쪽과 왼쪽이 각각 치처럼 2m의 두께로 뻗어 있는데, 윗부분의 네모꼴은 3m의 폭이다. 왼쪽으로 흘러간 성벽은 가운데 솟은 봉우리를 감싸고 있다. 돌아가서 북쪽으로 가니 폭 2m, 두께 3m의 문이 있다. 옆에 세워진 안내판은 이곳의 길이는 186m이고, 높이가 4m의 내성임을 알려주고 있다. 또한 장수들이 지휘하는 곳으로서 병사들의 출입은 금지되었다고 쓰여있다.

그런데 내성도 역시 이중구조로 되어 있으므로 적은 몇 번이나 방어선을 돌파해서 벽을 넘어야 최후의 내성으로 들어올 수 있게 되었다. 비록 무너져 내렸지만 여장의 흔적이 보이고 있고, 안쪽 벽도 이중으로 되어 있다. 여러모로 백암성(白巖城)의 내성과 역시 유사한 구조이면서도 더 복잡하게 되어 있다. 내성의 입구 반대쪽에는 봉화대 표시판이 있지만 분명하게 나타나 있지는 않다.

점장대는 내성 끝에서 동남 방향으로 능선을 따라 30m 정도에 있다. 100명 이상이 상주할 수 있는 비교적 커다란 사다리꼴 모양이고, 사방을 둘러볼 수 있는 전망이 매우 좋은 곳이다. 돌을 쌓아 더 높게 만들어 놓았는데 길이가 65m, 폭이 35m, 높이가 12m의 방대형이다. 돌무더기를 쌓아 놓은 모양이 꼭 성황당 같다. 위가 평탄하고 남쪽으론 벽을 둘러놓았다.

남쪽으로 벽류하가 보이고 멀리는 황해까지 보인다고 한다. 역시 석성도 오고성과 함께 장하근처 요동해안방어체제의 일환으로 구축된 것이다. 북북동 방향으로 능선 끝까지 성이 요철을 이루면서 계속 연결되고 있다.

장대 위에는 군데군데 구멍이 나 있고, 돌들이 차곡차곡 쌓여져 있다. 큰 것은 폭이 사방 1m, 깊이도 1m 정도이다. 곁에는 제법 큰 돌들로 사방 1m 정도의 둘레를 쌓아놓았고, 1m 깊이의 안쪽으로도 우물처럼 돌을 둘러 쌓았는데 물의 흔적은 전혀 없다. 서벽도 70도 에서 80도 되는 가파른 경사로 되어 있음에도 성을 쌓아서 적의 진입을 방비했다. 현재 높이는 3m 정도 높이이다. 정남방향으로 능선이 150m 가량 더 연결된다. 얼마나 중요한 전략적 거점인지 성의 방어체제가 아주 견고하게 되어 있다. 북쪽은 전부 절벽으로 이어져서 아래가 300m 정도의 급경사로 되어 성이 불필요한데도 3미터 정도로 역시 성벽을 쌓았다. 북벽아래의 아득한 골짜기 밑으로 실개천이 급한 유선형으로 흐르고, 그 협곡은 길을 사이에 두고 바로 맞은편 산과 만나고 있는데, 역시 산성이 있다.

북벽의 중간 쯤해서 다시 석조건축물의 흔적이 나타난다. 평균 아래기단부의 7m, 위는 3.5m의 정사각형, 11단의 굽도리 양식으로 기단을 쌓은 평평한 대가 있다. 층마다 14~16cm 정도의 폭으로 들여쌓기를 하였다.[50] 서쪽에서 올라오는 입구에는 돌로 계단이 쌓여져 있는데, 아주 미끈하고 잘생긴 안정감있다. 좌우로 문을 단 듯 하다. 가로 50cm, 세로 60cm 되는 돌이 왼쪽에 놓여 있는데 안 부분이 각진채로 움푹하게 파여져 있다. 다른 돌이나 나무를 받쳤던 흔적이다. 굽도리 양식 맨 위쪽 부분 사면의 모서리에는 석조물로 보이는 기둥이나 벽을 놓았던 흔적이 하얗게 바랜채 있다. 굽도리 양식의 돌이 더 있었을 가능성이 높다.

윗부분에 있는 모든 돌들이 바깥쪽은 평균 15cm정도가 검게 변해 있었고, 안쪽으로는 회색빛, 돌의 원색인 것으로 보아 전체적으로 여기에 좀 더 높은 단이 있었던 것으로 보인다. 봉우리 높은 곳에 기단만 남아있어도 단아하고 장중하면서도 아름답다. 이 석조조형물의 원형은 알수 없다. 용도도 분명치 않다. 중국인들은 이곳이 소장루(梳妝樓)라고 한다. 장대라고 하는 견해도 있다.[51] 서쪽으로 가면 능선에는 볼록한 봉우리가 솟고, 그 위에 적석묘나 성황당처럼 돌들이 쌓여 있다. 군기(軍旗)를 꽂았던 좌독기(坐纛旗)이다. 남문의 벽 안쪽으로 수뢰가 있다. 안쪽은 높이가 5m 정도이고, 내부는 꽤 넓었고, 지금은 군데군데 풀들이 자라고 있다. 수뢰는 죄인을 벌주기 위한 장소이다.[52]

---

50 東潮 田中俊明, 앞의 책, p.368. 그 후 정밀하게 조사해보니 9단으로 이루어졌음을 확인하였다.
51 위의 주와 동일.
52 尹明喆, 앞의 책, pp.382~394.

5) 석성도(石城島)

장하현은 요동반도에서 압록강 하구로 가는 중간에 있으므로 전략적으로 중요하고 옛부터 사람들이 많이 모였던 곳으로 고인돌도 있다. 성 안에는 고구려 산성이 있다. 요동반도의 남쪽에는 해양도 등 몇 개의 섬에 고구려 산성이 있는데, 이 사실은 중대한 의미를 가진다. 고구려는 해양방어체제를 육지에서 뿐 아니라 바다 한가운데도 구축한 것이다. 이것은 무엇보다 고구려에 수군이 있었다는 강력한 증거가 된다.

섬에 성이 있으면 그 곳에 군사들이 주둔해 있어야 하고, 그렇다면 선박을 보유하고 있어야 되기 때문이다. 그 당시 선박은 이 지역의 중요성으로 보아 단순한 척후선이나 섬의 병력을 이동시키는 소극적인 수준이 아니다. 요동반도의 남부를 지키고 적의 수로군과 결전을 벌이는 함대일 가능성이 크다. 고구려는 이러한 해양방어체제의 요충지에 수군을 배치하여 해상수송로를 제어하고, 척후활동 등을 하였을 것이다.[53]

6) 오고성(吳姑城)

와방점시(瓦房店市)에서 대왕(大王) 쪽으로 가다 성대진(星臺鎭) 곽둔(郭屯)의 북에 있다. 평원 가운데의 산에 있으며, 벽류하의 서안에 있다. 『요동지(遼東志)』에 따르면 외패산성(巍霸山城)은 복주성(復州城)의 동쪽 180리에 있다.[54] 현재는 성 내부에 청천사(淸泉寺)라는 절이 있는데 속칭 오고성묘(吳姑城廟)라고 한다. 한(漢)대에 쌓은 성이라고 하며, 절 앞의 돌비는 외패산성(巍霸山城)이라고 쓰여져 있고 동한 광무제(東漢 光武帝) 때 쌓아 1900년이 지났다고 되어 있다. 광개토대왕이 거란을 정벌하고 돌아올 때 들른 북

---

53 尹明喆, 위의 책, p.398.
54 許明綱, 「大連地區高句麗四座山城略考」, p.98.

풍성(北豐城)으로 추정하는 경우도 있다.

이 성의 해양전략적인 가치는 석성과 거의 유사하다. 다만 해안에서 더 떨어져 있는 것이 다르다. 그러나 장산군도의 핵심이 되는 섬들은 오히려 석성보다 더 가까워 오고성의 또 다른 기능을 추정할 수 있다.

구조

청색 화강암을 장방형으로 가공하여 산줄기를 따라 쌓았다.[55] 성 둘레는 총 5km이다. 성문은 원래가 4개가 있었다고 한다. 성벽은 외벽이 최고 9.4m, 내벽이 1.2m, 폭은 3.29m까지 남아있다. 정면에는 높이 7m 정도의 성벽이 거의 완벽하게 남아 있다. 9미터가 넘는 곳도 있다. 능선에서는 시야가 탁 트이며 벌판이 한눈에 잡힌다. 가장자리 능선의 성벽이 완벽한 형태를 남기고 있다. 절을 만들 때 외벽의 돌들을 대량으로 뽑아다 썼으므로 내벽이 통채로 드러나 견치석들이 마치 수정의 원석이나 얼음탑처럼 뾰족뾰족 전면에 박혀있다. 남쪽능선에서 서쪽으로 성벽이 완만하게 쭉 연결되다 언덕으로 올라간다. 숲이 우거져 있고 토산처럼 보였는데, 사실은 인공산이다. 풀들이 벗겨지고 언덕이 무너져 내린 한쪽 틈을 보니 설형석들이 차곡차곡 쌓여있다. 단순한 토산이 아니라 속에다 돌을 채운 석성의 일부분이었다.

성 안에서 평원과 사하(沙河)가 보이고 그 너머에 황해가 있다. 바다를 통해서 들어온 적들의 동태를 관측하고, 평원을 통과할 경우에는 방어하거나 차단할 수 있다. 능선 끝에 약 100여 평 정도의 넓이의 평평한 풀밭처럼 보이는 곳이 많은 군사가 주둔할 수 있는 점장대이다. 서남을 향해서 정면으로 쌓고, 사다리꼴로 각이 확실히 졌다. 동향인쪽은 무너져 내려 상당한 부분이 유실되었지만, 서향인 쪽은 완벽한 형태로 남아있다. 몇 단의 벽으로 이루어졌는데 20m 이상의 벽이다.

---

55 東潮·田中俊明, 『高句麗の歷史と遺蹟』, 中央公論社, 1995, p.367.

능선은 의외로 경사가 완만했고 제법 넓은 공간이 군데군데 있으며, 그 끝은 들판으로 이어지고 있다. 따라서 적이 공격해 올라올 수 있고, 넓은 공간에 군사를 주둔시킨 후 성벽을 공격할 수 있다. 전술적으로 취약한 지점인 곳에 강력한 방어시설을 갖춘 것이다. 모양도 정면으로 보면 사다리꼴이지만, 옆으로 각이 지면서 안으로 들어갔다 또 각이 져서 밖으로 튀어나오고 있다. 그러니까 치의 구조를 구비하고 있는 것이다. 점장대의 역할도 하였겠지만 오히려 적대로 판단된다.

점장대에서 봉화대 쪽을 향하면 남문의 흔적이 있다. 다 허물어지고 돌바닥과 섬돌의 일부 그리고 문을 해달았던 받침돌에는 낫 모양으로 길게 홈이 파져 있다. 봉화대가 있는 언덕은 사면이 가파른 경사이다. 위에는 직경이 동서 40m, 남북의 폭은 10m에서 15m 정도의 넓은 공간으로서 주변의 성둘레는 물론 성 내부가 다 보인다.

남서 방향으로 위사가 흐르고 서로는 황해가 보이니까 서남 방향에서 상륙한 적은 이곳까지 개활지를 통과할 수 밖에 없다. 동쪽에서 서쪽방향으로는 날씨가 좋을 경우에 100리 이상은 충분히 관찰이 가능하다. 점장대로 여겨지는데 봉화대라고 한다. 현재도 홍갈색 고구려 기와조각이나 전돌들이 발견되고 있다. 건물지의 흔적도 보인다.

서쪽으로 들어오는 골짜기의 경사가 급하다. 서문 쪽은 우거졌는데, 옹성 구조에다 예전엔 철문이었으나, 문화혁명때 누군가 떼어 갔다고 한다. 서문 안쪽의 골짜기 안에 음마만과 양어지가 있다. 서문에서 다시 능선이 위로 연결되면서 봉우리가 하나 툭 튀어 나와 있고, 서능을 따라 북으로 가면 주봉인 외패산이 나오고 자금성으로 연결된다. 북문에서 동문까지가 성벽이 가장 잘 남아 있다. 결국 오고성은 동쪽에 있는 석성과 공동작전을 하면서 해양방어에 주력을 하였고, 한편으로는 서북쪽의 방어체제들을 해안에서 보호하는 기능도 하였을 것이다.[56] 위에서 언급한 성들 외에도 요동반도의 동남부에는 해양방어성의 기능을 한 성들이 여럿이 있다.

---

[56] 尹明喆, 앞의 책, pp.372~379.

6. 결론

　이상과 같이 요동의 해양전략적 가치와 기능을 탐색해보았고, 고구려 멸망 시기까지의 역사적인 상황을 살펴보았다.

　서문에서 언급했던 바와 같이 고구려와 중국세력은 요동반도와 발해만 등을 중심으로 격돌하였다. 이곳 해양에 대한 영향력을 어떤 국가가 어떠한 영향력을 갖느냐가 그 지역의 역학관계에 큰 영향을 끼쳤다. 따라서 수군력의 양성과 강화는 필수적이었고, 또한 비교적 방어자의 입장에 있었던 고구려는 해양방어체제에 매우 관심을 기울일 수밖에 없었다. 곳곳에 산성을 중심으로 해양방어체제를 구축하였다.

　필자는 이 연구를 통해서 당시 요동반도에 매우 치밀하고 체계적으로 구축된 방어체제는 해양방어와 밀접한 관련이 있음을 알게 되었다. 특히 해안선과 가까운 거리(요동반도의 지형을 감안 할 때 보통 30~40km이내에 위치)에 있는 성들은 해양방어체제와 밀접한 관련이 있다.

　해양방어체제들은 본문에서 언급한 몇몇 대성 등을 중심으로 유기적인 관계를 맺고 있었다. 그 외에도 몇 개의 중요한 성들이 있으며, 또한 알려지지 않은 소규모의 곶성(串城)·포성(浦城)·진성(津城)들이 있었을 가능성이 매우 많다. 특히 섬 안에 있는 성의 존재는 수군의 존재를 알리고, 해방의 범위를 이해하는데 매우 필요하다. 이러한 소규모 해방체제들을 발견하고 연구하는 일이 필요하다.

　요동반도는 전략적 가치가 매우 높다. 또한 추후에 언급하겠지만 압록강 하구 및 대동강 하구의 전략지구와도 연관성을 가지고 있다. 따라서 요동반도의 해양방어체제는 고구려의 해방체제는 물론 고구려의 해양활동 및 서진전략을 파악하는 데 필수적이다. 나아가 동아시아의 역학관계를 이해하는데에 매우 필요하다.

02

강화지역의 해양방어체제연구*
—관미성 위치와 관련하여—

1. 서 론

　동아시아의 역사는 육지질서뿐만 아니라 해양질서의 영향도 적지 않게 받았다. 지리적 지형적 조건을 살펴보아도 한반도를 중핵에 두고 공해, 황해, 남해, 동중국해가 둘러쌓여 있으며, 다시 이 바다들을 대륙과 일본열도가 둘러싸고 있다. 소위 지중해적 형태를 띄우고 있다. 뿐만 아니라 동아시아의 정치·경제·문화·군사적 관계의 중심이 되는 국가와 종족들도 역시 이 지역을 중심으로 갈등과 협력의 관계를 연출하여 왔다.

　특히 고대 한국사의 경우에는 고구려·백제·신라라는 삼국이 쟁패전을 벌였는데, 그 갈등의 주전장은 경기만을 둘러싼 한반도 중서부 지방이었다. 지정학적(地政學的)·지경학적(地經學的)·지문화적(地文化的) 입장에서 보아 필연적인 일이었다. 특히 이 갈등은 고구려와 백제의 대결로 시작되었고, 다시 백제와 신라, 또 고구려와 신라의 대결로 변화되었다. 이들 국가들 간의 대결은 경기만을 중심으로 하였기 때문에 자연히 군사적으로도 경기만은 중요한 지역이 되었다.

---

* 「江華지역의 해양방어체제연구-關彌城 位置와 관련하여」, 『사학연구』58·59 합집호, 1999.

각 나라들은 상륙작전 등 해양을 통한 침투를 시도하고, 해안선 근처에서 적극적인 공방전을 펼쳤다. 따라서 해양방어체제는 적 수군의 침입방어와 국토의 보존이라는 원론적인 목적 이외에 수도방어체제와 깊은 관련이 있고, 또한 외교통로 및 교역로를 보호한다는 다종의 의미를 가졌다. 따라서 각 나라들은 자국이 점유한 지역을 중심으로 치밀하고 복합적이며, 다양한 해양방어체제를 구축하였다. 그 가운데에서도 경기만의 해양방어체제는 전략적으로나 전술적으로, 또 국가정책과 관련하여 매우 의미가 있었다. 특히 고구려와 백제가 본격적인 충돌을 벌였으며, 양국의 관계를 불평등하게 확정시킨 관미성 전투는 당시의 역사상은 물론 해양방어체제의 실체를 규명하는데도 매우 중요한 단서를 제공한다.

고구려와 백제가 경기만을 중심으로 대결하는 구조 속에서 관미성의 역할과 의미는 매우 중요하다. 특히 그 위치를 정확히 파악한다는 것은 당시의 전황은 물론, 전쟁의 기본성격과 당시 변화되는 국제질서의 한 단면을 알 수 있는 단서를 제공한다. 아울러 백제 고구려가 경기만을 얼마나 중요시했으며, 어떠한 체제로 방어망을 구축했는가를 확인할 수 있다. 즉 해양방어체제의 한 모델을 탐색하고 이해할 수 있는 것이다.

필자는 당시 양국 간의 각축장이었던 경기만의 해양방어체제를 개괄적으로 살펴보고, 아울러 그러한 백제의 해양방어체제의 관점에서 관미성의 위치를 다시 생각해 보고자 한다. 따라서 본고는 강화도에 대한 해양전략적 가치를 이해하고, 그 연장선상에서 관미성이 강화도 북부였다는 과거 필자의 주장을 보다 세밀하게 전개하여 특정지역을 선정하고 그 가능성을 탐색해보았다. 사료가 부족한 만치 당시의 전쟁과 전투 상황을 토대로 하고, 해양전략과 전술적인 입장에서 지리 지형적 특성을 분석하였다.

2. 해양방어체제의 성격

해양방어체제는 형태와 기능에 따라 여러 가지 종류가 있다. 또한 위치와 규모, 용도에 따라 몇 가지로 분류할 수 있다.

1) 분류

해양방어체제는 크게 나누면 성곽(城郭)과 봉수(烽燧), 그리고 소규모의 해안초소 체제로 나눌 수 있다.

성곽은 내륙으로 들어와 축성된 큰 성, 독립적인 섬의 방어성, 해안가에 있는 진성(鎭城), 해안주변에 산포한 비교적 규모가 적은 산성이 있다. 또한 해안의 일정한 부분을 감싸서 선의 개념으로 방어하는 장성(長城)이 있다. 봉수는 섬과 해안의 적당한 곳에 있는데, 때로는 작은 성의 역할을 겸하는 경우도 있다. 봉수에는 일정한 수의 군인들이 지키고 있으며, 건물도 있어서 상황에 따라서는 다양한 기능을 한다.

해양방어체제의 독특한 체제로 볼 수 있는 것이 바로 해안초소의 기능을 하는 시설이다. 보(堡), 돈대(墩臺), 참호(塹壕) 등이 있는데 물론 이것들은 조선시대의 용어와 개념이다. 하지만 전 시대에도 그러한 기능의 시설들은 분명히 있었을 것이다. 고구려는 육상관방시설을 설치하면서 큰 산성들 외에도 소규모의 산성들을 쌓았으며, 중요한 길목에는 차단성들을 쌓아 효율적으로 방어했다. 국내성으로 들어오는 길목인 집안(集安)시 외곽에는 화전자(花甸子)에서 쌍차(雙岔)로 넘어가는 길목에 망파령(望波嶺) 관애가 있다. 또한 청하(淸河)에서 두도(頭道)를 거쳐 집안으로 들어오는 길목에 관마장 관애(關馬墻 關隘)를 설치하였다. 그 외에도 전략적 요충지에는 다수의 관애를 설치하였다. 이러한 시설물 외에도 일종의 초소역할을 하는 보루시설들을 만들어 보강하였다. 집안시의 주변에 대촌(大村)초소가 있으며, 한강을 바라보는 서울의 용마산과 아차산에는 봉우리마다 보루가 있다.[1] 그 외에도 최근 양주군 일대에서 고구려의 보루들을 대거 발굴하였다.[2] 이러한 것으로 보아 일종의 보루(堡壘)시설 등은 이미 고대에 활용된 것으로 보인다. 따라서 보루의 필요성이 강한 강변이나 해안에서 이러한 방어시설물들은 있었을 것이다. 특히나 고구려가 점령한 지역에는 반드시 있었을 것이다.[3] 소규모 해안방어 시설물로서는 보루 외에도 일종의 참호가 있다.

참호란 시설물에 대해서는 아직 공식적으로 언급된 것이 없다. 북송(北宋)의 사신이었던 서긍(徐兢)이 견문기로 쓴 『선화봉사고려도경(宣和奉使高麗圖經)』에 고려에 참호가 없음을 기록하고 있다. 그런데 전 근대의 전쟁에서 바닷가에도 참호를 파서 만약 조수가 차면 육지의 건호(乾濠)보다도 좋다는 기록을 하고 있다. 또 참호를 파고 그 안에 능철(菱鐵 : 마름쇠)을 깔고 풀을 덮어 위장을 하는 방법이 있다고 하면서 청병과 임경업이 가도(假島)를 공격하다가 명나라의 이러한 해안방어체제에 걸려 커다란 손실을 입은 것을 예로 들고 있다.[4] 전투를 할 때에 이러한 시설물이 필요한 것은 사실이고, 중국에 있었다면, 우리도 있었을 가능성이 매우 많다.

필자는 경기도 하남시(河南市) 춘궁리(春宮里) 일대에서 1997년 12월부터 1998년 5월까지 방어체제를 조사한 적이 있었다. 그 곳에서 그동안 알려지지 않았던 새로운 형태의 방어체제를 몇종류 찾아냈는데 그 가운데 하나가 일종의 참호 내지 교통호의 모습을 띤 시설물들이다. 필자는 이를 고구려의 옹성(甕城)구조와 비슷한 개념으로 보고 '옹로(甕路)'라고 명명하였다.

---

1 『아차산의 역사와 문화』, 강진갑 등 구리시 구리문화원, 1994, 관방유적조항 참조. 崔鍾澤,「京畿北部地域의 高句麗 關防體系」,『高句麗 山城과 防禦體制』, 제5회 고구려국제학술대회, 고구려연구회, 1999.
2 『양주군의 역사와 문화유적』, 한국토지공사 토지박물관 양주군, 1998.
3 심광주 등,『漣川 瓠蘆古壘』, 한국토지공사 박물관 연천군, 1999에는 호로고루 등 다양한 고구려 강변방어체제인 보루에 대한 조사결과가 있다. 陸軍士官學敎 博物館,『京畿道 坡州郡 軍事遺蹟』, 1994에도 역시 그러한 조사결과를 수록하고 있다.
4 국역,『瓶窩集』江都志 上, 한국정신문화연구원, 1990 참조.

이러한 옹로는 춘궁리 일대, 즉 검암산(黔巖山), 객산(客山), 이성산(二聖山), 남한산(南漢山) 등에서 매우 많이 발견되었다. 능선과 계곡이 만나는, 즉 토성의 성문 자리에는 옹성의 형태가 뚜렷했고, 골짜기 아래에서 능선으로 올라가는 골짜기 길에도 옹로가 발달하였다. 뿐만 아니라 능선길에도 아주 자연스럽게 옹로를 만들었다. 그 외에도 산전체의 중요한 지점에는 옹로와 변형옹로들을 만들어 방어망을 완벽하고 효율적으로 구축해놓았다. 옹로는 인공적으로 삭토와 성토를 해가면서 길을 일직선이 아니라 심한 S자형의 커브길, 즉 뱀이 꿈틀거리는 모양으로 만든 것이다. 공격군에게는 매우 불리한 지형이 되고, 방어군들에게는 매우 안전하고 효율적으로 적을 교란시키면서 공격할 수 있는 효율적인 체제이다.

이러한 옹로체제는 필자가 그 동안의 조사를 통해서 강변은 물론 일부의 산성에서도 발견하였다. 물론 뒤에서 상세하지만 본고의 연구대상인 해안방어체제의 산성에서도 발견하였다. 그리고 남양만(南陽灣)의 해안방어체제를 조사하던 중 바로 바다와 연접한 해안가에서 매우 완벽하고 정교한 형태의 옹로구조, 즉 해안 참호들을 발견하였다. 따라서 새로운 해양방어체제의 하나로서 분류에서 추가하고자 한다.

2) 해양방어체제의 기능

해양방어체제는 몇 가지 기능을 갖고 있다.

육상방어는 전체전략과 전술 및 지형적인 특성에 따라서 약간의 차이가 있을 수 있으나 기본적인 것은 적군과 마주칠 당시에 초전에서 박살내는 성격을 지니고 있다. 반면에 해양방어체제는 해양에서 적의 수군과 마주쳐 해상전투가 벌어지는 경우가 있고, 선박을 이용하여 상륙하는 적을 저지하고 방어하는 전략이 있다. 이때 방어거점은 내륙이 아닌 해안가에 위치해 있으며, 일부는 섬 안에도 있다. 그러나 무엇보다도 해양방어체제는 섬 및 해안에서 적의 침입을 막아내는 것이다. 때문에 소극적이고 수동적인 측면이 있다.

　　해양방어체제의 1차 임무는 관측(觀測)과 검문(檢問)이다.
　　시설물은 섬 또는 해안에서 가까우면서도 높은 지대에 있어야 한다. 해안초소나 섬에서는 대부분 육지의 관측장소에 비하여 고도가 낮기 때문에 먼 곳까지 관측하기에 불리하다. 때문에 비교적 작은 선단의 소규모 침입을 관측한다. 또한 야음(夜陰)이나 시계(視界)가 불량한 날씨에는 해안까지 접근하는 적을 감시해야 한다. 이러한 해안을 초계(哨戒)하는 임무를 수행하는 것이 소규모 보(堡)나 교통호(交通壕) 등 해안초소들이다. 이러한 해안초소들은 물길을 장악하여, 적의 수로(水路)침투를 경계하기도 한다. 강화도에는 남과 북으로 동검도(東檢島) · 서검도(西檢島)가 있는데, 이 섬들은 그러한 초계임무와 검문을 담당했던 섬으로 판단된다.
　　한편 대군의 접근은 미리 먼거리서부터 관측하고 방어에 대비하지 않으면 안된다. 때문에 먼 바다의 움직임을 상세하게 관측하고, 통신망(通信網)을 구성하기에 적합한 조건을 갖추어야 한다. 이 때 단순하게 높아서만 되지는 않고 시계가 광범위하고 양호한 장소이어야 한다.

　　해양방어체제의 2차 임무는 적군진입의 제어(制御) 및 저지(沮止)이다.
　　육상방어체제는 앞에서 언급한 대로 초전박살을 해야한다. 그런데 해양을 통해서 적의 대군이 상륙했을 경우에는 초전박살을 내기가 불가능하다. 물론 소규모의 침입은 해안방어체제에서 격퇴해야한다. 그러나 대규모의 상륙작전은 비밀리에 기습적으로 감행하는 경우가 많아 방어망을 충분하게 칠 수 없다. 해안선은 일반적으로 길고 복잡하므로 방어라인도 역시 길고 복잡하다. 때문에 여간 많은 인원을 투입하지 않으면 안된다. 반면에 적군은 비록 물길이 복잡하고, 상륙지점을 선택하기에 어려움이 많지만 대규모의 군사를 동원한 후에 힘을 모아 한 곳으로 전력(戰力)을 집중시킨다. 그러므로 해안방어전력만으로 대규모 상륙군을 방어한다는 것은 현실적으로 불가능하다. 다만 소규모의 산발적인 공격과 교란작전을 써서 상륙과 이동 속도를 지연시키는 역할을 해야한다.

해양방어체제의 3차 임무는 공격(戰力)과 격퇴(擊退)이다.

해양과 관련해서는 전투의 양상이 육지와는 전혀 다르다. 해상에서 선박들 간의 해전이 있는가하면 적의 선박과 수군이 침입하는 것을 방어하는 전투가 있다. 그런데 해양방어체제가 선박들의 해전에 직접 참여하거나, 측면지원을 해주는 경우도 있다. 요동반도의 비사성(卑沙城), 석성(石城), 그리고 해양도(海洋島), 석성도(石城島) 안의 성들, 압록강 하구의 대행성(大行城), 박작성(泊灼城), 구련성(九連城) 등의 해안방어성 등은 해양전투, 특히 섬 안에 있는 성들은 해상전투에 직접 참여하거나 영향을 끼쳤다.

신라는 대동강구에 장구진(長口鎭)을, 예성강구에 패강진(浿江鎭), 남양반도에 당성진(唐城鎭), 강화도에 혈구진(穴口鎭), 완도(莞島)에 청해진(淸海鎭) 등을 설치하였다. 이곳에는 규모가 크고, 군사적인 기능뿐만 아니라 행정기능도 일부 갖춘 진성(鎭城) 등이 있었을 것이다. 이들은 고려나 조선의 신관제제(鎭管體制)에서 보여시는 것저림 진성(鎭城)들은 각각의 자체선박을 보유하고 있으므로 유사시에 독자적인 해군작전을 실행하였을 것이다. 고려는 동해안에서 여진의 침입을 방어하기 위하여 원홍진(元興鎭), 진명진 등을 두었다. 물론 서해에도 진 수들이 있었다. 전면적인 해양작전이나 광개토대왕군이 수군작전 등을 펼칠 때 규모가 큰 진성 등은 발진기지나 작전기지의 역할을 하였을 것이다. 그 밖에 수로를 보호하고 적 선단의 작전을 간접적으로 방해하는 것도 해양방어체제의 주요한 임무이다.

3) 해양방어체제의 종류

해양방어체제는 이러한 특성을 가지고 있으므로 위치에 따라 성의 종류가 다르다. 서해안은 리아스식 해안이 복잡하게 발달하였다. 때문에 곶(串)과 포(浦), 만(灣)이 헤아릴 수 없이 많다. 길고 긴 해안선 중에서 돌기처럼 톡 튀어나온 곶(串)은 해양방어체제에서 매우 의미있고, 중요하다. 관측이 용이하며, 적과 단거리내에서 조우(遭遇)하기 쉽고, 초기에 공격할 수 있다. 해안선에는 만(灣)이 있다. 곶과 곶 사이에 안으로 깊숙하게 들어간 부분인데, 그 만의 입구는 대체적으로 활의 양 끝처럼 벌어져 있다. 그 양쪽 끝의 부분에도 방어체제가 있는 경우가 있다. 서로 바라보며 신호를 할 수 있고, 만 안으로 잠입한 적을 포위하고, 공격할 수 있다. 협공하는 데 매우 유리하다. 이러한 곶에 있는 성을 '곶성(串城)' 이라고 부르고자 한다. 한편 강에서는 강폭이 좁아지거나 여울이 있는 양쪽에 이러한 방어체제가 있다. 임진강과 한강에는 이러한 방어체제들이 있다. 일종의 보루이다.

한편 만 안의 깊숙한 곳에도 방어체제, 즉 성이 있다. 많은 곳이 강과 만나고 있다. 특히 우리나라의 서해안은 만이 발달하였으며, 크고 작은 강으로 이어졌다. 때문에 곳곳에 포(浦)가 형성되거나 나루(津)가 있다. 이른바 교통의 요지이다. 경제 문화가 집중되는 곳이다. 고대에는 이러한 곳에서 정치세력들이 형성되고 성장하였다. 이러한 곳을 점령당하면 내륙으로 진격하는 것을 허용한다. 또 육지에서 바다로 나가는 출구가 봉쇄당하게 된다. 때문에 방어적 가치가 매우 높은 곳이다. 이 포(浦)와 진(津)을 지키기 위하여 바로 해안과 접한 곳에 성을 쌓는다. 이 성을 '포성(浦城)', '진성(津城)' 이라고 부르고자 한다.

하지만 더 깊숙한 곳, 즉 만 전체를 주변지역과의 유기적인 관계속에서 작전을 수행하기 하기 위하여 내륙으로 좀 더 들어간 곳에도 성을 구축할 수 있다. 반도의 한가운데거나 반도와 육지가 이어지는 부분, 내륙으로 들어가 있지만 해양 내지는 해안을 관측하고 관리할 수 있을 정도의 위치에 있어야 한다. 육지 내륙에 있는 대성(大城) 내지 치소(治所)와 이어지는 길목을 집중방어(執中防禦)해야 하며, 공격의 거점(據點)도 되고, 큰 성과 직접 공동작전을 수행해야 한다. 이러한 임무를 수행한 거점성은 규모가 크므로, 본격적인 방어와 전투가 이루어진다. 앞에서 언급한 진성(鎭城)들의 일부가 이러한 성격을 지닌 것으로 여겨진다. 남양만의 당성(唐城)은 내륙으로 들어간 경우는 아니지만 남양반도의 한가운데 있으면서 주변 해안들의 방어체제를 종합적으로 지휘하고, 군사력을 집중시킬 수 있는 요충지에 있다. 요동반도 남단에 있는 비사성(卑沙城), 서한만으로 가는 중간인 장하의 석성(石城), 압록강 하구의 서안평성(西安平城), 박작성(泊灼城) 등이 있고, 청천강을 지키는 안주성(安州城), 대동강 하구를 방어하는 장수산성(長壽山城), 황해도 남부해안을 방어하는 수양산성(首陽山城) 등이 그러한 역할을 수행하였다.

이러한 곳 말고도 방어체제는 구축되어야 한다. 예를 들면 수로를 관측하고 물길을 장악하는 길목에도 반드시 있어야 한다. 이러한 곳은 임진강과 한강이 만나는 지점에 있는 파주군(坡州郡)의 오두산성(烏頭山城), 김포반도의 한강(祖江)과 강화의 협수로(峽水路)가 만나는 김포의 문수산성(文殊山城), 황해와 예성강·한강이 만나는 강화북부인 하음면의 하음산성(河陰山城), 그 건너편 황해도의 백마산성(白馬山城), 그리고 강화도의 교동도(喬桐島) 등이 있다. 물론 금강하구에도 있었을 것이다.

해양방어를 주목적으로 다양한 장소에 설치된 방어체제들은 단독으로 작전을 수행하기도 하지만, 주변의 다른 만(灣)·곶(串)·포(浦)·진(津)·섬(島)들과의 유기적인 관련 속에서 방어와 공격을 할 수 있는 전략적 요충지를 선택해야 한다. 특히 봉수 등 신호체계가 효율적으로 운영될 수 있고, 신속하게 작전을 개시할 수 있는 곳이어야 한다. 그 외에도 큰 성인 경우에는 대규모의 군사가 진주하면서 작전을 할 수 있고, 군기를 충분하게 저장할 수 있어야 한다.

또한 해양방어체제에 있어서 매우 중요한 부분이 있다. 그것은 단순하게 해양이나 해안의 전략환경과 관계를 맺는 것이 아니라 늘 육상에서의 작전과 아울러 이루어져야 한다. 현대전에도 그러한 면이 있지만 전근대, 고대에서는 해양전 만으로는 작전을 효율적으로 수행할 수 가 없다. 때문에 해양전략은 육상전략과 유기적인 관련을 맺어야 한다. 그러므로 방어체제는 내륙에 포진한 군사체계와 유기적인 관계에 있어야 하며, 특히 내륙으로 진입하는 육상교통로를 반드시 염두에 두어야 한다. 그러니까 해양방어체제는 당시 해양전략은 물론 국가전체의 군사동원체제 및 국방체제와 유기적인 관련 속에서 구축되어야 한다.

이러한 여러 가지 조건과 목적 속에서 각개의 해양방어체제는 나름대로 특색있게 효율적으로 만들어져야 한다. 무엇보다도 중요한 것은 가장 신속하고 정확하게 관측하는 일이다. 때문에 지형을 고려하고 축성목적에 충실하면서 해양과 해안의 적을 멀리 광범위하게 잘 관측할 수 있는 지점을 선택해야 한다. 반면에 해안에서는 성의 위치나 규모가 잘 드러나지 않아야 하며, 특히 내부가 관측되어서는 매우 불리하다. 위에서 살펴본 바와 같이 해양방어체제는 위치와 규모에 따라서도 다양한 형태가 있다. 목적과 기능에 따라서 여러 가지 종류가 있다.

해양방어체제에 대한 이러한 개념과 성격, 분류를 토대로 하여 1차적으로 강화지역을 살펴보고자 한다.

3. 강화지역의 해양환경과 역사적 상황

1) 해양환경과 해양전략적 의미

『신증동국여지승람(新增東國輿地勝覽)』에 따르면 강화도호부는 '바다 섬 가운데 있는데, 동으로 갑곶나루까지 10리, 남으로 해안까지 40리, 서쪽으로 인화석진까지 26

리, 북으로 승천부진까지 15리, 서울과의 거리는 135리'였다.

섬의 크기는 남북이 28km, 동서가 16km, 주위가 112km에 달하며, 그 밖에 섬들까지 합하면 해양면적은 더욱 늘어난다. 섬의 내부에는 혈구산(穴口山)·마니산(摩尼山)·대모산(大母山)·진강산(鎭江山)·별립산(別立山)·고려산(高麗山) 등 해발 400m 이상되는 큰 산들이 있다. 강화군은 현재 9개의 작은 섬과 3개의 크고 작은 무수한 섬으로 이루어져 있다.[5] 특히 교동도(喬桐島)·매음도(煤音島)·볼음도(乶音島)·서검도(西檢島)·동검도(東檢島) 등은 특별한 기능을 했을 가능성이 많은 섬들이다. 섬들이 많고, 해안선이 매우 복잡하므로 곶과 포가 많다. 따라서 방어시설을 설치할 필요성이 강하고 또 설치하기에도 유리한 조건을 갖추고 있다. 강화도 정도의 크기면 고대 이전에는 독립된 소국이 존재했을 가능성이 충분히 있고, 그 후에도 지역의 특성상 중앙정부의 통제가 비교적 느슨한 지역세력이 존재했을 것이다.

그런데 강화도의 지형조건은 다른 곳에 비하여 특이한 점이 많다. 일반적으로 서해안은 20~30cm의 퇴적층이 형성되어 있다. 특히 강화도는 갯벌이 발달되어있다. 갯벌이 많다는 것은 선박의 진입과 접안이 어려움을 뜻한다.[6] 때문에 적의 침입을 방어하는데 매우 유리하다. 강화도가 국방상의 요충지였음은 수도의 입구인 '인후지처(咽喉之處)'이며, 한강과 바다가 만나는 해구(海口)라는 전략적인 장점도 있었지만 이러한 구체적이고 효율적인 방어상의 장점이 있었기 때문이다. 그런데 이러한 갯벌을 일찍부터 개간하여 농토로 만들었다. 현재의 기록으로 보아 강화도의 간척사업은 고려의 고종 때부터 시작되었는데[7] 조선시대에도 꾸준히 이루어졌다. 일제시대에는 조직적

---

5 『江華史』, 江華文化院, 1994, p.49.
6 최강원·어대수·문중양, 「간척사업과 지형진화(1)-강화도-」, 『jounal of Agricultural Engineering』 No.58, pp.3~14, 1998, Rural Research Institute of Rural Development Corporation, p.6.
7 『高麗史節要』권16.
  『高麗史』권104, 열전 17에는 葦島에 대한 개간 기사가 나와있다.

으로 이루어져서 강화도의 지형은 매우 많이 변한 것이다.

현재보다 굴곡이 훨씬 심한 해안선을 가졌으며, 현재의 해안평야는 대부분 갯벌로 이루어졌을 것이다. 화도면 일대는 별개의 섬으로 분리되어 있었으며, 그 사이에는 갯벌과 수로, 그리고 선두포·덕포 등의 포구가 있었다. 현재의 교동도는 화개산 율두산 수정산을 근간으로 하는 3~4개의 작은 섬으로 나뉘어져 있었으며, 삼산도의 모양도 송가도 석모도 어유정도로 분리되어있었다. 기타 해안선과 가까운 곳에는 고려때부터 수많은 방조제가 만들어졌다.[8] 예를 들면 강화읍에서 건축공사를 하려고 지하 20척을 파내려갔더니 목선의 파편들이 나왔다고 한다. 또 선행천(仙杏川)에도 해수가 상통하여 선박이 왕래했다고 한다.[9] 현대와는 달리 고대로 올라가면 강화도는 상당한 부분이 바다였었다고 생각한다. 따라서 고대의 역사적인 상황은, 특히 해양활동과 해양방어체제에 관한 연구는 간척사업이 일어나기 이전의 지형과 상황을 토대로 이루어져야 정확하다. 한강은 한반도의 중부 이남에서 가장 길고, 물이 풍부하며, 가장 넓은 하계망과 평야를 갖고 있는 강이다. 한강은 김포반도의 거의 끝나갈 즈음에 파주군 교하면(交河面)을 거쳐 내려온 임진강하구와 만나고 다시 강화도 북단에서 예성강의 하구와 만난다.

강화도는 이 한강과 예성강이 바다와 만나는 거대한 경기만의 한가운데를 막고 있으며, 북부의 동쪽에는 김포반도와의 사이에 강화수로라는 매우 좁고 조수의 흐름이 불규칙한 협수로가 있어 육지나 다름없는 강화도를 섬으로 만들어놓고 있다. 그러면서 경기도의 서쪽 지역과 옛 경기도의 일부인 개성 남쪽의 풍덕(豊德)과 옹진(甕津), 해주(海州) 등 황해도의 남부해안 일대가 마주치는 북부경기만의 입구를 꽉 채우고 있다.

또한 지역적으로는 동으로 김포반도의 문수산성 등이 있는 통진, 대곶지역과 인

---

8 최강원·어대수·문중양, 위 눈문, pp.7~8.
9 『江華史』 강화문화원, 1994, pp.893~894 참조.

천광역시가 되버린 검단(黔壇), 남으로는 영종도(永宗島)를 비롯한 도서지역, 서쪽으로는 교동도(喬桐島)와 섬들이 점점이 바다 쪽으로 이어지면서 연평군도와 백령도까지 이어지고 있다. 북쪽은 예성강구와 만나는 넓은 만 건너편에 연안군(延安郡) · 백천군(白川郡)의 여러 지역과 만나고 있다.

이러한 유리한 조건 때문에 일찍부터 인간이 살고 있었다. 하점면 삼거리의 신석기시대 주거지, 우도(牛島)의 신석기시대 패총, 청동기시대, 철기시대의 지석묘와 주거지 등이 많이 발견되었다.

강화만은 경기만 가운데에서 최대의 만이고 핵심지역이다. 따라서 강화도는 해양지리적으로 볼 때 2가지 점에서 매우 중요한 의미가 있다.

첫 번째, 한반도 서안의 연안항로를 이용하고자 할 때 반드시 거쳐가거나, 그 영향권을 통과할 수 밖에 없다. 고대의 항해는 항해술과 조선술이 발달하지 못했으므로 육지에 근접하여 항해하는 연안항해(沿岸航海)와 근해항해(近海航海)의 범위를 크게 벗어나지 못하였다. 이러한 조건 속에서 한반도 남부에 있는 세력들과 제주도(濟州道) 그리고 일본열도(日本列島)를 오고가는 경우 반드시 통과해야할 곳은 경기만지역이다. 경기만은 정치적 교섭, 교역(交易), 군사작전을 막론하고 해양교통의 길목이었다. 한반도 북부를 통해서 내려오는 길과 중국(中國) 강남(江南)에서 들어오는 길, 그리고 제주도(濟州道)에서 올라오는 길, 한반도의 남부서안(南部西岸)에서 오는 길, 그리고 일본열도(日本列島)에서 오는 길, 이러한 모든 물길이 상호교차(相互交叉)하면서 반드시 거쳐야 할 곳이 바로 경기만이다. 특히 강화도는 경기만의 핵심지역인 북부에 있으며, 고대 정치사에 있어서도 육지질서나 해양질서 모두 힘이 부딪치는 격전장이었다.

대방군(帶方郡)이 황해도 지역에 있었다는 사실(?)은 강화도가 해양전략적으로 얼마나 중요한 곳인가를 알려준다. 한(漢)시대에 일본열도와 교섭을 할 때 반드시 거쳐가야 할 곳이 바로 경기만, 그 가운데에서도 강화도 지역이다. 특히 3세기 중반 경에 시도된 위(魏)와 대방(帶方), 한반도 남부, 일본열도의 규슈지역을 연결하는 해상네트워크가 형성되었을 때 경기만 한가운데의 강화도는 그야말로 핵심거점이었다.

두 번째, 한반도 최대의 만인 경기만을 장악하면 그물처럼 뻗은 하계망(河系網)을 이용하여 한반도 중부지역을 통합할 수 있는 유리한 고지를 확보할 수 있다. 그 경기만 가운데에서도 가장 넓은곳이 바로 강화도로 이어지는 곳이다.

한강은 남, 북한강이 경기도 양수리(兩水里)에서 만날 때 까지 한반도 중부의 거의 모든 지역과 연결되면서 흐르고 있다. 이 강이 최종적으로 흘러들어가는 곳이 바로 강화도이다. 또한 연천·파주 등 경기도의 이북을 흐르는 임진강이 김포반도에서 한강과 만나 내려오다가 바다와 만나는 곳도 강화도이다. 특히 황해도 지역을 아우르며 특히 개성과 이어진 예성강이 한강과 만나는 곳도 강화도 북부이다. 이 물길들이 최종적으로 만나, 서해와 합쳐지는 곳이 강화도이다. 예성강 뿐만 아니라 연안군(延安郡) 등을 통하면 재령강(載寧江)과 연결되고, 대동강과도 이어질 수가 있다. 이러한 직접·간접으로 이어진 하계망을 활용하면 한반도 중부지역 전체에 강한 영향력을 행사할 수가 있다. 이들 세력들이 대외교섭을 하고자 할 때 출해구(出海口)로 사용할 수 있는 곳이 바로 강화도이다. 이러한 중요성 때문에 혈구(穴口), 해구(海口) 등으로 불리운 것이다.

세 번째, 곳곳에 해양세력(海洋勢力)이 발호하고 성장할 수 있는 자연조건이 갖추어져 있다. 해양세력은 무정부성(無政府性)과 호족성(豪族性)을 지니고 있다. 즉 중앙정부의 통제와 간섭을 받으려 하지 않고, 현실적으로 중앙정부가 통제하기도 힘든 것이 이러한 해상호족들이다. 그들이 발호하기에 좋은 조건에는 여러 가지가 있다. 든든한 배후지와 자체가 자립할 수 있는 경작공간, 그리고 무엇보다도 해상로를 통제할 수 있는 물목을 장악할 수 있어야 하고, 외부세력 혹은 중앙정부의 군사력을 방어하기에 좋은 전술적 이점이 있어야 한다. 그런데 강화도는 이러한 이점을 충분히 갖추고 있다. 강화만(江華灣)이라고 불리우는 좁은 협수로는 물길이 동서남북의 4군데에서 모여들기 때문에 물길이 복잡하고, 특히 강물과 바닷물이 섞이므로 조류의 흐름이 불규칙하여 항해하기에 매우 힘들다. 이 곳을 빠져 나가면 일단 넓은 경기만이 나타난다. 또한 적당하게 크고, 핵심지역을 통제할 수 있으므로 단순한 해상세력이 아니라 국가에 결정적인 영향을 끼칠 수 있을 정도의 세력이 있을 수 있다.

이러한 해양지리적인 이점이 있으므로 고구려는 역사에서 소외된 변방이 아니라 일찍부터 역사의 중심무대에 있었다. 대표적인 예가 바로 이 주변지역인 4군(郡) 3현(縣)을 배경으로 성장한 왕건가가 고려를 건국한 일이다.

2) 강화지역의 해양역사적 배경

강화도는 앞 절에서 언급한 바와 같은 가치 때문에 선사시대부터 서해연안항로가 이용되었을 경우에 강화도는 이미 중요한 해양거점으로서 기능을 했을 것이다. 신석기시대의 각종 유적을 비롯하여 청동기 철기시대의 유적들이 산포되어 있다. 특히 고인돌은 하점면을 비롯하여 대규모의 분포지가 많다. 삼랑성(三郞城)의 전설, 마리산(摩尼山)의 제천단 등 단군과 관련된 이야기들이 전승되는 것으로 보아 이미 고조선 시대부터 해양전략의 중요한 거점이었던 것으로 판단된다. 청동기의 분포나 무덤 양식들로 보아 고조선 시대에도 남부와 북부, 중국지역을 이어주는 항로는 있어왔다.

삼한(三韓)의 각 나라들과 중국 지역과의 관계는 『후한서(後漢書)』, 『삼국지(三國志)』 등의 기록을 통해서도 확인된다.[10] 삼한(三韓)에 대한 정보가 꽤 정확하게 기술되어 있으며, 행간에는 그러한 정보가 교역(交易)과 관계있는 듯한 느낌을 준다. 위만조선(衛滿朝鮮) 역시 한(漢)과 일정하게 교섭을 가졌으며 삼한 각국과도 교섭과 교역을 한 듯 하다. 양국 사이에 일어난 갈등과 전쟁은 이러한 황해를 둘러싼 각국들 간의 교역활동에

---

[10] 『後漢書』권80, 東夷列傳 韓.

도 그 원인이 있다.[11] 이때부터 강화도 지역은 교섭의 길로서 활용되었으며, 삼국시대에 이르러는 본격적인 해양갈등의 무대가 되었다.

강화는 본래 백제의 갑비고차(甲比古次)이었다.[12] 고구려의 혈구군(穴口郡)인데 수지현(首知縣)·동나음현(冬奈音縣)·고목근현(高木根縣)이 있었다. 신라의 경덕왕이 해구(海口)라 고쳤으며, 수지현(首知縣)은 수진(首鎭), 동나음현(冬奈音縣)은 강음현(江陰縣), 고목근현(高木根縣)은 교동(喬桐)으로 바뀌었다. 그 후에 원성왕(元聖王)이 혈구진(穴口鎭)을 설치하였다.[13] 『신증동국여지승람(新增東國輿地勝覽)』에 의하면 고려초에는 열구현(冽口縣)이라고 부르다가 몽고병란을 당하여 고종 때에 강도(江都)라 하였다. 말기인 우왕 때부터 강화라고 칭하기 시작했다.

고구려는 전기부터 해양활동이 활발했다. 대무신왕(大武神王)때 낙랑군을 공격하고, 점령했던 사실은[14] 해양진출의 의지도 있었으며, 실제로 실천했음을 보여준다. 특히 태조 년 간에 서안평(西安平)을 장악하기 위하여 지속적으로 공격한 사실은 바로 황해로의 출해구를 확보하고 본격적인 해양진출을 하려는 의지의 발현이다. 3세기 전반인 동천왕때 부터 강남에 있었던 손권의 吳나라와 황해를 종단한 외교 및 교역행위를 하였다. 특히 압록강 하구의 서안평(西安平 : 현재 단동시내의 외곽에 靉河와 만나는 지점에 있다. 현지에서는 靉河尖古城이라고 부르고 있다.)을 점령하므로써 황해로의 출로를 확보한 이후 더욱 발전하였을 것이다.[15]

그 후에 요동의 공손씨(公孫氏)가 낙랑을 나누어 대방군을 설치하였다. 이후에 보

---

11 尹明喆, 「黃海文化圈의 形成과 海洋活動에 대한 연구」, 『先史와 古代』, 한국고대사학회, 1998, 4장 참조.
12 『大東地志』권2, 개성 강화부.
13 『新增東國輿地勝覽』권12, 江華都護府 건치연혁.
    『朝鮮各道邑誌』강화부에도 유사하게 기록되어 있다.
14 『三國史記』권2, 고구려본기, 大武神王 20년.
15 尹明喆, 「高句麗 前期의 海洋活動과 古代國家의 成長」, 『한국상고사학보』18호, 1995, 3장 참조.

다 본격적으로 중국의 북부지역, 한반도 연안, 일본열도를 연결하는 교역권(交易圈)을 형성하였다. 『삼국지(三國志)』 위지(魏志) 동이전(東夷傳) 왜인전(倭人傳)에는 대방(帶方)을 떠나 일본열도의 야마다이국(邪馬臺國)까지 가는 길이 기록되어 있다.[16] 위(魏)는 대방을 통해서 교역은 물론 일본열도의 내정도 간섭하였다. 이렇게 오고 갈 때 강화도는 그야말로 대방으로 출입(出入)하는 해양세력을 감시 통제하는 검문소의 구실을 할 만한 지역이다.

그 후 고구려는 낙랑과 대방을 축출하면서 해양활동을 본격적으로 하였다.[17] 미천왕때 서안평을 습격하고, 낙랑군을 멸했다. 압록강하구와 대동강하구의 출해권(出海權)을 동시에 확보했음을 의미하다. 또한 연(燕)에 대한 견제책으로 후조(後趙)에 사신을 보내고[18] 다시 같은 해에 사신과 함께 고시(楛矢)를 보내어 양국이 군수물자(軍需物資)를 교환한다.[19] 336년 3월에 해로를 통해서 동진(東晉)에 사신과 공물을 보냈다.[20] 338년에는 후조(後趙)의 석호(石虎)가 선박 300척을 동원해서 30만곡(萬斛)의 곡식을 고구려에게 보급하고, 중랑장(中郞將) 왕전(王典)으로 하여금 1만여 명을 거느리게 하여 청주(靑州)에서 선박 천소(千艘)를 만들어 연(燕)을 공격하자고 모의했다.[21] 이러한 사실들은 해양활동범위가 넓어지고, 수준이 높아졌으며, 해양력이 국가내부의 성장은 물론 국제관계에도 상당한 영향을 끼치게 되었음을 알려준다. 고국원왕(故國原王)은 북방전선에서 연(燕) 등과 교전을 하는 한편 평양을 중시한다. 4년에 평양성을 증축하고, 남진정책을 추진하다가 평양성 공방전때 전사하였다.

---

16 소국들에 대한 최초의 기록은 『漢書』 地理志에서 倭란 명칭으로 나타난 이후 『後漢書』, 『三國志』 등에 나온다.
17 尹明喆, 위 논문, 4장 참조.
18 『晋書』 卷105, 載記5 石勒 下 建平 元年條.
19 『三國史記』 권17, 고구려본기, 美川王 31년.
20 『三國史記』 권18, 고구려본기, 故國原王 6년조 및 『晋書』 권7, 帝紀 第7 成帝 咸康 2년조.
21 『晋書』 권106, 載記 6 石季龍 上, 『資治通鑑』 권96, 晋紀 18 顯宗 中之下.

한편 백제는 한반도의 서해안(西海岸)과 남해서부해안(南海西部海岸)을 가진 지정학적 조건과 역사적 배경으로서 해양활동의 전통과 경험을 간직하고 있었다. 백제는 삼한(三韓)의 경험을 이어받아 이미 해양을 활용한 상업행위를 배경으로 국가형성의 기틀을 마련하였다. 그러나 초기단계에서부터 해상세력을 기반으로 출발했을 가능성도 전혀 배제할 수는 없다. 백제는 지리적 위치(地理的 位置), 토착세력과의 역사적 계기성 등을 전제로 할 경우, 이미 초기년간부터 해양활동을 활발히 했다.

비류가 정착한 지역은 인천인 미추홀(彌鄒忽)로 추정하고 있고,[22] 때문에 비류집단은 초기부터 해상적 성격을 가지고 있었을 것이다.[23] 온조왕(溫祚王)은 43년(25)에 아산원(牙山原)에서 5일 동안 사냥을 하였다.[24] 백제의 영토가 온조왕(溫祚王)때 아산(牙山)까지 확대되었다. 아산(牙山)은 서해안 중부에 있는 만으로서 위로 남양만이 있고, 아래의 내륙(內陸)을 한번 접어든 곳에 아산만(牙山灣)이 있다. 당진(唐津)은 아산만이 시작되는 부근에 있다. 아산만을 빠져 나가면 바로 덕적군도(德積群島)가 나타난다. 이들 지역은 군산(群山) 앞에 있는 고군산열도, 북으로 강화도와 함께 서해연안 항해에 있어서 길목이 되는 곳이다.

『삼국사기(三國史記)』 백제본기 고이왕(古爾王) 3년(236)에는 다음과 같은 기사가 있다. "十月에 왕은 서해의 大島에서 사냥을 하였는데, 왕은 손수 사슴 사십마리를 쏘아 잡았다"[25] 여기서 말하는 서해의 대도는 현재의 강화도, 인천 근처의 월미도, 남양만의 덕적도가 있다. 이 세 섬은 다 한성의 방위에 중요한 역할을 하며 해상방어의 요충지와 해상진출의 거점이 될 수 있는 곳이다. 특히 진출을 시도하고 서해연안을 통과하

---

22 盧重國, 『百濟政治史研究』, 일조각, 1990, p.59.
23 千寬宇, 「目支國硏究」, 『韓國史硏究』 24, pp.26~27.
24 『三國史記』 권23, 백제본기, 溫祚王 43년조, '四十三年 秋八月. 王田牙山之原, 五日'
25 『三國史記』 권24, 백제본기, 古爾王 3년조
   '三年冬十月 王獵西海大島 王手射四十鹿.'

는 선박들을 제압하고 해상권을 장악하기에 적합한 지형은 강화도이다. 고이왕(古爾王)의 서해대도(西海大島) 사냥은 백제가 해안방어와 해양진출을 동시에 모색하려는 역사적 상황을 반영하고 있다.

백제는 그 후 4세기에 근초고왕(近肖古王)이 북진정책을 추진하면서 대고구려전(對高句麗戰)을 과감히 수행하였다. 평양성(平壤城)을 공격하여 고국원왕(故國原王)을 전사시키는 한편 동진(東晉)과의 교섭하여 국제질서에 편입하였다. 그런데 이 정책들은 해양활동과 깊은 관련을 맺고 있다. 황해중부 해상권 혹은 대중항로(對中航路)의 확보가 절실해졌다. 백제는 마한(馬韓)을 병합하고 대방(帶方)의 옛 땅을 점령하므로서 해양활동 능력이 강화되었을 것이다. 근초고왕때 바다를 건너 건강(建康 : 현 南京)에 수도를 둔 동진과 교섭하였다. 발달된 수군력과 항해술을 이용하여 황해 직항로를 개발하였다. 이때 강화도는 백제 해양진출의 전진기지로서 또는 수군함대 사령부가 있었을 가능성이 많다.

낙랑과 대방이 멸망하면서 고구려의 해상작전권은 반경(半徑)이 확대되어 백제의 해양활동이 위협을 받게 되었고, 양국 간의 해양갈등이 시작되었다. 고구려는 계속해서 백제를 공격하였고(水谷城 전투)[26] 백제 역시 고구려를 계속 공격하였다. 이 시기의 고구려·백제 간의 전쟁은 주로 패하(浿河 : 예성강) 일대였는데 결국은 경기만 쟁탈전적인 성격이 강했다.

예성강(禮成江), 임진강(臨津江), 한강(漢江)이 하계망(河系網)을 구성하면서 서해중부로 흘러들어가 경기만을 구성한다.[27] 이곳을 장악하면 중부해상권의 장악은 물론 그 주변, 하계망(河系網)과 내륙수로(內陸水路)를 통해서 한강유역, 임진강 유역, 예성강 유역, 옹진반도(甕津半島), 장연군(長淵郡)의 장산곶(長山串) 등 내륙통합의 계기를 마련할

---

26 『三國史記』권18, 고구려본기, 小獸林王 6年, 7年.
27 河系網의 이론에 대해서는 權赫在, 『地形學』, 법문사, 1991, pp.108~117 참조.

수 있다.[28] 따라서 서해중부 이북의 연안해상권을 장악하면 사람과 물자의 수송체계 장악이 용이하다. 때문에 고구려와 백제는 이 지역의 해안방위에 무관심할 이유가 없으며 해상권 확보에 힘을 기울이지 않을 수 없다.

수곡성을 중심으로 양국 간에 전투가 몇 차례 벌어졌고, 373년에 백제가 청목령 일대에 성을 쌓은 사실은 당시 양국 사이의 주요 전선이 예성강 일대였음을 반증한다. 그것도 수곡(水谷) 등 일부 지역을 제외하고 해안선에서 100km 이내의 내륙에서 이루어졌다. 386년에 백제가 청목령(靑木嶺 : 개성)을 중간으로 해서 북으로는 팔곤성(八坤城), 그리고 서쪽으로는 바다에 이르렀다.[29]

그런데 황주지역에서는 백제 토기가 출토되고 있다.[30] 이는 이 지역이 일시적이지만 백제의 영역권 내에 들어가 있었던 사실을 반영한다. 백제는 평양성을 공격한 그 다음해인 372년부터 동진과 상호교섭을 한다. 『삼국사기』에 의하면 근구수왕(近仇首王), 침류왕(枕流王) 때까지 동진(東晉)과 사신 교류가 있다.[31] 그러나 진사왕(辰斯王)때에 이르러 교섭은 끊어진다. 이 때 고구려의 정복 군주인 광개토대왕이 출현한 사실은 의미심장한 일이다. 이것은 대중외교(對中外交)의 중요성과 함께, 그것을 실천하는데는 항해환경(航海環境)이 얼마나 절대적인가를 웅변해준다.

황해중부의 해상권확보(海上權確保)와 해양활동 능력의 확대를 놓고 갈등을 벌일 때 광개토대왕이 등극하였다. 그는 첫 해 부터 왕성한 정복활동을 펼쳤다. 북방종족과는 화전양면책을 구사하였으나 남진정책은 공격적이었다. 대왕은 백제를 정벌하여 석현(石峴)등 10성을 빼앗았다. 이어 10월에는 최전방기지이자 수군함대사령부였던

---

28 尹明喆,「長壽王의 남진정책과 東亞地中海의 역학관계」,『高句麗南進 經營史의 硏究』, 박성봉 편저, 백산자료원, p.509.
29 『三國史記』권25, 백제본기, 辰斯王 2년.
30 최종택,「황주출토 백제토기 예」,『한국상고사학보』4, 1990, pp.329~340 참조.
31 『三國史記』권24, 백제본기, 近仇首王 5년조, 枕流王 원년조.

관미성(關彌城)을 함락시켰다.³² 그리고 6년(396)에는 대규모의 수군(水軍)을 투입하여 백제의 58성과 700촌을 탈취하였다.

당시 고구려는 예성강과 임진강을 도하한 육군 외에 수군은 3개 방향으로 상륙했던 것 같다. 이 전쟁은 경기만 쟁탈전 및 서해안의 해상권 장악과 깊은 관련이 있으므로 첫째는, 대동강 유역에서 출발하여 예성강 하구와 한강이 만나는 강화북부에서 한강하류를 거슬러 오면서 김포반도와 수도를 직공하는 것이다. 두 번째는, 인천상륙작전을 감행하여 한성으로 진입하는 것이다. 그리고 세 번째는 남양만으로 상륙하여 수원·용인 등을 거쳐 한성의 배후를 치는 것이다. 이때 1로와 2로의 일부는 강화도와 깊은 관련이 있다. 경기만은 해상교통 및 한반도의 중부지역을 통합시키는 내륙수로 교통의 요충지였으므로 서해연안의 요충지들을 점령하고 수군활동을 마비시키는데 더없는 공격목표였다. 따라서 광개토대왕의 수군작전은 경기만의 입출구(入出口)였던 강화도가 핵심이었음은 말할 필요조차 없다.

고구려가 강화도(교동도를 포함) 혹은 한강수계(水系) 하류지역의 한 지점으로 비정되는 관미성(關彌城)과 통진(通津)으로 추정되는 비성(沸城), 인천지역으로 비정되는 미추성(彌鄒城), 용인으로 추정되는 모로성(牟盧城) 지역 등을 점령한 사실은 서해안, 경기만의 해상권 장악과 깊은 관련이 있음을 보여준다. 또한 위치가 밝혀진 성들의 다수가 해안의 가까이에 위치한 사실[33]과 고구려가 기병(騎兵)과 수군(水軍)을 활용한 선제공격(先制攻擊) 및 협공(挾攻)을 하는 수륙양면작전(水陸兩面作戰)을 한 사실은 해양활동과 관련하여 강한 시사점을 제공한다. 이 후 강화도는 고구려에게 매우 중요한 전략적 요충지였다. 혈구군을 설치하고 속현 등을 두어 지배를 강화하였다.

이러한 역사적인 배경 때문에 강화도의 곳곳에는 고구려와 관련된 지명과 전설

---

32 『三國史記』권18, 고구려본기, 광개토왕 원년조.
33 朴性鳳, 앞 논문, p.19에는 각 城의 위치 비정표가 있다.

등이 많이 있다. 고려산의 정상에는 치마대(馳馬臺)가 있고, 연개소문의 훈련도장이 있으며, 내부에는 오정(五井)이란 우물이 있는데, 연개소문이 말에게 물을 먹이던 곳이라고 한다. 필자는 연개소문의 집터도 있어서 찾아보았으나 현재로서는 시대를 알 수 없는 주초석 외에는 흔적을 남기고 있지 않았다. 다만 그 위치로 보아 해안을 관측하기에 좋은 곳이고, 터가 넓었다. 또한 하점면 삼거리에 있는 고려산에는 장수왕와 관련된 전설이 있다. 고려산은 장수대왕의 명을 받은 천축대사가 절터를 찾아다니다가 연꽃을 날려 떨어진 곳에 절을 지었다고 한다. 그래서 청련사(靑蓮寺)·홍련사(紅蓮寺)·백련사(白蓮寺)·황련사(黃蓮寺)·흑련사(黑蓮寺) 등을 세웠는데 그래서 이 산을 오련산(五蓮山)이라고 하였다.[34] 고려산이라는 명칭은 고려의 고종(高宗)이 천도하면서 생겼다. 따라서 백제뿐만 아니라 고구려가 구축한 해양방어체제가 있을 것이다. 이후 신라가 혈구진(穴口鎭)을 설치하였다. 이는 물론 청해진(淸海鎭)·당성진(唐城鎭) 등 당시에 세워진 해적방어책의 일환을 설치된 것이다. 그러나 패강진(浿江鎭)의 설치에서 나타나듯이 북방방어의 기능도 있었을 것이다.

고려시대에 강화도는 매우 중요한 역할을 하였다. 왕건의 세력은 강화도와 밀접한 관련이 있었다. 건국한 후에도 대외교섭의 창구였다. 사행선(使行船)들은 개경을 빠져나와 육로를 거쳐 일단 벽란도(碧瀾渡)에서 예성강을 타고 내려오면 현재 강화도와 교동도 사이의 호수같은 바다입구가 나타난다.

병와집에는 이러한 귀절이 있다.

"강화는 거대한 진으로 바다의 문이 되어 있고, 육지와는 접해있지 않으며, 부의 북쪽에는 뱃길이 통하지만 단지 물이 너무 넓어서 혹시 풍랑이라도 만나서 막히면 건

---

[34] 『江華史』, 강화문화원, 1994, pp.887~888.

널수가 없고, 조강에 배를 매어두어야만 한다."[35]

이처럼 강화도는 섬 전체가 하나의 살아있는 방어체제라고 할 만큼 주요하고 곳곳이 전술적으로 효용가치가 크다. 때문에 전 시대를 통하여 방어시설이 구축되었을 가능성이 매우 크지만 본고에서는 주제와 관련하여 삼국시대와 비교적 관련이 깊은 것으로 판단되는 성을 선택하였다.

4. 봉천산 지역의 해양전략적 가치

1) 관미성의 역사적 배경

하음산성은 행정구역상으로는 경기도 인천광역시 강화군 하점면(河岾面) 장정리와 신봉리의 봉천산(봉두산, 해발 약 290m)에 있다. 강화도의 서북단, 한강과 예성강 황해가 만나는 지점에 있다. 행정구역상으로는 양사면, 송해면, 하점면이 만나는 산군지역에 있다. 조선시대에는 하음현(河陰縣)이 부의 서쪽 25리에 있는데 고구리 때는 동음나현(冬音奈縣)이었고, 또 다른 이름 아음(芽音)이었다. 그런데 후에 신라에서 호음(沍陰)으로 고쳐 해구군(海口郡)의 영현으로 삼았다.

산성은 강화읍의 서쪽 혹은 서북쪽으로 16~20리의 봉천산(鳳頭山)의 거의 위에 있다. 때문에 봉두산성(鳳頭山城), 봉천(奉天 : 鳳千)산성(山城) 등으로 불리우고 있고, 봉천산성이라고 부른다. 현재는 봉천대라고 하여 봉씨들의 제사터로 이용되고 있다. 고려 때 평장사인 하음백 봉천우가 자기선조의 발상지이고, 조상을 구해준 은혜를 찬양하고 하늘에 제사를 지내드리기 위하여 축단 한 것으로서 높이가 11m이다.[36]

---

35 『瓶窩集』, 江都志 上, p.272.

『대동지지(大東地志)』에는 이미 고성으로 다루어져 그 제원을 알 수 없다. 1942년 발간된 『조선보물고적조사자료(朝鮮寶物古蹟調查資料)』(p.23)에는 '하점면(河岾面) 장정리(長井里), 봉두산성국유림(鳳頭山城國有林) 봉두산성(鳳頭山城)이라 칭한다. 주위오백사십팔간(周圍五百四十八間)으로서 토축(土築)이다' 라고 하였고, 『전국유적목록(全國遺蹟目錄)』에는 이 내용을 거의 그대로 요약 번역하여 실었다. 『문화유적총람(文化遺蹟總攬)』上(p.326)에는 '하점면(河岾面) 봉천산(奉天山) 서북에 성터의 흔적이 있으며 고려 때 쌓은 성으로 하음현(河陰縣)이 폐지되는 것과 동시에 성도 폐지되었다. 봉두산성(鳳頭山城)이라고도 하였다' 고 적었다.[37]

산성 안에는 석축으로 된 네모진 모습의 봉수대가 있는데 하음산봉수(河陰山烽燧)라고 한다. 서쪽으로는 교동도에 있는 화개산봉수와 응하고, 동쪽으로 송악산 혹은 강화부의 남산봉수에 응하였다. 산성보다는 봉수로써 더 많이 쓰였다.

답사보고에 의하면 '옛 하음면이 지금의 하점면이고, 하음산 봉수가 지금의 봉천산봉수라는 사실을 확인하였으며, 하음산 봉수는 이전에 하늘에 제사를 올리던 제단이었는데, 조선시대에 들어와 봉수대의 기능까지 겸했다는 사실도 확인하였다. 올라가보니 제단의 형태가 옛 모습대로 복원되어 있었다고 한다.[38]

이렇게 이 하음산성에 대한 기록은 거의 없다. 또한 최근까지도 이 산성을 본격적으로 조사한 적이 없다. 때문에 이 성의 존재에 대해서도 별로 알려져 있지 않으며, 특히 가치나 의미 등은 물론이고, 크기 구조 유물 등에 대해서도 전혀 알려진 바가 없다. 후술하겠지만 이 지역은 강화도에서 해양전략적인 가치가 가장 큰 곳 가운데 하나이다. 특히 황해도와 한강수로를 이용하는 집단에게 이곳은 강화도의 어떤 다른 지역보

---

36 『강화사』, p.919.
37 보이스카우트 연맹, 『韓國의 城郭과 烽燧』, pp.250~251.
38 『韓國의 城郭과 烽燧』下, pp.639~640.

다 중요하다.

  필자는 이 지역의 해양전략적 가치에 주목하고, 여러 차례 현장조사와 주변지역에 대한 답사, 특히 강화수로에 대한 전반적인 조사를 하였다. 그리고 이 성이 매우 중요한 성이었고, 큰 성이었을 가능성을 확신하게 되었다. 특히 삼국시대 고구려와 백제의 경기만 쟁탈전과 관련하여 이 성이 관미성과 매우 깊은 관련이 있다고 생각하였다. 먼저 당시의 역사적 상황을 살펴보고, 그 다음에는 지형과 지리적 조건을 분석하면서 관미성과 이 지역이 어떻게 관련이 있는 가를 탐색하고자 한다.

  4세기 이후에 고구려와 백제는 지속적이고 전면적(全面的)인 전쟁을 벌였다. 특히 광개토대왕은 즉위년(卽位年)부터 본격적으로 백제(百濟)를 공격(攻擊)하여 대왕(大王) 17년(407) 정벌 때까지 예성강 및 한강유역의 백제 활동영역을 완전히 점령하였다. 특히 원년(元年)에는 한수이북(漢水以北)을 점령하고 관미성(關彌城)[39]을 공함(攻陷)하였다. 6년(396)에는 수군(水軍)을 거느리고 백제의 50여 성과, 700여 마을을 함락하여 대승(大勝)하였다. 이러한 전투들은 해양과 깊은 관련이 있다.[40] 이 때 백제의 북변(北邊) 요충지(要衝地)이며 고구려의 1차 공격목표가 되었던 것이 관미성이다. 백제는 막바로 반격을 개시해서 393년에 장군인 진무(眞武)가 심혈을 기울여서 수복을 시도했다.[41] 관미성의 위치를 정확하게 파악하기 위해서는 고국원왕과 근초고왕의 대결 이후 전개된 경기만의 해상권과 서해중부, 한강 예성강 유역을 둘러싼 전투상황, 그리고 광개토대왕

---

39 關彌城(三國史記)과 閣彌城(陵碑)의 두 가지로 나타나고 있다는 견해가 제기되고 있다.(王健群, 앞의 책, p.187 참조) 그러나 본고에서는 논지전개에 지장이 없으므로 한시적으로 關彌城이란 명칭을 사용한다.
40 陵碑文 6년 丙申條의 기록과 달리 (以六年丙申 王躬率水軍 討伐殘國… 五十八城 村七百 …), 三國史記 卷25 百濟本紀 辰斯王 8年에는 漢水 이북의 모든 부락이 많이 함몰되었다고 기록되어 있다.(秋七月 高句麗王談德帥兵四萬 來攻北鄙 陷石峴等十餘城 王聞談德能用兵 不得出拒 漢水北諸部落多沒焉 冬十月 高句麗攻拔關彌城).
41 『삼국사기』권25, 백제본기, 阿莘王 1년

의 대(對) 백제전(百濟戰) 및 경기만의 해양지리적인 특성을 종합해서 파악해야 한다. 필자가 다른 논문에서 언급한 바가 있듯이 관미성은 강화도 북부일 가능성이 많다.

백제는 평양성을 공격한 이후인 386년에 대대적인 관방시설을 설치하여, 청목령(靑木嶺)에서 북으로는 팔곤성(八坤城) 그리고 서쪽으로는 바다에 이르렀다.[42] 이는 긴 장성일 가능성이 높으며,[43] 일부 구간은 해안방어체제였을 것이다. 북방방어선의 구축과 함께 해안방어 및 원활한 해양활동을 목적으로 한 것이다. 그 핵심거점인 관미성(關彌城)은 이 시기에 새로 축성되었거나, 기존의 것을 더욱 보강하여 최전방 방어거점으로 삼았을 것이다. 따라서 관미성은 그 성들 가운데 가장 서쪽이며, 해안가나 섬에 있었을 것이다. 당시에는 예성강(禮成江)을 좌우로하여 국경이 형성되었고, 예성강 유역이 백제의 해안북변일 가능성이 많다.

한편 고구려 역시 해양방어체제를 구축하였다. 광개토대왕은 백제를 1차 공격한 다음인 394년에 국남(國南) 7성을 축성[44]하였다. 이는 물론 황해도 남부의 해안지대를 강화할 목적이 컸다.[45] 이 지방에는 배천의 치악산성, 연안의 봉세산성, 해주의 수양산성, 옹진의 고성 등 고구려 산성들이 분포되어 있고, 그 외에도 시대를 알 수 없는 산성들이 많이 있는데, 광개토대왕이 남진하기 이전으로 보는 견해가 있어 주목된다.[46] 최창빈이 비정한 국남 7성의 위치를 보면 모두 해안방어시설의 성격을 겸하고 있다.

이러한 시대상황 속에서 전략적으로 축조되었다면, 관미성은 1차적으로 예성강구(禮成江口)를 잘 조망할 수 있고, 경기만 이북에서 한강수계(水系)로 진입해오는 고구

---

42 『三國史記』권25, 백제본기, 辰斯王 2년.
43 申澄植,「三國史記에 나타난 百濟社會의 性格」, 한중일 백제사료에 대한 검토, 충남대 백제연구소, 제3회 백제연구국제학술대회, 1986, p.16) 은 화북지역의 진출과 한강유역 개발을 목적으로 서해안의 관방시설을 확충했다는 견해를 표명했다. (확인 요)
44 『三國史記』권18, 高句麗本紀, 廣開土王 3年.
45 손영종, 앞의 책, p.298.
46 손영종, 위의 책, p.289.

려군의 동향을 관측하고 제어할 수 있어야 한다. 또한 백제수군의 본거지와 해양활동의 전진기지여야하며, 동시에 수도(首都)를 방비하고 외교(外交)와 교역(交易)을 보호하는 전략적 가치가 있어야 한다. 그러기 위해서는 서해중부(西海中部) 선대(船隊) 등이 포진하는 만을 갖추고 있어야 한다. 더구나 광개토대왕(廣開土大王)은 공격하여 점령한 전투의 양상과 그 성에 대한 지형묘사, 그리고 양국 간의 쟁탈전이 일어난 것을 볼 때 관미성 전투는 직접적으로 해양과 깊은 관련이 있음을 알 수 있다.

그러면 관미성이 고구려와 백제 모두에게 중요했던 이유는 무엇일까?

관미성은 사료의 기록으로 보나 역사적인 역할과 비중으로 보나 위만조선의 왕검성(王儉城), 고구려의 비사성(卑沙城), 석성(石城), 서안평(西安平) 등과 함께 대표적인 해양방어체제 가운데 하나이다. 백제의 대외교섭(對外交涉)을 위한 발진기지(發進基地)와 적의 수로침입(水路侵入)을 방어하는 1차 관문(關門)의 역할을 했을 가능성이 있다. 따라서 관미성의 위치는 한강수계(漢江水系)와 직접 연관되고 고구려의 해양접근을 광범위하게 차단하기에 적합한 요충지이어야 한다. 그러므로 가능한 수계(水系)가 끝나거나 육지와 근접(近接)한 도서(島嶼)가 되어야 타당하다.[47]

이병도(李丙燾)는 교동도(喬桐島)를 관미성으로 비정하고 있다. 교동도는 경기만 전체와 예성강구나 해주만으로 진입하는 선단을 바다에서 봉쇄할 수 있다. 그러나 예성강 하구 남쪽지역에서 강화도와 교동도의 사이로 들어오는 선단(船團), 그리고 강화도

---

47 關彌城 위치비정에 관한 설은 다음과 같다.
李丙燾,『한국고대사 연구』, 박영사, 1976, 國譯,『三國史記』는 喬桐島說.
今西龍,「廣開土境好太王碑の就いて」,『朝鮮古史の硏究』, 1970, p.466, 江華 沿安一帶說.
文定昌,『百濟史』, 柏文堂, 1975, p.185에서 江華說.
金聖昊,『沸流百濟와 日本의 國家起源』, 知文社, 1984, p.85 金川郡의 助邑浦설.
武田幸男,『高句麗史と東アジア』, 岩波書店, 1989, p.171.에서 開城說.
尹日寧,「關彌城 位置考」,『북악사론』2, 1990은 烏頭山說.
손영종,『고구려사』, p.297에서 백마산 古城說.

와 황해도 사이의 수로로 들어오는 적을 방어하기에는 부적합하다. 강화수로(江華水路)와 한강하류를 따라서 해안방어시설(海岸防禦施設)이 미비할 경우, 오히려 배후에서 공격받을 전략적 취약성이 높다. 한편 윤일녕(尹日寧)은 관미성의 위치를 오두산성설(烏頭山城說)을 따르고 있으며,[48] 최근에는 통일전망대가 생긴 탓인지 오두산성이 마치 관미성인 것처럼 알려지고 있다.[49] 필자는 오두산성 지역을 수차례 조사하였다. 이곳에서는 고구려의 기와조각들이 다수 발견되는 등[50] 고구려의 산성이었음은 물론이다.

그러나 백제의 관미성은 아니라고 판단한다.

오두산성은 임진강 하구를 이용하는 적을 방어하는데에는 매우 적합한 지형이다. 반면에 예성강구를 통해서 내려오거나, 수군을 이용하여 경기만 이북지역에서 내려와 남진할 경우, 전방의 방어선(防禦線)으로서의 기능은 상실한다. 이미 적은 강화수로를 이용하여 진입하는 중간에 상륙하여 강화도와 김포반도의 상당한 지역을 점령하고 서울을 직접 공격할 수 있다. 뿐만 아니라 강화도에서 안정적으로 교두보인 전진거점을 구축한 다음에 전면적인 공격을 여러 방면에서 포위망을 좁혀가면서 한성을 공격할 수 있다. 또한 예성강 이남과 임진강 사이의 지역과 해안지방을 유기적으로 활용하는 방어망을 구축하기에 힘이 든다. 더구나 관미성 전투가 일어날 무렵의 국경선은 임진강이 아닌 예성강을 중심으로 형성되어 있었다. 그리고 오두산성이 함락당하면 한성까지는 거의 거칠 것 없이 적군이 진공해 들어올 수 있다. 일산의 고봉(高峰)산성 행주(幸州)산성 심악(深嶽)산성, 한강변의 방어체제 등, 그리고 몇 개의 보루성들이 일시적으로 저지는 할 수 있겠지만 대군의 공격을 전면적으로 막아내기는 불가능하다. 그 외에도 오두산성과 그 주변이 가진 문제점에 대한 상세한 언급은 다른 지면을 빌어

---

48 尹日寧, 앞 논문, 1990, p.124.
49 陸軍士官學敎 博物館, 『京畿道 坡州郡 軍事遺蹟』, 1994, 1 오두산성편도 그런 견해를 따르고 있다.
50 경희 고고미술사연구소, 『오두산성』, 1992 참조.

하고자 한다.

　한편 경기만의 해양지리적 조건, 황해중부 해상활동기지로서의 기능 등을 고려할 때 김포반도와 강화도, 개풍군(開豊郡)이 마주하고 있는 김포반도의 동북쪽은 가능성이 충분하다. 특히 통진현(通津縣)은 고구려 때 동자홀현(童子忽縣)으로서 비사성(比史城)이 있었는데 개풍군의 조강도(祖江渡)와는 좁은 수로로 마주보고 있어서 해안방어시설이 있을 만한 곳이다. 특히『신증동국여지승람(新增東國輿地勝覽)』에서의 관미성(關彌城)에 대한 묘사는 요동반도 끝의 해안요충(海岸要衝) 방어성(防禦城)인 비사성(卑沙城)의 지형과 흡사하여 관미성에 대한 위치와 성격 등을 이해하는데 도움을 준다. 그런데 통진은 너무 한강하류의 육지안으로 깊숙히 위치해 있어 강화 아래로 내려가는 선단은 관측할 수도, 막을 수도 없는 한계가 있다. 따라서 이 지역은 이미 한강수로로 진입해 온 선단을 저지하고 대안(對岸)인 개풍군(開豊郡) 지역의 활동을 감시하는 기능을 한 것으로 추정된다. 한편 손영종은 관미성을 개풍군의 백마산 부근으로 설정하고 있는데[51] 이 지역은 강화도 북부의 대안(對岸)으로서 유사한 전략적 요충지에 있다. 그러나 이 역시 강화도 내륙의 움직임과 강화도 바깥쪽 해상의 움직임에 대해서는 탐지할 수 없는 한계가 있다.

　한편 박성봉에 의해 주장되는 강화설(江華說)은 강화도라는 지역의 선정에서 일차적으로 타당성을 가진다. 강화도와 김포반도(金浦半島) 사이의 협수로는 물론 김포반도로 진입하는 모든 지역에 대한 통제가 가능하다. 그리고 무엇보다도 가장 설득력있는 이유는 당시의 전황이다.[52] 때문에 필자는 관미성의 유력한 후보지로서 강화도 북부

---

51 손영종, 앞의 책, p.297.
　백마산성은 필자가 강건너에서 바로 관찰한 바로는 매우 협소하고, 다른 지역과 유기적인 작전을 전개하기가 힘들다.
52 尹明喆,「廣開土大王의 對外政策과 東亞地中海의 秩序再編」,『廣開土好太王碑研究』, 高句麗研究 2, 고구려연구회, 학연문화사, pp.670~673 참조.

지역에서도 별악산지역 혹은 그 옆의 봉천대가 있는 봉천산(奉天山, 奉千山)을 상정하고 있다.

2) 봉천산 지역의 해양지리

앞에서 언급한대로 강화도는 지형과 지리적 조건으로 보아 경기만의 핵심거점이고, 길목으로서 해양전략적으로 중요한 역할을 할 수 있다. 이러한 강화도의 특성과 역할을 압축적으로 표현하고 실질적으로 잘 발휘할 수 있는 곳이 이 지역이다.

그런데 이 지역의 해양조건과 고구려 당시의 해양방어체제를 정확하게 이해하기 위해서는 근대의 변한 지형이 아니라 개간사업이 이루어지기 이전 즉 고려 후기 이전의 상태에서 파악해야 한다.

이 지역은 강화도의 최북단이면서 제일 서쪽에 있다. 실질적으로 강화도와 황해도가 만나는 해역으로서 한강입구에 해당되고, 동시에 바다로 나가는 해구(海口)가 되는 곳이다. 뿐만 아니라 황해도의 예성강과 경기도의 한강이 만나는 지점이다.

이 해역은 서해의 물이 마치 휘어진 깔대기 모양으로 시작되는, 인체에 비유하면 목구멍에 해당하는 부분이므로 조류와 강물의 흐름이 매우 빠르고, 양쪽에서 온 해수와 민물이 서로 맞부딪히므로 소용돌이가 생겨 물길을 측정하기가 매우 힘들다. 따라서 이 해역의 독특한 물길에 익숙하고 조류의 흐름과 방향, 시간 등을 숙지한 현지인이 아니고서는 이 물길을 통과해서 내륙으로 진입하거나 반대로 바다로 나갈수가 없다.

서해에서 강화도를 거쳐 한강수로를 이용하는 길은 두 곳이 있다. 그 가운데 하나인 강화도와 김포반도 사이의 좁은 수로는 물길이 더욱 복잡하고, 뻘이 많아 배들이 적합한 시간에 맞춰 항해하기에 매우 힘들다. 때문에 상대적으로 조건이 좋은 이 곳이 주로 이용될 수밖에 없다.

이 해역과 그 주변, 즉 교동도와 강화북부, 건너편의 황해도 연백군 일대의 해안만을 장악할 경우에는 한강·예성강·황강 등의 하계망을 이용해서 한성, 김포, 파주, 고양, 부천, 황해도의 연백군 일대와 개경지역까지 들어갈 수 있다. 이른바 해류교통의 결절점이다. 이러한 조건 때문에 4세기 후반 내내 고구려와 백제 사이에 벌어진 전쟁에서 이 지역이 중요한 의미를 지녔던 것이다.

봉천산 주변 지역은 이런 전략적인 유리함 뿐만 아니라 전술적으로도 매우 유리하다. 이 또한 지형상으로 보아 방어거점을 설정하기에 매우 유리한 조건을 갖추고 있다.
첫째, 관측과 초계장소로서도 매우 좋은 조건을 갖추고 있다.
필자는 여러 차례 현장을 답사하였다. 시계범위가 넓고 양호하여 많은 지역을 동시에 관측하고, 감시할 수 있다. 현재도 이 지역에는 한국군의 초소와 관측부대가 있다. 특히 조선시대에 구축한 돈대를 그대로 진지로 활용한 경우가 많다. 별악봉(別岳峰) 아래의 지역에는 북한을 관측하는 시설을 만들어놓고, 일정한 절차를 거친 탐방객들에게 북한을 보여주는 역할도 하고 있다. 필자는 여러 차례에 걸쳐 이 전망대 주변에서 조사를 하였다. 그때 마다 멀리 예성강 하구의 벽란도까지 관측할 수 있었다. 지금은 일부가 무너져 내린 다리가 보였다. 물론 상황에 따라서는 연안, 배천, 강화도 내의 여러 산들, 임진강지역까지 볼 수 있다. 봉천대에 봉화대가 있었다는 사실은 주변관측에 얼마나 적합한 장소인가를 알려준다.
둘째, 주변에 포진한 보조 방어체제와 유기적인 작전을 수행할 수 있다. 바로 건너편에는 손영종이 관미성으로 주장한 백마산고성이 있는데, 바로 7.5km에 불과하다. 그 주변은 물론 내부까지 움직임을 샅샅이 알 수 있다. 또한 이 지역의 산성과 세트를 이룬 것을 알 수 있다. 고구려가 쌓은 것으로 알려진 연안의 봉세산성 등도 역시 이 지역을 고구려가 차지한 이후에는 이 산성과 공동작전을 수행하였을 것이다.
그 외 강화도 내부의 여러 산성들과도 유기적인 관련을 맺었을 것이다. 고구려 당시에 고목군현으로 추정되는 교동도의 화개산성은 정서로 10km, 고려산은 남남동으로 5km, 습진벌성으로 추정되는 혈구성 등은 9km로 봉천산과 가시거리에 있다.

이러한 조건 때문에 평상시에는 물론 유사시에는 여러 지역에서 동시에 복잡하게 전개되는 상황을 신속하고 종합적으로 판단할 수 있다. 동시에 효과적으로 관리하고 통제할 수 있다.

셋째, 이 지역은 또한 구체적인 방어전술에도 유리하다.

삼각뿔처럼 튀어올라간 일종의 곶 같은 형태를 취하고 있다. 방어자의 입장에서는 시계가 유리한 반면에, 공격군에게는 사각에 가까운 시계이다. 곶의 안쪽상황, 즉 방어진지 및 한강내부의 상태를 전혀 알 수가 없다. 예를 들면 대규모의 함선이 바로 코 앞에서 대기하고 있어도 전혀 눈치채지 못한 채 전진할 수 밖에 없는 지형이다.

또한 방어측에서는 마치 성벽구조에서 곡성이나 치부분과 마찬가지로 방어면적이 넓고 광범위하며, 효율성있는 지형이다. 반대로 진입군대는 공격해야할 범위가 매우 넓다. 분만 아니라 수로가 일직선이 아니라 휘어진 통로이므로 선단이 공격할 경우에는 신속하게 전진할 수가 없다. 때문에 이 지역은 적어도 해양전략적인 관점에서는 강화도 내지 경기만 지역에서 가장 효율적인 방어요새가 아닌가 생각이 든다.

이 지역과 교동도만 장악하면 경기도와 황해도, 즉 경기만 북부 전체를 장악할 수 있다. 그리고 경기만 북부지역을 감싸고 있는 황해도의 개풍군 · 연백군 · 해주군까지도 영향권 아래에 둘 수 있다.

이러한 해양전략적인 거점에 있으므로 이곳에는 당연히 매우 중요한 기능과 임무를 수행해야 하는 군사시설이 있어야만 한다. 특히 고구려와 백제가 예성강과 개성, 신계 등을 잇는 선에서 국경분쟁이 일어나고, 해양진출이 필요한 시대적인 상황 속에서 진출거점이며 해양방어의 요새로서 전력이 강한 산성의 구축이 필요하다.

이 지역의 봉천산(하음산성)이 관미성일 가능성을 앞에서 언급한 해양지리적인 측면 외에 몇 가지 구체적인 단서를 통해서 그 가능성을 더욱 밀도있게 추적해보자.

관미성(關彌城)을 설명하는 글 중에 이런 부분이 있다.

……그 城은 사방이 험절하고 바닷물이 둘러 있었는데, 왕은 군사를 일곱길로 나누어 20일 동안이나 공격을 하여 함락시켰다.……[53]

즉 사방에 바닷물이 출렁거리는 섬 내지는 이와 유사한 해양환경을 가진 곳이다. 또한 평평한 대지나 구릉위가 아니라 벼랑을 활용한 치밀한 방어시설임을 알 수 있다. 그런데 그 방어시설은 광개토대왕의 친정군이 20일 간 대규모의 전투를 치룰 수 있을 정도의 난공불락의 성이며, 7개의 공격로가 있는 광범위한 지역을 통제하는 대규모의 산성임을 알 수 있다.

봉천산 지역은 사료에 언급한 구체적인 단서에 비교적 가까운 특성을 갖추고 있다.

봉천산은 북동에서 서남으로 약 270m(봉천산)에서 291m 고지에 이르는 높고도 면적이 넓은 곳이다. 현재의 행정구역상에서는 양삼면과 송해면, 하점면이 만나는 지점에 있다. 봉화대가 있었던 이 산의 정상으로 접근하는 길 내지 자연통로는 7개 정도가 되어있다.

첫 번째는 철산돈대(鐵山墩臺)가 있는 별악봉과 봉천산의 사이에 난 골짜기 길이다.

별악봉은 167m이다. 봉전산과의 사이에는 넓고 깊은 골싸기 형성되어 있는데, 현재는 덕하리마을이 있고 논이다. 지형상으로 보아 예전에는 바다였을 가능성이 매우 높다. 실제로 그 골짜기는 철산과 신이포 사이에 제방이 만들어지기 이전에는 바다였다.[54]

서북으로 철산돈대가 남동으로는 널다리 돈대가 있고, 그 사이에 황해도의 고도리(古都里)로 건너가는 유명한 신이포 나루가 있다. 직선거리로 2km가 조금 넘는다. 고도리 옆에는 해창리(海倉里)가 있어 중요한 나루였음을 알 수 있다. 실제로 강화도와 황

---

53 三國史記, 卷18, 高句麗本紀, 廣開土王 元年條.
54 최강원·어대수·문중양, 「간척사업과 지형진화(1)-강화도-」, p.8.

해도를 연결하는 가장 중요한 교통로이다. 고정주(古貞州)였다.

두 번째는 현재 승천포(昇天浦)와 승천포 돈대가 있는 당산리에서 양오리로 들어오면 봉천산의 동북쪽 아래 넓은 개활지에 접근할 수 있다. 그리고 가파르지만 봉천산의 정상에 단거리로 접근할 수 있다. 때문에 방어군에서는 김적골이 있는 88m고지와 내곡촌을 잇는 다른 형태의 성 내지는 방어시설이 있었을 것이다. 보다 정밀한 조사를 요하는 지역이다. 이곳에는 승천포진이 있었는데, 부(府)의 북쪽 18리에 있다. 동으로 월곶과 20리 거리다.[55] 이 지역의 건너편은 개풍군의 월포와 백마산(白馬山)고성이 있다. 청구전도(靑丘全圖)중 개성부근도에 의하면 이곳을 고승천(古昇天)이라고 하고 있어, 한때는 강화도로 건너는 포구가 있었음을 알 수 있다.

널다리 돈대와 해창리의 곶으로 이어지는 곳은 폭이 매우 좁다. 그러나 그 다음인 이 해역은 다시 넓어져서 한강의 실질적인 어구가 되는 곳이다. 이곳을 장악하면 한강 수로를 진입하기가 힘이들다. 때문에 손영종은 건너편 백마산을 관미성으로 비정하는 것이다. 그러나 나루나 조그만 진으로서의 가능성은 있어도, 수군함대 사령부나 정치적 기능을 겸비한 군진의 역할은 하기 힘들다. 전략적으로 강화도를 관리하기가 힘들고, 황해의 활동을 감시 통제 하기는 불가능하다. 또한 진입하는 적의 수군을 막기에도 이미 늦는 지역이다. 하지만 상륙을 막는 소규모의 전술적인 성은 있어야 한다. 바로 이곳에 백마산고성이 있다. 그렇다면 해양전략으로 보아 건너편인 강화 지역에도 짝을 이루며 더 규모가 큰 성이 있어야 한다. 봉천산이야말로 산성이 있을만한 가장 적합한 지형이다.

셋째, 봉천산 지맥과 송해면(松海面) 금동산 중간에 있는 금곡천(金谷川) 사이로 들어와 비교적 우회하면서 봉천산의 남동쪽으로 접근하는 길이 있다. 그런데 금곡천이

---

55 『大東地志』권2, 강화 鎭堡.

있는 골짜기는 봉천산 바로 아래까지 바다였었다.[56] 반대편 하점면(河岾面)으로 상륙한 군대와 합동작전을 펼칠 수 있는 곳이다.

넷째, 송해면(松海面)의 종뢰리(宗雷里)로 상륙하여 우회한 다음에 장정리(長井里)로 하여 산에 오르는 방법이 있다. 비교적 골짜기가 넓어 대군이 상주하고, 금곡천을 따라 올라온 군대는 물론 하점면으로 상륙한 군대와 합동작전을 펼칠 수 있는 곳이다.

다섯째, 우선 양사면(兩寺面)의 구등곶(龜登串) 돈대, 까치아래 돈대가 있는 해안곶을 통과하여 북성리 북성(명치시대의 지도에는 三省洞으로 표기)마을에 모인다. 그런데 북성 등은 이전에는 섬이었다. 그 다음에 별악봉 서면의 가파른 벼랑을 직접 공격하거나, 우회한 다음에 남쪽의 골짜기로 들어와 교산리의 덕고개를 넘어 봉천산의 서북쪽에 접근하는 길이 있다. 그런데 덕고개는 몇 개의 봉우리가 만나는 작은 언덕이므로 통과하기가 힘들다. 그리고 차단성 같은 방어시설이 있을 만한 곳이다.

여섯째, 인화리(寅火里)의 인화성지역으로 상륙한 다음에 별립산의 북쪽 능선과 별악봉의 능선이 마주치는 배우고개를 넘어 봉천산 정상의 서 남쪽 가파른 곳으로 접근하는 길이 있다 현재는 새말이 있는 지역이다.

일곱째, 하점면으로 상륙차여 지금은 논인 넓은 들판을 지나 봉천산 남쪽이 신봉리(新鳳里)의 하점(河岾)초등학교로 접근하는 길이다. 이 들판은 물론 산의 바로 아래까지 과거에는 바다였다.[57] 지금의 도로망도 대체로 이와 비슷하게 만들어졌다. 봉천산을 둘러싼 지역을 대체로 살펴보면 동북에서 서남방향으로 뻗은 봉천산 줄기의 남쪽과 동쪽으로 넓은 개활지가 있다. 현재 송해면과 하점면 지역이다. 그리고 이 지역은 서쪽으로는 강화도와 교동도 사이의 바다와 만나고, 동쪽으로는 한강하구를 경계로 개풍군과 만나고 있다. 현재의 지형을 관찰할 때 봉천산 일대는 바다에 사방이 둘러싸

---

56 최강원·어대수·문중양,「간척사업과 지형진화(1)-강화도-」, p.7의 방조제 축조 이전 지도 참고.
57 위의 주와 동일.

였을 가능성이 크다. 또한 산의 범주가 넓고 커서 대규모의 군사가 진주하고, 공격군 역시 대규모의 군사가 진부하며 피아간에 장기간 전쟁이 벌어질 만한 조건을 갖추고 있다. 그리고 봉천산의 정상을 중심으로 별악봉 · 별립산 · 삼거리(三巨里)의 시루메산 등이 둘러싸고 있어 방어망의 구축도 매우 효과적이고, 퇴로망도 형성되어 있으며, 봉천산 주성을 공격하는 적을 협공할 수도 있다.

이러한 지형은 광개토대왕의 친정군이 관미성을 공격하는 과정을 기술한 삼국사기의 내용과 일치하는 면이 많다. 그러나 이 성이 삼국시대의 성이며, 더우가 관미성이라고 단정지을 만한 증거는 아직 나와있지 않다. 그러나 당시의 국제정치와 전쟁의 국면, 전투상황에 대한 기록 등을 검토하고, 이 지역의 해양전략적 기능등을 고려한다면 관미성일 가능성이 크다.

5. 결론

이상과 같이 강화도의 해양전략적 가치와 기능을 탐색해보았고, 삼국시대에 이르기까지 전개된 역사적인 상황을 살펴보았다. 그리고 그 과정속에서 관미성이 강화 북부지역에 있으며, 특히 봉천산 지역일 가능성을 모색해보았다.

서문에서 언급했던 바와 같이 고구려와 백제는 경기만을 중심으로 격돌을 하였다. 관미성에 대한 연구, 특히 위치의 파악은 당시의 전황과 전쟁의 기본성격, 국제질서의 한 단면을 알 수 있게 한다. 그리고 백제 고구려가 경기만에 심혈을 기울여 구축한 해양방어체제의 실체를 이해할 수 있다.

관미성의 위치에 대해서는 다양한 설이 있다. 물론 그 가운데 어느 것도 확실한 증거가 있는 것은 아니고, 다만 여러 가지 상황을 갖고 재구성하여 추론한 것이다. 그동안의 설들은 대체로 경기만을 중요시하여 한강수로로 진입하는 입구지역에서 그 위치를 비정한 경우가 많았다. 그러나 근래에 이르러 임진강의 하구인 파주군 성동리의 오두산성을 관미성으로 비정한 견해가 나왔다. 물론 본문에서 일부 소개하였지만 그 성은 고구려계통의 기와가 다량 검출되어 고구려성이었던 것은 틀림이 없다. 그러나 오두산성은 임진강과 한강이 만나는 지점으로서 임진강 하구 방어체제이다. 경기만 쟁탈전이라는 당시 전쟁의 기본성격과 추후에 전개된 전황 등을 고려하고, 전투상황을 고찰해볼 때, 또한 오두산성의 지형적 특성을 근거로 한다면 이 주장에는 무리가 있다. 더구나 무엇보다도 수도방어와 관련하여 볼 때 오두산성은 한강하구에서 수로를 통해서 진입하여 수도를 직공하는 적을 방어하기에는 전략적 전술적으로 매우 문제가 많다. 오두산성은 임진강 방어체제의 일환으로 구축된 것이며, 일정한 지역을 방어하는 소규모 산성에 적합하다.

필자는 본문에서 언급한 바와 같이 여러 가지 이유를 갖고 관미성은 반드시 강화 북부에 있어야 된다고 주장한다. 그리고 그러할 경우에는 봉천산 지역이 제일 가능성이 많다고 본다. 물론 이 주장에는 아직 한계가 있다. 산성의 축성연대가 불분명하다는 점이다. 삼국시대의 성이라는 사실을 입증할 만한 조건이 덜 성숙되었다는 것이다. 이는 관심영역외 밖이었던 이 지역에 대한 정밀한 조사를 통해서 부완되어야 한다고 생각한다. 필자는 이 가설을 입증하기 위하여 앞으로도 후속작업을 할 것이다. 만약 다른 곳이라는 증거가 나오면 설을 수정할 것이다. 이 논문을 작성한 가장 큰 이유는 해양질서의 중요성과 경기만 쟁탈전의 의미를 인식하고, 강화 북부와 그 주변지역의 전략적 중요성에 대하여 깊은 이해가 이루어질 바랬기 때문이다.

03

문학산성의 해양방어체제적 성격 검토*

1. 머리말

　　동아시아는 한반도를 가운데 두고 동해·남해·황해·동중국해가 하나로 이어지고 있으며, 이 바다들을 다시 중국대륙과 일본열도가 둘러싼 다국간지중해(多國間地中海, Multinational-Mediterranean) 형태를 띠우고 있다. 필자는 이 지역의 역사를 해석하는 틀로서 동아지중해(東亞地中海, EastAsian-Mediterranean-Sea)라는 모델을 설정하고 있다.[1]

---

* 「문학산성의 해양방어체제적 성격 검토」, 『박물관지』3호, 인하대, 2000.
1 필자는 동아시아 해양문화의 특성을 보다 명확하게 하기 위해 東亞地中海라는 槪念의 適用과 用語의 使用을 시도하고 있다.
　졸고, 「高句麗末期의 海洋活動과 東亞地中海의 秩序再編」, 『國史館論叢』53, 1994.
　＿＿, 「廣開土大王의 對外政策과 東亞地中海戰略」, 『軍史』30, 1995.
　＿＿, 「長壽王의 南進政策과 東亞地中海 力學關係」, 『高句麗 南進經營史의 研究』(朴性鳳 編) 白山文化院, 1995.
　＿＿, 「高句麗前期의 海洋活動과 古代國家의 成長」, 『韓國上古史學報』1995.
　＿＿, 「高句麗 發展期의 海洋活動能力에 대한 검토」, 『阜村 申延澈教授停年退任紀念 史學論叢』, 일월서각, 1995.
　＿＿, 「海洋條件을 통해서 본 古代韓日 關係史의 理解」, 『日本學』15, 동국대 일본학 연구소, 1995.
　＿＿, 「廣開土大王의 對外政策과 東亞地中海의 秩序再編」, 『廣開土好太王碑 研究 100年』, 高句麗研究會, 1997.

역사를 해양질서의 입장에서 해석할 경우에 해양방어체제는 집단의 직접적인 안위에 중대한 의미를 지니고 있다. 해양방어체제는 자체의 시스템을 연구하고, 육상전과의 유기적인 관련성, 그리고 국가의 통치제도와 지방조직과의 연관 속에서 입체적으로 파악해야 한다.

동아지중해에서 가장 의미있는 역학관계의 핵이고, 실제로 힘의 충돌과 각축전이 벌어진 곳이 경기만이다. 경기만은 동아지중해에서 일본열도를 출발하여 압록강 하구와 요동반도(遼東半島)를 경유하여 산동(山東)까지 이어지는 남북연근해항로(南北沿近海航路)의 중간기점이고, 동시에 한반도와 산동반도를 잇는 동서횡단항로(東西橫斷航路)와 마주치는 해양교통의 결절점(結節点)이다. 또한 한반도 내에서도 경기만은 지정학적(地政學的)・지경학적(地經學的)・지문화적(地文化的) 입장에서 보아 필연적으로 각 국간의 질서와 힘이 충돌하는 현장이었다.

특히 이 갈등은 고구려와 백제의 대결로 시작되었고, 다시 백제와 신라, 또 고구려와 신라의 대결로 변화되었다. 이 지역을 차지하기 위하여 각 나라들은 존속기간 내내 생존을 걸고 치열한 공방전을 벌였다. 각 나라들은 상륙작전 등 해양을 통한 침투를 시도하고, 해안선 근처에서 적극적인 공방전을 펼쳤다. 따라서 해양방어체제는 '적수군(敵水軍)의 침입방어'와 '국토의 보존'이라는 원론적인 목적 외에 수도방어체제와 깊은 관련이 있고, 또한 대외교통로(對外交通路) 및 교역로(交易路)를 보호한다는 다종의 의미를 가졌다. 따라서 각 나라들은 자국이 점유한 지역을 중심으로 치밀하고 복합적인 해양방어체제를 구축하였다. 경기만의 해양방어체제는 전략적으로나 전술적으로, 또 국가정책과 관련하여 매우 의미가 있었다. 특히 그 위치를 정확히 파악한다는 것은 당시의 전황은 물론, 전쟁의 기본성격과 당시 변화되는 국제질서의 한 단면을 알 수

____,「黃海의 地中海的 性格研究」,『韓中文化交流와 南方海路』, 국학자료원, 1997.
____,「黃海文化圈의 形成과 海洋活動에 대한 연구」,『先史와 古代』, 한국고대학회, 1998.
____,「渤海의 海洋活動과 동아시아의 秩序再編」,『고구려연구』6, 고구려연구회, 1998 등.

있는 단서를 제공한다. 뿐만 아니라 지리적 지형적 역사적 배경으로 보아 해양방어체제의 구체적인 모델로서 중요한 가치가 있다.

본고는 경기만의 해양방어체제를 연구하기 위하여 해양전략적으로 인천지역을 선정한 다음에, 현장을 조사하고, 그곳의 성 등을 중심으로 해양방어체제를 살펴보았다. 사료와 기존의 논문 및 발굴보고서를 활용하되, 현장조사 결과를 최대한 보완하였으며, 해양전략적인 입장에서 산성(山城) 및 해양방어체제에 대한 필자의 해석도 하려 하였다. 또한 역사성에 대해서는 삼국시대에 한정해서 살펴보았다.

2. 인천의 해양역사적 환경

동아지중해에서 가장 의미있는 역학관계의 핵(核)이고, 실제로 힘의 충돌과 각축전이 벌어진 곳이 경기만(京畿灣)이다. 경기만의 한가운데에 있는 지역이 인천(仁川)이다. 만약 한반도 전체를 염두에 둘 경우에는 현재의 서울을 중심으로 한 지역이 정치 군사 경제는 물론 문화적으로도 중핵(中核)이 된다. 그러한 서울지역을 향하여 내륙으로 들어가는데 비교적 유리한 위치에 있는 곳이 인천이다. 하지만 자체의 지형상으로 보아서는 인간이 집단으로 거주하거나 문화가 발전하기에는 적합한 편은 아니다. 산지가 많고, 농토가 좁으며, 하천도 발달하지 못해 큰 강이나 긴 강이 없다. 경작의 조건이 나쁜 것이다.

『삼국사기(三國史記)』 백제본기 온조왕조(溫祖王條)에 의하면 주몽(朱蒙)의 두 아들인 비류(沸流)와 온조(溫祖)는 남으로 와서 한강유역에서 각각 나라를 세웠다. 그런데 비류는 바로 현재 인천으로 추정하고 있는 미추홀(彌鄒忽)에다 나라를 세웠다. 그러나 미추홀은 짜고 습하여 농사짓기에 나빠 결국은 국가경영에 실패하고 온조의 백제로 통합되었다고 한다. 이 이야기는 인천지역이 국가가 성립하는데는 적합한 곳이 아니었음을 알려준다. 그러나 해양과 관련하여서는 유리한 입지조건을 갖추고 있다.

인천은 조수간만(潮水干滿)의 차가 매우 심한 곳으로서 약 8.2m에 달하기도 한다. 해안선의 굴곡이 매우 심한 리아스식 해안으로 되어 있다. 그런가하면 인천만의 안쪽에는 월미도(月尾島)·작약도(芍藥島) 등이 있고, 바깥에는 영종도(永宗島)·영흥도(靈興島) 등 큰 섬이 있어 파도의 흐름을 안정시키고, 항구로서의 양호한 조건을 갖추게 한다. 반면에 물길이 매우 복잡하여 현지의 해양민들이 아니면 거의 알 수가 없다. 이러한 조건은 해상토착세력의 등장과 성장을 가능하게 한다.

이들은 단순한 어업뿐만 아니라 염전이 발달하여 경제적으로 부를 축적할 수 있다. 그러나 그보다는 물길을 장악하면서 물류체계(物流體系)를 영향권 아래에 넣고 갖가지 경제적인 이익을 챙겼을 것이다. 인천만처럼 매우 특이한 지형에서 발호하는 세력들은 육지나 바다, 어느 방면에서도 공격과 토벌이 불가능하다. 국가가 발달하기 이전에 이러한 지역에서 소국들이 발전한 것은 당연한 일이고, 고대국가가 성립된 이후에도 상당한 독립성을 유지한 호족으로 남아 있었을 것이다. 이들 세력들은 중앙권력과 상호협력관계를 맺고 중국과 교섭하는데 일정하고 비중있는 역할을 하였을 것이다.

인천 지역이 다른 지역과 달리 또 하나 더 중요한 배경은 서울과의 관련성이다.

고대사회에서 해양을 통해서 현재의 서울로 진입하는 길은 여러갈래가 있다. 현재 인천시 연수동(延壽洞)과 안산(安山) 사이의 만으로 진입하여 내륙으로 들어가는 곳에 소래포구(蘇來浦口)가 있다. 물론 현재는 육지로 메워졌고, 거의 항구로서의 기능을 상실하고 있으나 과거에는 중요한 항구였다. 이 소래포구를 내려다 보는 산이 소래산(蘇來山)이다. 소래산 바로 밑에 까지 사천(蛇川 : 대동여지도, 현지에서는 뱀내천으로 부름)이 이어진다. 다른 방면으로도 바다와 아주 가깝게 이어지고 있다. 소래산은 암산으로서 299.4m인 그다지 높은 편은 아니나 서해바다의 먼 곳까지 관측할 수 있다. 또한 주변에 북으로는 철마산(鐵馬山)과 계양산(桂陽山)이, 동으로는 군자산(君子山)과 관악산(冠岳山)이 보이며 서남으로는 문학산이 보인다. 그리고 멀리 안산만을 지나 남양(南陽)반도가 보인다. 이러한 해양전략적인 요충지였고 대외교통의 요지였으므로 소정방(蘇定方)이 와서 '소래(蘇來)'라는 명칭을 얻었다고 전해질 정도이다. 소래포구로 들어오면 안양(安養) 혹은 시흥(始興)을 통과하여 한강 주변의 서울권으로 진입할 수 있다. 이 길은 대규모의 병력을 거느린 외부침입자가 해양을 활용하면 효율성이 높은 길이다.

또 하나, 인천만에서 주안(朱安)으로 상륙하여 시흥과 부천사이로 빠져나가 광명(光明)을 지나 한강 이남의 서부지역으로 들어가는 길이 있다. 이 길을 제어하고 관리하는 기능을 하는 방어시설들이 문학산성을 비롯한 인천지역의 성들이고, 광명에는 도덕산에 도덕산성(道德山城)이 있다. 이 성은 기록에는 전혀 없다가 『문화유적총람(文化遺蹟總攬)』上에서 처음 나타난다. 군자산과도 마주보고 있다. 그리고 비교적 북부에 해당하는 통로가 공촌동(孔村洞) 지역에 상륙하여 '장명이고개'를 지나 현재의 강서지역으로 들어가는 것이다. 이 통로를 막기위한 방어체제가 허암산성(許岩山城), 계양산성(桂陽山城), 지양산성, 신정동토성(新亭洞土城) 등이다.

이렇게 한반도 내에서도 경기만은 지정학적(地政學的)·지경학적(地經學的)·지문화적(地文化的) 입장에서 보아 필연적으로 각 국간의 질서와 힘이 충돌하는 현장이었다. 그리고 무엇보다도 중요한 것은 해양통로의 역할을 한 것이다.

경기만은 황해도와 충청도 사이에 있는 한반도 최대의 만으로서, 동아지중해에서 일본열도를 출발하여 압록강 하구와 요동반도(遼東半島)를 경유하여 산동(山東)까지 이어지는 남북연근해항로(南北沿近海航路)의 중간기점이고, 동시에 한반도와 산동반도를 잇는 동서횡단항로(東西橫斷航路)와 마주치는 해양교통의 결절점(結節点)이다. 또한 강화도를 거쳐 해주지역이나 옹진(甕津)지역으로 북상하고, 남으로는 남양만·아산만을 지나 충청도 지역으로 내려가는 서해연안항로의 중간경유지이기도 하였다. 이 항로는 지금까지도 사용되고, 특히 조선시대에는 매우 빈번하고, 효율적으로 사용되었다. 이러한 지리적인 위치로 인하여 정치세력들이 일찍부터 터를 잡았다.

고조선의 말왕(末王)인 준왕(準王)이 남천하고, 남쪽 지역에서 국가적으로 성장한 일은 한반도 북부해안과 중부이남 간에는 일찍부터 해양교류가 있었음을 증명하고 있다.[2] 이 때 준(準)은 서해연안을 따라서 항진(航進)하다가 남부에 상륙한 것이 틀림없다.[3] 그러려면 인천만을 반드시 거쳐야 한다.

당시 산동지역, 한반도 중부, 일본열도는 일본열도와의 교류는 문헌자료와 고고학적 유물을 볼 때 활발했던 것으로 보인다.[4] 『한서(漢書)』 지리지(地理志)에는 왜(倭)의 노국(奴國)은 한(漢)과 교섭을 하고 있었다. 또한 『삼국지(三國志)』 동이전(東夷傳)과 『후한서(後漢書)』 동이전(東夷傳)에는 왜의 소국들이 한(漢)이나 위(魏)와 통한 기록이 나온다. 대방군을 설치한 이후에는 보다 본격적으로 중국의 북부지역, 한반도 연안, 일본열도를 연결하는 교역권(交易圈)을 형성하였다. 물론 이때 통로는 한반도 서해연안(西海沿岸)을 거슬러 올라가서 산동으로 직접횡단하거나, 요동만(遼東灣)을 거쳐 돌아가는 길 밖에 없을 것이다. 당시의 항해술 수준으로서 합리적이고 안전한 항로는 역시 한반도 서안을 이용하는 길이다.[5] 『위서(魏書)』 왜인전(倭人傳)에는 왜로 가는 수행(水行)의 길이, 경기만 북부인 대방(帶方)을 출발하여 강화만, 인천만 해역을 지나 부안(帶方) 나주(帶方) 해남 등을 거쳐 거제(巨濟) 김해의 구야한국(狗邪韓國)으로 들어가 다시 쓰시마(對馬)·이키(壹岐)·오키시마(沖島)를 거쳐 규슈의 각 지역으로 들어갔다.[6] 이 지역에

---

2 『三國志』 東夷傳 韓傳에는 準王과 관련된 다음과 같은 기사가 나온다.
 …… 將其左右宮人走入海 居韓也 自號 韓王 ……
3 準王의 도착지점에 대해서는 그동안 여러견해가 나왔다. 그런데 최근 전영래씨는 錦江文化圈이라는 靑銅器 文化圈을 설정하여 준왕의 도착지점을 금강유역으로 강하게 시사하고 있다. 한편 이기동은 「마 백」 10에서 내포연안을 주장하고 있다.
4 王仲殊, 『中國からみた古代日本』, 桐本東太 譯 學生社, 1992.
5 이 부분에 대해서는 尹明喆, 「西海岸 一帶의 海洋歷史的 環境에 대한 檢討」, 『扶安 竹幕洞祭祀遺蹟 硏究』, 국립전주박물관, 1998.
6 『三國志』, 魏志 東夷 倭人傳에는 韓半島 西海岸을 떠나 南海岸을 거쳐 日本列島에 닿아 야마다이國까지 가는 길과 거리수, 그리고 거쳐야 되는 小國들을 명시해 놓았다. 왜인전에 나타난 行程에 대해서는 松永章生, 「魏志 倭人傳 行程」, 『東アジアの古代文化』, 大和書房, 1987.

있었던 마한 제국의 소국들도 이 항구를 이용했을 것이다.

백제가 점차 고대국가로 발전하고, 중국지역과 교섭할 때 이 곳 인천지역은 교통로로서 중요하였다. 삼국사기에 의하면 비류(沸流)와 온조(溫祖)는 유리왕을 피하여 어머니인 소서노(召西奴)와 함께 남하했다. 그때 온조와 달리 비류는 미추홀(彌鄒忽)에서 건국하였다.[7] 『대동지지(大東地志)』에는 인천(仁川)은 '본백제매소홀(本百濟買召忽 : 一云彌鄒忽國)'라고 하였다.[8] 그들 형제는 육상 혹은 해로를 이용하여 패강지역을 경유한 다음에는 바다로 나와 연안항로를 사용한 다음에 인천 지역에 정착했을 가능성이 있다.

백제는 지리적(地理的)인 위치(位置)나 토착세력과의 역사적 계기성 등을 전제로 할 경우, 이미 초기년간부터 해양활동을 활발히 했다. 비류는 인천인 미추홀(彌鄒忽)에 정착했고,[9] 때문에 해양적 성격이 있었다.[10] 온조왕(溫祚王)은 43년(25)에 아산원(牙山原)에서 5일 동안을 사냥을 하였다.[11] 아산(牙山)은 서해안 중부에 있는 만으로서 위로 남양만이 있고, 아래의 내륙(內陸)을 한번 접어든 곳에 아산만(牙山灣)이 있다. 당진(唐津)은 아산만이 시작되는 부근에 있다. 아산만을 빠져 나가면 바로 덕적군도(德積群島)가 나타난다. 이들 지역은 군산(群山) 앞에 있는 고군산열도, 북으로 강화도 함께 서해연안 항해에 있어서 길목이 되는 곳이다.

『삼국사기(三國史記)』 백제본기 고이왕(古爾王) 3년(236) 때에는 서해의 대도(大島)에서 사냥을 하였다.[12] 서해의 대도로서는 현재의 강화도, 인천 근처의 월미도, 남양만의 덕적도가 있다. 이 세 섬은 다 한성의 방위에 중요한 역할을 하며 해상방어의 요충지

---

7 『三國史記』권23, 백제본기 온조왕.
8 『大東地志』권4, 인천 연혁.
9 盧重國, 「百濟政治史硏究」, 일조각, 1990, p.59.
10 千寬宇, 「目支國硏究」, 『韓國史硏究』24, pp.26~27.
11 『三國史記』권23, 백제본기 溫祚王 43년조. '四十三年 秋八月, 王田牙山之原, 五日'
12 『三國史記』권24, 백제본기 古爾王 3년조. '三年冬十月 王獵西海大島 王手射四十鹿.'

와 해상진출의 거점이 될 수 있는 곳이다. 이 기사에서의 대도(大島)는 강화도일 가능성이 많은데, 이 역시 인천만과 직접 간접으로 연결되는 곳이다. 고이왕의 서해대도(西海大島) 사냥은 백제가 해안방어와 해양진출을 동시에 모색하려는 역사적 상황을 반영하고 있다.

백제는 4세기에 근초고왕(近肖古王)은 고구려전(高句麗戰)을 과감히 수행하여 북쪽으로 진출하였는데, 이는 황해중부 해상권 혹은 대중항로(對中航路)의 확보와도 관련이 있다. 이 시대에 바다를 건너 건강(建康 : 현 南京)에 수도를 둔 동진과 교섭하였다. 그 때 사용한 주요한 항구는 항로나 해양환경으로 보아 2개 이상이 있을 것으로 추정된다. 하나는 강화도이고, 또 다른 하나는 인천지역이다. 인천은 현재 남구의 옥련동에 있는 능허대(凌虛臺)밑인 한진(大津)이었다고 한다.[13] 물론 이곳은 현재 아파트 단지내의 연못을 갖춘 휴식공간으로 탈바꿈이 되어 있다.

그 후 전개된 고구려와의 전쟁은 경기만 쟁탈전 적인 성격이 강했다. 고구려는 광개토대왕이 즉위하자 역시 경기만의 쟁탈을 놓고 백제와 전면전을 벌였다. 대왕은 백제를 정벌하여 석현(石峴) 등 10성을 빼앗았다. 이어 10월에는 최전방기지이자 수군함대사령부였던 관미성(關彌城)을 함락시켰다.[14] 그리고 6년(396)에는 대규모의 수군(水軍)을 투입하여 백제의 58성(城)과 700촌(村)을 탈취하였다.

당시 고구려는 예성강과 임진강을 도하한 육군 외에 수군은 3개 방향으로 상륙했던 것 같다. 첫째는, 대동강 유역에서 출발하여 예성강 하구와 한강이 만나는 강화북

---

13 『大東地志』권4, 인천 산수조에는 서남 9리해안에 있다고 하였다.
14 『三國史記』권18, 고구려본기 광개토왕 원년조.
관미성의 위치에 대하여 필자는 당시의 역사적인 상황과 해양전략적인 입장을 고려하여 강화도 북부지역으로 본 바가 있다. 그리고 최근에 정밀한 지형분석과 현장 답사등을 통하여 강화도 북부지역에서도 봉천산 일대일 가능성을 주장한바 있다. 또한 봉천산 정상인 봉천대 부변에서도 삼국시대, 특히 고구려기와 조각으로 추정되는 유물들을 다수 수집하였다.

부에서 한강하류를 거슬러 오면서 김포반도와 수도를 직공하는 것이다. 두 번째는, 인천상륙작전을 감행하여 한성으로 진입하는 것이다. 『광개토대왕릉비문(廣開土大王陵碑文)』에는 병신년에 점령한 성 가운데 미추홀성이 나타나고 있다. 세 번째는 남양만으로 상륙하여 수원·용인 등을 거쳐 한성의 배후를 치는 것이다. 경기만은 해상교통 및 한반도의 중부지역을 통합시키는 내륙수로교통의 요충지였으므로 서해연안의 요충지들을 점령하고 수군활동을 마비시키는데 더없는 공격목표였다. 인천지역은 그 사건 후에 장수왕 시대 부터는 한동안 고구려의 영토였다. 『삼국사기(三國史記)』 지리지(地理志)에는 고구려의 매소홀현(買召忽縣)이라고 하였다.[15]

그 후 이 지역은 나제동맹을 활용하여 진흥왕대에 신라가 차지하였다. 고구려 백제 신라는 급변하는 국제질서와 삼국간의 역학관계 속에서 각각 대중국교통로를 확보하거나, 혹은 해양교섭을 저지하기 위하여 이 지역을 장악하려는 혈전을 벌였다. 642년에 백제와 고구려는 공모하여 당항성을 취하여 당나라에서 돌아오는 길을 끊고자 하였다.[16] 한편 신라는 660년 음력 6월에 당(唐)의 소정방(蘇定方)이 백제를 공격할 때 황해를 건너왔고, 김법민은 덕적도에서 병선 100척을 거느리고 대기하였다가 합류한 다음에 금강으로 치고 들어가 상륙작전을 성공시켰다.[17] 『삼국사기』에 의하면 668년인 문무왕 8년에도 유인궤(劉仁軌)가 당항진(唐項津)에 도착하였다. 역시 인천해역을 경유하였을 것이다.

그 후 통일신라시대에 당나라와의 교섭이 매우 활발했다. 당시 사용된 항로는 여러 개가 있었다. 그 가운에 인천지역과 관련이 있는 것은 황해연근해항로, 황해중부횡

---

15 『朝鮮各道邑誌』, 仁川府에는 연혁에서 高句麗 買召忽縣이라고 되어있다.
16 『三國史記』권5, 신라본기 선덕왕 11년.
17 『唐書』卷3, 本紀 第3 高宗 顯慶 5年條.
　『삼국사기』권28, 백제본기 義慈王 20년.
　『삼국사기』권5, 신라본기 太宗武烈王 7년.

단항로 등이다. 『신당서(新唐書)』권43 지리지(地理志)에는 가탐(地理志)의 도리기(道理記)가 있고, 이곳에 서해연근해항로를 상세하게 묘사하고 있다. 즉 '등주동북해행(登州東北海行), 과(過)대사도(大謝島), 구흠도(龜歆島), 말도(末島) 오호도삼백리(烏湖島三百里)------ 패강구(貝江口) 초도(椒島) 득신라서북지장구진(得新羅西北之長口鎭), 우과 진왕석교(又過秦王石橋), 마전도(麻田島), 고사도(古寺島), 득물도(得物島), 천리지압록강당은포구(千里之鴨綠江唐恩浦口), 동남육행(東南陸行), 칠백리지신라왕성(七百里至新羅王城).' 이때 진왕석교(秦王石橋),마전도(麻田島), 고사도(古寺島), 득물도(得物島)는 인천만과 가까운 해역의 섬들이다.

산동반도 동남단의 적산포(赤山浦)에는 신라방(赤山浦)과 법화원(法花院)이 있었다. 그런데『입당구법순례행기(入唐求法巡禮行記)』의 당의 사신일행이 이곳에서 신라로 떠날 채비를 하는 것을 들었다는 기록이 있다. 그가 귀국할 때 탄 김진(金珍)의 배는 847년 음력 9월 2일 정오에 적산포(赤山浦)의 막야구(莫耶口)를 출발하여 황해를 건너 다음날 아침 육지를 보았다. 그리고 신라해역을 거쳐 일본으로 돌아갔다. 적산포의 서남쪽에는 역시 신라인들이 거주하고 있는 유산포(乳山浦)가 있었다. 847년 윤 3월에 당의 부사는 유산포에서 배를 타고 건너갔다.[18] 885년 정월에 최치원 역시 이 곳을 출발하여 귀국하였다. 이들은 황해를 직항하였다가 육지를 바라본 다음에는 서남진하였다. 삼국유사(三國遺事)의 거타지(居陀知)조에는 당으로 가다가 혹도(鵠島 : 白翎島)에 이르렀을 때 풍랑이 크게 일어나 십여일 동안 머무르게 되었다[19]는 기록이 있다. 결국은 인천해역을 통과하여 북상한 후에 황해를 직항하려 한 것이다. 이것은 황해중부 횡단항로인데 이 때 인천지역의 산들, 예를 들면 문학산 소래산 등은 항해의 물표로 삼았을 것이고, 선박들 또한 인천 해역과 연관되는 항로를 이용했을 것이다.

---

18 『入唐求法巡禮行記』권4, 大中 元年.
19 『삼국유사』권2, 眞聖女大王 居陀知조.

인천은 이러한 조건 때문에 독자적인 해상세력이 형성되었을 것이다. 해양문화는 중요한 특성으로서 일종의 호족성 내지 무정부성을 띠우고 있다. 신라는 하대(下代)에는 중앙정부의 행정력이 떨어지고, 지방에 대한 통제력을 상실하여 호족들이 생겨났고, 특히 해안지방을 중심으로 성장한 해상호족들이 있었다.[20] 이러한 현상은 문성왕(文聖王) 대에 이르러 두드러졌다. 장보고 세력의 등장이 그것이다. 신라는 국방상에 필요와 해상호족세력의 발호를 제어하기 위하여 몇 곳에 진(鎭)을 설치하였다. 청해진을 제외하고는 경기만 일대였다. 패강진(浿江鎭)은 782년에 대곡성(大谷城)에 설치하여 예성강 이북으로부터 대동강 이남지역에 걸치는 넓은 지역을 책임지었다.[21] 청해진(淸海鎭)을 설치한 다음 해인 흥덕왕 4년(829년)에 대중교통로 역할을 담당하던 고구려 시기의 당성군(唐城郡)에 당성진(唐城鎭)을, 문성왕 6년(844)에 현재 인천광역시인 강화도에 혈구진(穴口鎭)을, 그리고 황해도 장연군 장산곶(長山串) 근처에[22] 장구진(長口鎭)을 설치하였다. 그 외에도 중앙의 왕족들이 서남해안의 중요한 요지에 파견되어 지방통치를 강화하였다.[23]

이들 진은 패강진처럼 발해를 의식하는 등 군사적인 면이 있었다.[24] 그런데 진을 설치한 지역은 수륙교통의 요지이며, 내륙으로의 진입을 막을 수 있고, 대외적으로 교통을 할 수 있는 조건을 갖추고 있는 곳이다. 따라서 해방체제와 해양진출이라는 이중의 목적을 갖고 있었다. 또한 해상세력의 발호를 막고, 지방으로 권력이 분산되는 것을 막기위한 조치였으며, 아울러 해적을 제거한다는 측면도 강했다. 이미 신라 하대에는 해상세력들이 존재했다. 특히 경기만 지역에는 왕건(王建)을 비롯하여 많은 세력들

---

20 鄭淸柱, 『新羅末高麗初 豪族勢力硏究』 일조각, 1996, pp.27~33.
21 李基東, 「新羅下代의 浿江鎭」, 『韓國學報』 4, 1976, p.2.
22 全德在, 「新羅 下代 鎭의 설치와 性格」, 『軍史』 35, 1997, pp.43~45.
23 徐榮敎, 「9世紀 중반 新羅朝廷의 海上勢力 統制」, 『慶州史學』 13집, 경주사학회, 1994, pp.14~16.
24 李基東, 앞 논문, pp.6~7.

이 있었다.²⁵ 이 지역의 해양세력은 기본적으로 무정부성 호족성을 띠고 있다. 중앙에서의 통제가 불능한 경우가 많다. 예를 들면 문성왕(文聖王) 3년 일길손 홍필(一吉飡 弘弼)은 모반을 꾀하다가 발각되자 해도로 도망하였는데, 이를 잡지 못하였다.²⁶ 이런 과정을 거쳐 해상호족으로 발전하는 경우가 적지 않았을 것이다. 그들은 처음에는 경제력을 집중시켜가다가 점차 군사적으로 성장하고, 결국에는 지방세력으로 독립하게 되는 것이다.

왕건을 도운 해상군소세력 가운데에는 나주 오씨(羅州 吳氏), 영암 최씨(靈巖 崔氏)등의 서남해안 세력, 아산만인 혜성군의 박술희(朴述熙), 복지겸(卜智謙) 등의 충청도 해안세력, 그리고 정주 유씨(貞州 柳氏), 장단 한씨(長湍 韓氏) 등의 경기만 북부해상세력 등이 있었다.²⁷ 그 외에 후에 실권을 장악한 안산 김씨(安山 金氏), 인주 이씨(仁州 李氏) 등은 거주 지역으로 보아 해상세력이었을 가능성이 매우 크다.

고려에 들어와서도 인천지역은 해상교통·해양문화·대외교섭의 측면에서 더욱 중요해졌다. 북송의 서긍(徐兢)이 『선화봉사고려도경(宣和奉使高麗圖經)』에서 중국남방인 절강에서 배로 출발하여 예성강에 이르는 항로를 기술하고 있다. 이때 권38 '해도(海道)'에는 한반도 서해안을 항해하는 과정이 구간별로 기술되어 있다.²⁸ 6월 7일자에는 자연도(紫燕島)에 이르고 있다. 자연도는 인천 앞바다의 영종도(永宗島)를 말한다. 왜냐하면 방(榜)에 경원정(慶源亭)이라는 객관이 있다고 하였기 때문이다.²⁹

---

25 鄭清柱, 위의 책, pp.112~117.
26 『삼국사기』권11, 문성왕 3년조.
27 鄭清柱, 앞의 책, pp.112~120.
28 필자는 1997년 동아지중해호라는 뗏목으로 이 항해를 실험 항해한 바 있다. 그 과정과 항로, 거리 등은 尹明喆, 「황해의 지중해적 성격연구(1)」 및 부록인 「항해일지」(『한중문화교류와 남방해로』, 曺永祿 편, 국학자료원, 1977)에 있다.
29 祁慶富, 「10~11세기 한중해상교통로」, 『한중문화교류와 남방해로』, 曺永祿 편, 국학자료원, 1977, p.191.

3. 해양방어체제의 성격

해양방어체제는 형태와 기능에 따라 여러 가지 종류가 있다. 또한 위치와 규모, 용도에 따라 몇 가지로 분류할 수 있다.

1) 분류

해양방어체제는 성곽(城郭)과 봉수(烽燧), 소규모의 해안초소체제로 구성되어 있다. 성곽은 내륙에 축성된 큰 성, 독립적인 섬의 방어성, 해안가의 진성(鎭城), 해안주변에 산포한 규모가 적은 산성이 있다. 또한 해안의 일정한 부분을 감싸서 선의 개념으로 방어하는 장성(長城)이 있다.[30] 봉수는 섬과 해안의 적당한 곳에 있는데, 작은 성의 역할을 겸하는 경우도 있다. 그리고 해양방어체제의 독특한 체제로 볼 수 있는 것이 바로 해안초소의 기능을 하는 시설로서 보루가 있다. 보루 외에도 일종의 참호형태가 있다.

해양방어체제는 몇 가지 기능을 갖고 있다. 해양에서 적의 수군과 해상전투를 벌어질 때 보조역할을 하고, 섬 및 해안에서 선박으로 상륙하는 적을 저지하고 적의 침입을 막아낸다.

해양방어체제의 1차 임무는 '관측(觀測)과 검문(檢問)'이다. 시설물은 섬 또는 해안에서 가까우면서도 높은 지대에서 바다 가운데를 관측해야 한다. 하지만 해안초소나 섬은 육지보다 고도가 낮아 먼 곳까지 관측하기에 불리하다. 또한 야음(夜陰)이나 시계(視界)가 불량한 날씨에는 해안을 감시해야 한다. 해안초계(哨戒)의 임무는 소규모 보

---

30 南陽長城, 平澤長城, 鴨綠江河口長城 등이 있으며, 통일신라가 쌓은 浿江長城 등이 있다. 앞으로의 연구 정도에 따라서 이러한 형태는 더욱 많이 발견될 것이다.

(堡)나 교통호(交通壕) 등 해안초소들이다. 이러한 해안초소들은 물길을 장악하여, 적의 수로(水路)침투를 경계하기도 한다. 예를 들면 강화도의 남과 북에 있는 동검도(東檢島), 서검도(西檢島)는 초계임무와 검문을 담당했을 것이다. 한편 방어체제는 고도가 높고, 시계가 광범위하여 관측에 양호한 장소이어야 한다. 대군의 접근은 미리 먼 거리서부터 관측하고 방어에 대비해야 하므로 먼 바다를 관측하고, 통신망(通信網)을 구성하기에 적합해야 한다.

해양방어체제의 2차임무는 적군진입의 '제어(制御) 및 저지(沮止)' 이다. 육상방어체제와 달리 해양으로 적의 대군이 상륙했을 때에는 초전에 저지하기가 힘들다. 비밀리에 기습적으로 감행하는 경우가 많아(潛行性) 방어망을 구축하기에 어렵다. 해안선을 따라 방어라인 또한 길고 복잡하므로 많은 인원을 투입해야만 한다. 반면에 적은 대규모의 군사로서 한 곳에 전력(沮止)을 집중시킨다. 그러므로 해안방어체제로서는 소규모의 산발적인 공격과 교란작전으로 상륙과 이동 속도를 지연시키는 역할을 한다.

해양방어체제의 3차 임무는 '공격(攻擊)과 격퇴(擊退)' 이다. 해양은 전투의 양상이 육지와는 전혀 다르다. 선박들 간의 해전도 있고, 적의 선박과 수군의 침입을 방어하는 전투가 있다. 그런데 해양방어체제가 선박들의 해전에 직접 참여하거나, 측면지원을 해주는 경우도 있다. 요동반도의 비사성(卑沙城), 석성(石城), 그리고 해양도(海洋島)·석성도(石城島) 안의 성들, 압록강 하구의 대행성(大行城)·박작성(泊灼城)·구련성(九連城) 등의 해안 및 강변방어성 등은 해양전투, 특히 섬 안에 있는 성들은 해상전투에 직접 참여하거나 영향을 끼쳤다.

이러한 적극적인 역할을 하는 방어체제는 행정기능도 일부 갖춘 '진성(鎭城)' 이다. 신라는 장구진(長口鎭)을, 예성강구에 패강진(浿江鎭), 남양반도에 당성진(唐城鎭), 강화도에 혈구진(穴口鎭), 완도(莞島)에 청해진(淸海鎭) 등을 설치하였다. 고려는 동해안에서 여진의 침입을 방어하기 위하여 원흥진(元興鎭)·진명진(鎭溟鎭) 등을 두었다. 물론 서해에도 있었다. 조선은 진관체제(鎭管體制)에서 보여지는 것처럼 진성(鎭城)들은 자체

선박을 보유하였으므로 유사시에 독자적인 해군작전을 실행하였을 것이다. 마찬가지로 삼국시대에도 전면적인 해양작전이나 광개토대왕군이 수군작전 등을 펼칠 때에는 규모가 큰 진성(鎭城) 등을 발진기지나 작전기지로 삼았을 것이다. 해양방어체제는 그밖에 수로를 보호하고 적 선단의 작전을 간접적으로 방해하는 주요한 임무도 있다.

2) 해양방어체제의 종류

해양방어체제는 이러한 특성 때문에 위치에 따라 종류가 다르다. 서해안은 리아스식 해안이 복잡하게 발달하였으므로 곶(串)과 포(浦), 만(灣)이 많다. 길고 긴 해안선 중에서 돌기처럼 톡 튀어나온 곶은 관측이 용이하며, 적과 단거리 내에서 조우(遭遇)하기 쉽고, 초기에 공격할 수 있다. 곶과 곶 사이에 안으로 깊숙하게 들어간 부분은 만인데, 그 입구는 활의 양끝처럼 벌어져 있다. 그 양쪽 끝 부분도 곶이다. 서로 바라보며 신호할 수 있고, 만 안으로 잠입한 적을 포위하고, 협공하기에 매우 유리하다. 이러한 곶(串)에 있는 성을 '곶성(串城)'이라고 부르고자 한다. 한편 강에서는 강폭이 좁아지거나 여울이 있는 양쪽에 이와 유사한 방어체제가 있다. 특히 임진강과 한강에는 이러한 방어체제들이 많이 있는데 일종의 보루이다.

한편 만 안의 깊숙한 곳에는 성이 있다. 해안선은 많은 곳이 크고 작은 강과 만나므로 곳곳에 포(浦)와 나루(津)가 있다. 이른바 교통의 요지이고, 경제 문화가 집중되는 곳이다. 고대에는 이러한 곳에서 정치세력들이 형성되고 성장하였다. 이 곳을 점령당하면 내륙으로 진격하는 것을 허용하고, 또 바다로 나가는 출구가 봉쇄당하게 된다. 때문에 방어적 가치가 매우 높은 곳이다. 이 포(浦)와 진(津)을 지키기 위하여 바로 해안과 접한 곳에 성을 쌓는다. 이 성을 '포구성(浦口城)'·'진성(津城)'이라고 부르고자 한다.

하지만 더 깊숙한 곳, 즉 만 전체를 주변지역과의 유기적인 관계 속에서 작전을 수행하기 위하여 내륙으로 더 들어간 곳에 중심성을 구축한다. 반도의 한 가운데, 반도와 육지가 이어지는 부분, 내륙으로 들어가 있지만 해양 내지는 해안을 관측하고 관리할 수 있을 정도의 위치이다. 내륙에 있는 대성(大城) 내지 치소(治所)와 이어지는 길목을 집중방어(執中防禦)해야 하며, 공격의 거점(據點)도 되고, 큰 성과 직접 공동작전을 수행해야 한다. 이러한 임무를 수행한 거점성은 규모가 크므로, 본격적인 방어와 전투가 이루어진다. 진성(鎭城)들의 일부는 이러한 성격을 지닌 것으로 여겨진다.

남양만의 당성(唐城)은 남양반도의 한가운데에서 주변 해안들의 방어체제를 종합적으로 지휘하고, 군사력을 집중시킬 수 있는 요충지에 있다. 요동반도 남단에 있는 비사성(卑沙城), 서한만으로 가는 중간인 장하(莊河)의 석성(石城), 압록강 하구의 서안평성(西安平城)과 박작성(泊灼城), 청천강을 지키는 안주성(安州城), 대동강 하구를 방어하는 장수산성(長壽山城), 황해도 남부해안을 방어하는 수양산성(首陽山城) 등이 그러한 역할을 수행하였다.

곶(串)·포구(浦口)·진(津)·진(鎭) 말고도 방어체제는 구축되어야 한다. 예를 들면 수로를 관측하고 물길을 장악하는 길목에도 반드시 있어야 한다. 임진강과 한강이 만나는 파주군(坡州郡)의 오두산성(烏頭山城), 김포반도의 한강(祖江)과 강화의 협수로(峽水路)가 만나는 김포의 문수산성(文殊山城), 황해와 예성강 한강이 만나는 강화북부인 하음면의 하음산성(河陰山城), 그 건너편 황해도의 백마산성(白馬山城), 그리고 강화도의 교동도(喬桐島) 등이 있다. 물론 금강하구에도 있었을 것이다.

이렇게 해양방어를 주된 목적으로 다양한 장소에 설치된 방어체제들은 단독으로 작전을 수행하기도 하지만, 주변의 다른 만(灣)·곶(串)·포(浦)·진(津)·섬(島)들과의 유기적인 관련 속에서 방어와 공격을 할 수 있는 전략적 요충지를 선택해야 한다. 특히 봉수 등 신호체계가 효율적으로 운영될 수 있고, 신속하게 작전을 개시할 수 있는 곳이어야 한다. 그 외에도 큰 성인 경우에는 대규모의 군사가 진주하면서 작전을 할 수 있고, 군기를 충분하게 저장할 수 있어야 한다.

또한 해양방어체제는 단순하게 해양이나 해안의 전략환경과의 관계만 중요한 것이 아니다. 현대전도 그러하지만 전근대, 고대에는 해양전 만으로는 효율적인 작전을 수행할 수 없다. 때문에 해양전략은 육상전략과 유기적인 관련을 맺어야 한다. 그러므로 방어체제는 내륙에 포진한 군사체계와 유기적인 관계에 있어야 하며, 특히 내륙으로 진입하는 육상 교통로를 반드시 염두에 두어야 한다. 그러니까 해양방어체제는 당시 해양전략은 물론 국가전체의 군사동원체제 및 국방체제와 유기적인 관련 속에서 구축되어야 한다.

이러한 여러 가지 조건과 목적 속에서 각개의 해양방어체제는 나름대로 특색있게 효율적으로 만들어져야 한다. 무엇보다도 중요한 것은 가장 신속하고 정확하게 관측하는 일이다. 때문에 지형을 고려하고 축성목적에 충실하면서 해양과 해안의 적을 멀리 광범위하게 잘 관측할 수 있는 지점을 선택해야 한다. 반면에 해안에서는 성의 위치나 규모가 잘 드러나지 않아야 하며, 특히 내부가 관측되어서는 매우 불리하다. 위에서 살펴본 바와 같이 해양방어체제는 위치와 규모에 따라서도 다양한 형태가 있다. 목적과 기능에 따라서 여러 가지 종류가 있다.

4. 문학산성의 해양방어체제적 성격

1) 개관

현재의 인천은 매립이 되어 과거의 모습과 매우 다르다. 해안가에 가까운 저지대는 바다였다고 생각하면 별 무리가 없다. 문학산성은 현재 인천시 남구 문학동과 청학동의 경계인 문학산 위에 있다. 해안가에 솟아올라서 '배꼽산' 이라고 불렀으며, 봉화가 있었기 때문에 '봉화뚝산' 이라고도 하였다. 『세종대왕실록(世宗大王實錄)』, 『신증동국여지승람(新增東國輿地勝覽)』 등에 이 성에 대하여 비교적 상세하게 기록이 나와 있어 비교적 오래전부터 이 성의 존재가 알려진 것을 알 수 있다. 실록에는 '남산(南山)에 석성(石城)이 있는데 군(郡)의 남쪽으로 2리 되는 곳에 있다. 둘레가 160보, 사방이 높고 험하며, 안에는 작은 샘물이 있다' 고 하였다.

『신증동국여지승람(新增東國輿地勝覽)』의 고적조(古跡條)에 남산고성은 석축의 둘레가 430척이고, 『대동지지(大東地志)』에는 고성(古城)은 문학산에 있으며 둘레가 430척이라고 하였다.[31] 『인천부읍지(仁川府邑誌)』에도 역시 유사한 기록이 있는데 다만 성이름을 미추홀고성(彌趨忽古城)이라고 하였다. 이러한 기록들을 볼 때 문학산성이 '남산고성(南山古城)' 혹은 '미추홀 고성(彌鄒忽 古城)' 또는 '성산(城山)'으로 불리운 것은 틀림없다.

문학산성은 내성(內城)과 외성(外城)으로 구성되어 있다. 외성은 석축의 성벽으로 둘레 약 200m로 되어 있고, 내성은 토축의 성벽으로 둘레 약 100m로 되어 있다. 자연의 험지(險地)를 이용하여 문학산정에만 높이 5m 이상의 성벽을 쌓았으며, 성 안에 우물이 있고, 성벽은 현재 대부분 붕괴되어 석조물이 산기슭에 흩어져 있으며 동북면이 다소 완전하게 남아있다고 하였다.[32]

내성과 외성이 동일한 시대에 쌓여졌는지는 알 길이 없다. 그런데 둘레가 내성은 100m, 외성은 200m라고 하면 동일한 시대에 동일한 목적을 갖고 축성하였으며, 단지 기능 상의 분류에 따라 내외(內外)로 겹성을 쌓았다고 보기는 힘들다. 현장조사를 못해 보았으므로 확언하기는 어렵지만 둘레가 불과 100m의 차이만 있다면 양 성간의 간격은 그리 넓지 않기 때문이다. 처음에는 토성을 쌓았다가 방어의 필요성이 증대되어 돌로 다시 쌓았을 가능성이 있다. 그런가하면 성을 돌로 쌓는 정치세력이 이곳을 차지하

---

31 『大東地志』권4, 인천 고적.
32 韓國의 城郭과 烽燧 上, p.155.

고 난 후에 다시 외곽에다 쌓았을 가능성도 크다. 『조선보물고적조사자료(朝鮮寶物古蹟調査資料)』, p.51에 의하면 성문(城門)의 가장 높은 곳에 경(徑) 약이백간(約二百間)되는 토만두(土饅頭)가 있고 사람들은 이를 봉화대 또는 미추왕릉이라고 부른 것이다. 이 때 문인지 문학산 봉수를 이 곳이라고 본다. 『신증동국여지승람(新增東國輿地勝覽)』 등에는 성산봉수(城山烽燧)라고 하였는데 『인천부읍지(仁川府邑誌)』 봉수조에는 성산봉수는 부의 남쪽 1리에 있는데, 문학산성구지(文鶴山城舊址)라고 하였다. 『대동지지(大東地志)』에도 봉수가 문학산 고성내에 있다고 하였다. 이 봉수는 남양의 해운산봉수에서 안산의 오질이도(吾叱耳島)봉수와 연결된다. 그러나 봉화대가 성문 높은 곳에 있을 가능성은 별로 없는데다가 지름이 2백간이라는 것은 너무 크다. 성과 관련된 방어시설 가운데 하나일 수도 있다.

2) 해양전략적 성격과 시기 검토

 문학산성은 문학산지역의 위치나 역할로 보아 인천지역의 중심성이다. 해안 가까이 있으면서도 중앙에 있고, 해안에 있었던 군소 해안방위성(海岸防衛城) 등을 지휘하였던 성이다. 현재까지는 문학산성은 현재 문학산의 정상 봉우리를 둘러쌓은 테뫼식 산성으로 알고 있다. 필자는 이 지역의 지형적 특성과 주변 방어시설들과의 관계, 역사적 상황을 살펴보면서 이 산성의 특성과 규모에 대해서 몇 가지 견해를 갖게 되었다.
 먼저 문학산의 규모와 범위를 알아볼 필요가 있다. 문학산은 현재 동쪽의 벽재골(118m)에서 시작하여 188m고지를 지나 문학산(213m)정상을 거쳐 다시 고도가 낮아지면서 고개를 거쳐 고도가 높아지다가 정자가 있는 봉우리에서 낮아지면서 노적산(117m), 선학동(151m)을 통과해 도로(예전엔 바다)를 지나 다시 송도고등학교 뒷산까지 이어진다. 해발고도가 평균 100m를 넘는 긴 능선으로 이루어진 인천지역에서는 가장 큰 산군이고, 문학봉은 이러한 긴 산의 가장 높은 봉우리이다.

문학산은 과거에는 인천읍 바로 남쪽에 위치하였으며, 봉화산(烽火山)이라고 불리워졌다. 산의 북쪽과 북서쪽에 해당하는 현재의 남구의 숭의동(崇義洞)·학익동(鶴翼洞)·선화동(仙花洞)·항동(港洞) 등은 다 바다였다. 남쪽과 남동쪽에 해당하는 청량동(淸凉洞)·연수동(延壽洞)의 일부, 남동공단(南洞工團), 고잔동(古棧洞) 역시 바다였다. 새 인천 유원지, 동양화학이 있던 자리 또한 바다였다. 그러니까 현재 인천의 남부지역은 문학산과 송도 옆 해안가에 위치한 청량산(淸凉山)의 산록을 빼놓고는 다 바다였던 것이다.

이러한 기본 입지조건으로 보아 문학산은 인천 남부지역의 핵심 방어거점이 될 수 밖에 없다. 더구나 복잡한 해안선으로 인하여 형성된 만과 곶은 문학산의 방어적 가치를 더욱 높여 주었다. 본격적인 매립 공사가 이루어지기 전인 19세기 말을 기준으로 할 때 문학산 바로 아래까지 연결된 만은 큰 만이 4개, 그 외에 적은 만들이 있었다.

그러면 문학산이 방어해야 하는 해안지형은 구체적으로 어떠한가. 앞의 지도를 참고하면 다음과 같다.

청량산(152m)은 남쪽으로 이어지다가 끝자락에서 높게 솟아올라 봉우리(103m)를 이루었다가 바다로 빠져든다. 그 곶(串) 부분의 동남쪽 건너편에 더 크고 두터운 곶이 형성되어 있다. 청량산의 중요성은 『대동여지도(大東輿地圖)』, 『동여도(東輿圖)』 등에 문학산 봉수와 함께 나타난 사실로 보아서도 알 수 있다. 전략적으로도 남촌과 마주보면서 만 안으로 진입해오는 적을 방어해야 한다. 반면에 마주보이는 남촌 쪽은 그다지 높지는 않지만 주안 뒷편의 철마산 남쪽 자락에서 이어진 산 능선이 내려오면서 해안 가까이에서 100m 고도의 오봉산 봉우리들을 이룬다. 그리고 저지대가 약간 펼쳐지다가 다시 조그만 몇 개의 봉우리들로 끝을 이룬다. 현재의 논현동 남쪽과 고잔동 남촌 마을이 있는 곳이다.

물론 오봉산과 이 지역들 사이는 바다였을 가능성이 크고, 끝자락의 낮은 구릉들은 섬이었을 것이다. 대동여지도에도 청량산과 건너편 남촌 사이로 문학산을 지나 더 내륙인 성현(城峴 : 1895년에 일본이 만든 지도에는 城里라고 표현)에서부터 물길이 흐르고 있는 것으로 표시하고 있다. 그런데 『대동지지(大東地志)』에는 '淸凉山西南七里山之東支 有大塚' 이라고 되어있다.[33] 이렇게 현재의 동춘동(東春洞)과 고잔동의 사이로 만이 형성되어 있었다. 이 만은 다시 중간의 돌기를 두고 2개의 조그만 만으로 분리된다. 물론 이 돌기부분도 끝에 해당되는 운전연수원 근처의 구릉부분이 섬이었고, 중간은 바다였거나 갯벌이었을 가능성이 크다. 간단히 말해서 현재 남동공단은 거의 전부가 육지는 아니었다고 볼 수 있다.

이 2개의 만으로 상륙하는 적군을 정면에서 가로막는 산이 문학산이다. 서쪽의 만은 청량산과 마주보며 청학동의 본마을 근처로 상륙하는 적을 저지하고 공격을 해야 한다. 그럴 경우에는 군자산의 남쪽 골짜기가 적의 상륙군에게 바로 노출된다. 따라서 방어시설은 해안가와 산의 아랫쪽부터 구축해야 한다. 상륙에 성공하고 이미 골짜기에 숨어들면 방어자체가 매우 어렵게 되기 때문이다.

반면에 동쪽의 만은 더 깊숙하게 자루처럼 되어있고, 물길로 해서 육지내부로 이어지고 있다. 이곳을 방어하지 못할 경우에는 문학산의 북쪽 아래에 있었던 지역, 즉 옛 인천읍, 관교리 성이 있었던 관교동 일대가 배후에서 공격당하게 된다. 뿐만 아니라 북쪽의 만석동 곶을 거쳐 주안까지 이어진 길고 깊숙한 만을 통해서 상륙한 적군과 연합해서 관교동지역이나 문학산을 포위 공격하고, 나아가 서울 쪽으로 진격할 수 있다. 때문에 문학산의 동쪽 봉우리인 188m 고지와 산 끝자락에 해당하는 118m고지는 차단성의 역할을 해야한다. 특히 188m 고지는 이 만으로 상륙하는 적을 막고 남촌동 일대를 관측하고 공동작전을 수행하기 위해서도 산성의 일부가 되는것이 절대 필요하다.

---

33 『大東地志』권4, 인천 산수.

한편 현재의 문학산 동북쪽, 관교동과 그 동쪽인 남동구의 전재울, 큰정말지역 사이에는 남북으로 양쪽이 만인 잘룩한 지형이다. 소위 해안에서 내륙으로 들어가는 목 부분에 해당된다. 때문에 문학산성의 보조성으로서 길목을 차단하는 성이 필요하다. 바로 그 목에 해당하는 현재의 큰정말지역은 해발 50m 정도의 구릉지대이며, 19세기 말에 일본이 작성한 지도에는 '성리(城里)'로 기록되어 있다. 지금은 확인할 길이 없지만 소위 '성목쟁이지역' 일 가능성이 매우 크다. 이렇게 볼 때 문학산성은 내륙으로 진입하는 적을 공격하는 한편 내륙의 다른 성들과 연결하면서 유기적으로 해안방어를 총 책임지는 산성이었다.

또한 문학산성은 문학산의 서쪽 끝자락인 선학동에서 송도고교가 있는 해안 구릉으로 이어지는 능선과 청량산 사이에 있는 작은 만으로 상륙하는 적을 방어해야 한다. 이 곳은 현재 옥련동(玉蓮洞)이고, 백제인들이 중국을 향하여 배를 출발 시켰다는 한진으로서 능허대(凌虛臺)의 유지가 지금도 남아있다. 『대동지지(大東地志)』에는 능허대(凌虛臺) 서남구리해안(西南九里海岸)라고 되어 있다.

이 만의 방어중심은 문학산의 정상이 아니라 서쪽으로 이어지는 능선이며 특히 선학동(仙鶴洞)의 151m고지이다. 이 고지의 중요성은 문학산 북부방어에서 더욱 분명하게 나타난다. 영종도(永宗島)와 좁은 협수로를 사이에 두고 있는 제물포는 주안까지 이어지는 깊숙한 만과 현재 남구로 들어오는 선화동 자리에 있었던 만을 사이에 둔 큰 곳이다.

제물포(濟物浦)에는 조선시대에 수군만호가 지키는 제물진(濟物鎭)이 있었는데 인천도호부에서 서쪽으로 18리에 있었으며, 이 성의 둘레는 250보였다고 한다. 그 돌기 앞에 있는 조그만 섬이 바로 월미도이다. 월미도에는 포대가 있었다. 『대동지지(大東地志)』 인천(仁川) 진도(津渡)에는 제물진(濟物鎭) 西四十里入永宗鎭者由此水路十餘里라고 하였으며, 또 영종포진(永宗浦鎭)을 설명하면서 토축의 고성이 있었음을 알려주고 있다.[34] 물론 제물진에도 둘레가 250보되는 토성이 있었다.[35] 주안, 제물포, 영종포 등이 연결되면서 일련의 유기적인 방어체제를 구성하고 있음을 알 수 있다. 그러나 일단 만안으로 들어오면 상황이 달라진다.

북부지역에는 큰 산이 없고 만과 저지대로 이루어져 있다. 따라서 자연방어망을 구축하기가 힘들다. 현재의 선화동인 만은 깊지가 않고 전형적인 자루모양이 아니라 넓고 완만하게 해안을 이루고 있다. 따라서 공격군이 많은 병력을 활용할 경우에는 넓게 산개시켜서 상륙을 감행할 수 있다. 반면에 수비군은 방어범위가 넓어진데다가 포위공격할 수 있는 지형이 없으므로 방어에 매우 불리한 지형이다. 이 해안이 뚫리고 학익동으로 진입할 경우에는 관교동을 정면에서 방어할 수 있는 자연지형은 하나도 없다.

이때 문학산은 전체가 매우 중요하지만 특히 서쪽능선들은 초기에 적을 발견하고 움직임을 관측하고 제어할 수 있는 중요한 전략적 거점이다. 따라서 주성의 한 부분이 되어야 하고, 강력한 방어능력을 갖춘 보루시설들이 있어야 한다. 뿐만 아니라 현재의 간석동(間石洞) 근처까지 깊숙하게 이어진 만으로 진입한 적들은 남구일대의 넓은 저지대로 상륙한다. 그럴 경우에 이들을 방어할 수 있는 유일한 자연지형이 문학산이다. 특히 주인일대는 관교동의 구릉을 빼고서는 주변에 방어지형이 전혀 형성되어 있지 않다. 이렇게 문학산 주변의 지형과 군사지리적 성격을 구체적으로 살펴보았다.

이러한 결과를 토대로 하면 문학산성의 위치와 크기, 역할 등 즉 성격은 다르게 해석될 수 있다.

첫째, 문학산성은 현재 알려진 문학산의 정상부만으로 한정된 것은 아니다. 인천

---

34 『大東地志』권4, 인천 영종포진.
 '古城 鎭西一里有土築遺址.'
35 『新增東國輿地勝覽』권9, 인천도호부 鎭堡.

지역의 중심부에 위치한 중심성으로서, 동쪽의 목쟁이 일부분만을 제외하고는 사방이 해안과 밀접하고 심지어는 거의 마주치는 곳도 있다. 그러므로 산군 전체가 방어시설이 되지 않으면 안된다. 최소한 정상부의 알려진 석성(石城) 외에도 동서로 뻗은 능선부와 봉우리 가운데에서 5개 정도의 보루(堡壘)시설을 갖추어야 하며, 골짜기 곳곳에는 물론 골짜기의 초입부와 해안이 만나는 지점에도 방어시설이 있어야 한다. 문학산성은 단순한 해안방어 뿐만 아니라 내륙을 방어하기 위한 전초성으로서의 역할도 하였으며, 특히 공동작전을 수행하였을 것이다.

문학산성의 중요성은 한성에서 인천해안으로 통과하는 길목을 방어하는 역할을 한데서도 확인된다. 예전에는 현재 문학산 북쪽 아래인 문학동에서 사모지고개를 지나 청학동으로 넘어간 다음에 한진에 도달하여 중국을 향하여 출발하였다고 한다. 문학산성은 바로 사모지고개를 지키는 기능을 담당하였다.

필자는 이러한 관점을 가지고 문학산과 그 일대 지역을 조사하였다. 문학산의 정상은 군부대가 있다. 보안을 이유로 조사를 거절당하여 정자가 서있는 서쪽의 봉우리를 조사하였다. 폭이 2m 정도가 되는 등산로의 옆으로 작게 다듬은 돌, 주초석에 사용된 것 같은 인공이 가해지고 제법 큰 돌들이 박혀 있다. 정자가 있는 정상은 문학봉보다는 훨씬 낮지만 주변의 조망이 좋다. 현재의 문학동과 연수동 일대, 바다가 한눈에 보인다. 정자 바로 옆에 삼각측량대가 박혀있는 곳은 봉긋하게 흙두덕으로 솟아있고, 직경 2.5m 정도의 주변에는 돌들이 촘촘히 박혀 있다. 봉화대 터와 유사한 형태이었다. 바로 옆에 있는 팔각정은 기단을 둘러싸고 직경은 7m 정도로 돌들이 촘촘이 박혀있다. 주변에 돌들이 박혀있고, 기와조각들이 굴러 다니고 있어 시설물 내지는 보루였을 가능성을 보인다.

서쪽으로 내리뻗은 능선은 인공으로 삭토한 흔적이 있어 마치 성의 위부분처럼 보인다. 이 능선은 왼쪽, 즉 바닷가로 갈라져 내려갔다. 송도역 근처로 내려갔다가 청량산으로 이어지는 능선이다. 주능선은 계속 서쪽으로 직진하다가 갑자기 높아져 뾰족하게 서 있다. 해발 151m의 노적봉이다. 그 봉우리의 서쪽과 남쪽 아래는 바로 바다였다. 지형으로 보아 해안초소와 방어진지 역할을 하는 보루가 있었을 것이다. 송도고등학교 뒷산은 과거에 해안벽이었는데 배가 정박했던 곳도 있으며, 산의 곳곳에 옹로의 흔적들이 현재도 남아있다.

살펴본 바와 같이 문학산성은 전략적으로 중요한 지형에 위치하였으며, 전술적으로 다양한 기능을 수행해야 한다. 그런데 단순하게 정상부의 일부만을 감싸고 있는 소규모성 혹은 봉수대라는 주장은 매우 불합리하다. 정상부에 있었다고 알려진 봉수대는 성의 부설기능이었으며, 알려진 석성은 점장대 내지는 아성(牙城) 혹은 내성(內城)이었을 가능성이 있다. 그 외에 또 하나의 가능성을 상정할 수 있다. 즉 문학산성은 북쪽 아래 구릉을 끼고 개활지에 있는 관교리성이 평지성이고, 문학산성은 산성으로서 하나의 세트를 이룬 것이 아닌가 하는 점이다. 물론 그런 개념으로 파악한다고 해도 문학산성은 봉우리의 꼭대기만으로 이루어진 소성은 아니었을 것이다.

그렇다면 이 성은 어느 시대 어떤 나라가 쌓았을까? 이 성을 처음 쌓은 시대는 백제시대라고 한다. 삼국사기에 나타난 건국사화에는 미추홀(彌鄒忽)은 비류가 나라를 세운 곳으로 되어 있다. 『인천부읍지(仁川府邑誌)』에서는 미추홀을 이 문학산성으로 비정하고 있다. 이 근처에는 비류정(沸流井)이라고 불리우는 우물이 있다. 또한 『인천부읍지(仁川府邑誌)』 분묘조(墳墓條)에 의하면 이 근처를 지적하면서 미추왕릉(彌鄒王陵)이라고 하는 고분이 있었다고 기록하고 있다. 미추홀일 가능성이 크다.

문학산성의 축성연대와 관련하여 문학산 바로 아래 건너편인 관교동 뒷산에 있는 관교동 성터는 의미가 있다. 이 곳에는 주위 600간(1,091m)의 토축이 있었다고 한다.[36] 또한 문학봉 아래 주안도자기회사 채토장일대를 '막은대미'라고 불렀다 한다. 물론 필자가 조사할 당시에는 전혀 흔적이 남아 있지 않았다. 이러한 의미의 지명은 필자가

---

36 『全國遺蹟目錄』, p.27.

조사한 여러 지역 특히 하남시 산곡동에서 객산으로 접근하는 골짜기 입구 등 성터에서도 나타나는 지명이다.

그런데 『문화유적 총람(文化遺蹟 總攬)』 上편의 127페이지를 인용하여 이 토축을 쌓은 연대를 풍납동토성과 같은 연대로 보는 견해도 있다.[37] 만약 그럴 경우에 문학산성과 관교동성지는 산성과 평지성의 형태를 갖춘 하나의 세트로서 고구려나 백제에서 나타나는 도읍 또는 중요한 지역의 전형적인 형태가 될 수도 있다. 관교동은 해안가 바로 이어진 낮은 저지대였었다. 따라서 이 토축은 일종의 해안방어선일 가능성도 배제할 수는 없으나, 지형상으로 보아 관교동 쪽에는 거주성이 있어야 하므로 문학산성과의 관련된 성의 일부로 추정된다.

미추홀 지역은 그 후 고구려가 공격하였다. 광개토대왕릉비문에 의하면 광개토대왕은 병신년(丙申年)에 친히 수군을 이끌고 백제군을 토벌하였다.('王躬率水軍 討伐殘國軍---) 그때 58성 700여 촌을 점령하였는데, 점령한 성들의 이름이 능비문에 음각되어 있다. 그 가운데 하나가 바로 미추홀(彌鄒忽)이다. 인천으로 상륙한 수군은 미추성(彌鄒城)을 공격하였을 것이고, 결국은 함락당한 것이다.

결국 이 지역은 장수왕 대에 들어와 완전하게 고구려의 영토가 되었다. 『삼국사기(三國史記)』에는 재차파의현(齊次巴衣縣), 매소홀현(買召忽縣)을 각각 일운(一云) 미추홀(彌鄒忽)이라고 하였다.[38] 그 후 무녕왕(武寧王) 당시에 이 지역을 일시적으로 수복했을 가능성이 있다. 그 후에 신라의 진흥왕이 2차 나제동맹을 깨고, 이 지역을 장악한 다음에는 영영 신라의 영토가 되었다. 인천 지역은 물론 경기만의 전략적 가치와 문화, 특히 고대 대외관계의 실상을 파악하기 위해서 문학산성에 대한 보다 정밀한 조사와 성격의 규명이 있어야 한다. 그럼에도 불구하고 최근에 인천시는 이곳에 예비군 훈련장을

---

37 『韓國의 城郭과 烽燧』上., p.154.
38 『三國史記』권37, 지리지 고구려.

만들 계획을 세우고 있다.

5. 맺음말

황해는 동아지중해 가운데에서도 특성이 명료한 내해(內海)의 성격을 지녔다. 그 가운데에서도 경기만은 핵심지역이고, 경기만의 거점 중핵도시는 인천지역이다. 황해의 모든 지역과 연결되는 교통의 중심이었다. 환황해를 연결하는 남북연근해항로의 중간거점지이고, 동서횡단항로의 기점이었다. 즉 남북항로와 동서항로가 만나는 십자로에 있는 결절점이었다.

이러한 조건 때문에 삼국시대에는 한반도 내의 정치·군사의 역학관계는 물론 대외교섭에서도 중심핵이었다. 그러므로 이 지역을 차지하기 위한 경쟁이 삼국 간에 치열하게 벌어졌다. 광개토대왕군이 백제를 공격할 때 문학산성 주변을 비롯한 이 지역은 중요한 공격목표였다. 소정방(蘇定方)의 군대가 황해를 건너 처음 신라군과 만난 곳도 덕석도(得物島)였다. 전기에 백제가 중국으로 출빌하는 한진도 문학산성과 연결되는 곳이었다. 이러한 해양전략적으로 중요한 위치에 있으므로 해양방어체제가 있었을 것이다. 그 가운데 대표적인 성이 문학산성이다. 문학산성은 삼국시대부터 인천지역 해양방어체제의 중심성으로서 주변에 부평의 계양산성(桂陽山城), 공촌동(孔村洞)의 허암산성(許巖山城:시대불명), 검단(黔壇)의 노고산성(시대불명), 기타 영종도(永宗島) 등 다른 방어체제를 거느렸다. 그러므로 문학산성 방어체제는 알려진 문학산 정상을 둘러싼 조그만 테뫼식 산성이 아니라 그 주변 일대를 하나의 방어망으로 연결한 복합적인 방어체제였다. 다만 문학산 정상의 성은 넓고 광범위한 성의 중심에 있는 지휘장소 겸 신호역할을 담당하였던 것으로 판단된다. 본 논문은 사료와 해양환경, 해양전략적 가치 등을 고려하여 작성하였으므로 전개한 논리와 주장이 결정적이라기엔 한계가 있다. 그러나 앞으로 문학산 정상부 외에 본문에서 언급한 주변지역을 집중적으로 조사하고 또 발굴을 한다면 해양방어체제로서의 성격과 규모가 보다 명확하게 드러나리라고 생각한다.

04

하남지역의 방어체제 연구노트 1[*]
─새로운 형태의 산성방어체제인 옹로를 중심으로─

1. 서 론

    하남지역은 한강의 이남이라는 일반적인 의미로서 매우 광범위한 지역을 지칭하였으나, 현재는 경기도의 하남시와 광주군 일대의 지역을 말한다. 그러나 역사적인 개념으로 보면 고덕동과 암사동 등 강동구 일대의 한강변 일부지역도 해당된다.

    이 지역은 근래에 백제의 초기수도였던 하남위례성이라는 주장이 나와 주목을 받고 있다. 한양대학교가 6차에 걸쳐 이성산성(二聖山城)을 발굴하였고, 동국대학교가 동사지(桐寺址)를 발굴하였으며, 세종대학교가 지표조사를 실시하였다. 현재는 교산동(校山洞)의 궁궐지로 추정하는 지역을 기전매장문화재연구원(畿甸埋藏文化財研究院)이 발굴하고 있다. 이러한 일련의 작업들을 통해서 이 지역에서 고대문화가 발달했을 가능성이 높아지고 있다. 또한 고대문화의 유산으로 여겨지는 유물들이 곳곳에서 발견되어

---

* 「河南地域의 防禦體制 연구노트 1」, 『백제역사문화 자료집』창간호, 백제문화연구회, 2000.
위 본문에서 언급한 모든 내용, 특히 하남지역의 방어체제는 필자와 한종섭 씨 등 백제문화연구회가 처음으로 발견하고 밝힌 것임을 알려둔다.
이 글에 실린 스케치 자료는 이호디자인의 이선호씨가, 사진 자료는 사진작가인 전성용씨가 제공하였으며, 측량도는 탐험문화연구소가 제공하였다. 오랜 기간동안 필자와 함께 현장을 조사하면서 훌륭한 자료들을 작성하였다. 감사드린다.

왔다. 이 지역이 고대국가, 특히 백제의 수도와 어떠한 관련성이 있는지는 유물발굴을 통한 연구와 충분한 검토가 있은 후에 판단이 될 것이다.

그런데 이 지역에는 알려진 이성산성(二聖山城) 외에도 군사적인 용도로 사용되었을 방어시설물들이 여러곳에서 발견되고 있다. 필자는 지형관찰과 면밀한 현장답사를 통해서 이러한 방어체제의 실상을 밝혀나가고 있다. 아래 글은 그동안 관찰되었고 연구되었던 방어체제 가운데 1차적으로 일부를 선택해서 그 실상을 밝혀보고자 한다. 하남지역의 방어체제가 어떻게 구성되었는가를 살피는 첫작업이므로 자료를 소개하는 수준에서 언급하고자 한다. 이후에 계속해서 이 지역의 방어체제에 대한 자료를 소개할 것이며, 논문들을 발표할 예정이다.

2. 하남지역의 군사적 가치와 배경

1) 역사적 환경 검토

하남이라는 용어는 『삼국사기(三國史記)』 백제본기 온조왕(溫祖王) 즉위조에 처음 나온다. 즉 '온조(溫祖)가 하남위례성(河南慰禮城)에 도읍을 정하고, 열명 신하의 보좌를 받아 나라이름을 십제(十濟)라고 하였다.' 는 기사이다. 미사동, 암사동, 풍납동에서 선사유적지가 발견된 것으로 보아 한강변에는 이미 선사시대부터 인간이 집단적으로 거주하고 있었음을 알 수 있다. 교산동 및 주변지역에도 고인돌들이 산재해 있어 청동기시대에 인간들이 집단적으로 거주했음을 알 수 있다.

한강은 지리적 위치와 지형으로 보아 한반도 중부의 전체지방을 하나로 이어주는 연결고리였으며, 특히 고대에는 수로를 이용하여 사람들이 이동하고 문화를 교류하는 비중이 높았으므로 역사발전에 매우 의미있는 역할을 하였다.

한강이 가진 또 하나의 이점은 바다와의 관련성이다. 한강이 끝나는 지점은 경기만의 중심부를 이루고 있다. 경기만은 한반도 중부에서 가장 큰 만으로서 남북종단항로와 동서횡단 항로가 마주치는 해양교통의 십자로이다. 경기만으로 모여드는 강들을 거슬러 올라가면 광범위하게 퍼진 하계망을 이용하여 내륙의 상당한 지역을 장악할 수 있다.

그 가운데에서 한강은 가장 중요하고, 현실적으로 영향력이 강할 뿐 아니라 가장 넓은 범위에 걸쳐 퍼져 있다. 한강 하류를 장악하면 경기만을 장악하고, 경기만을 장악하게 되면 하계망(河系網) 전체를 장악할 수 있다. 그러므로 백제의 도읍지로 추정되는 지역인 현재의 강동구, 송파구, 하남시, 광주지역 등은 더욱 중요하다. 이른바 수륙교통(水陸交通)과 해륙교통(海陸交通)이 교차되면서 상호호환성을 지닌 중계지역이다. 이곳에 설치된 도시는 이른바 하항도시(河港都市)와 해항도시(海港都市)의 성격을 이중적으로 가진 것이다.

이러한 지리지형적인 조건으로 인하여 정치세력들이 일찍부터 태동하였고, 강력하게 발전하였다. 역사시대에 들어와 백제가 이 곳을 차지하였다. 온조왕(溫祖王)이 하남(河南) 위례성(慰禮城)에 도읍을 정한 이래, 그 후에도 몇 차례에 걸쳐 수도에 대한 언급이 나오고 있다. 이때의 하남위례성 혹은 한성(漢城)의 위치에 대해서는 여러 설이 있다. 예를 들면 '몽촌(夢村)토성설'이 있고, 최근에 들어서는 대대적인 발굴과정과 발견된 유물을 통해서 다시 '풍납동(風納洞)토성설'이 강력하게 주장되고 있다. 그리고 과거에 정약용(丁若鏞)이 『여유당 전서』에서 주장하였으며, 이병도(李丙燾), 천관우(千寬宇) 등이 주장하였다가 얼마전부터 다시 표면화되기 시작한 소위 하남시인 현재의 교산동(校山洞), 춘궁동(春宮洞) 일대라는 설이 있다.

백제는 역사상의 개념인 하남지역을 중심으로 약 500여 년 동안 발전을 하였다. 4세기 들어서면서 고구려는 남진정책을 본격적으로 추진하였고, 475년에는 장수왕이 한성을 전면적으로 공격하였다. 양국은 치열한 공방전을 펼쳤으나 개로왕(蓋鹵王)이

전사하면서 수도가 함락당하고, 결국은 황급하게 남천하였다. 그 후 하남지역을 비롯한 한강주변지역은 고구려의 영토로서 남방경영의 중요한 거점지역이었다.

최근에 발굴된 아차산의 보루들, 다시금 군사유적으로 인식된 구의동(九宜洞)의 고구려유적, 몽촌(夢村)토성에서 발견된 토기 등은 이 지역이 고구려에게 매우 중요한 곳이었음을 알려준다.

그런데 553년 2차 나제동맹이 깨지면서 이 지역은 신라의 소유가 되었다. 진흥왕은 이 지역에다 북한산주(北漢山州)를 설치하였다.[1] 신라는 한강변이 가진 전략적인 이점을 최대한 활용하여 국가발전은 물론 통일의 토대를 마련하였다. 그 후 고려시대와 조선시대에도 하남지역은 군사적, 경제적으로 긴요한 역할을 하였다.

하남지역은 전개된 역사적인 배경으로 보아 매우 복잡한 역사의 무대였음을 알 수 있다. 현재의 하남시 및 광주군일대와 고덕동·천호동·암사동·한강유역일대는 시대를 불문하고, 또는 백제의 수도여부를 떠나 정치·경제·군사적으로 매우 의미 있는 곳이었다.

2) 자연환경의 검토

한강 유역의 광범위한 지역 가운데에서 현재의 하남시 일원인 춘궁동 일대와 교산동, 항동(項洞), 하사창동(下司倉洞)은 자연지형상으로 보아 적으로부터 방어를 완벽하게 해야 하는 정치·군사적인 의미를 지니고 있다.

한강 이북에서 남진을 하여 남양주시의 여러 지역에서 한강을 도하한 후에 이 곳을 돌파당하게 되면 이 작전이 완전하게 성공으로 종결된다. 현재의 상산곡동(上山谷洞), 하산곡동(下山谷洞) 골짜기를 통과하여 남한산의 배후를 공격할 수 있고, 남한산성

---

1 『삼국사기』, 신라본기, 진흥왕 18년.

지역이 매우 긴박한 상태에 처한다. 또한 남한산성을 넘을 경우에는 성남, 용인 등이 위험해진다. 또한 현재의 광주지역을 거쳐 이천 등으로 진출할 수도 있다. 이천, 장호원을 거치면 충주지역으로 접근이 가능하다. 또한 고덕동, 명일동, 암사동 등을 제압할 수 있으며, 현재 하남 위능하지의 후보로 추정되고 있는 풍납동토성 및 몽촌토성 등의 지역을 외곽에서 쉽게 진입할 수 있는 교두보를 마련할 수 있다.

한편 한강 이남에서 한강을 도하하여 북진을 시도하는 경우에도 마찬가지로 전략적인 요충지이다. 이 지역을 거점으로 대규모의 군사들을 진주시키고, 이성산성 등 요충지를 전략사령부로 삼아 한강변의 여러 지역을 활용하여 화려한 공격을 펼친다면 도하를 비교적 용이하게 성공시킬 수 있다. 아차산(峨嵯山)과 용마산(龍馬山)으로 이어지는 능선에 고구려가 보루들을 열지어 구축한 것은 이러한 전략의 가능성과 효용성을 반증한다. 또한 하남지역이 한 나라의 수도였거나 중요한 행정치소가 있었고, 혹은 군사도시였을 경우에는 공격 및 방어를 위한 이 지역의 군사체제는 매우 치밀하고 완벽하게 구축되어야만 한다.

그런데 이 지역의 자연조건은 북진보다는 한강주변, 특히 한강을 건너 남진해오는 적을 방어하기에 매우 유리한 지형이다. 군사전략이라는 관점에서 전반적인 지형을 살펴볼 필요가 있다.

하남지역은 한강을 북으로 하고 정남에는 남한산이 있다. 동쪽에는 남한산성의 벌봉(515m)에서 길게 능선이 이어지다가 객산(客山 : 291m)과 만나면서 교산동 일대를 동쪽에서 바로 감싼다. 서쪽은 역시 남한산에서 북쪽방향을 향하여 대각선으로 뻗어내린 능선이 널무늬고개를 지나 금암산(金岩山 : 322m)을 이루면서 계속 북으로 내려간다. 객산과 금암산은 그리 높지 않은 산이다. 좌우로 뻗은 이 두 산 사이에는 매우 넓은 들판이 형성되어 있고, 그 가운데를 덕풍천(德豊川 : 8.5km)이 흘러 한강으로 합류하고 있다.

이 공간 안이 '고골'로 불리워졌던 춘궁동과 교산동이다. 그런데 이 삼각형의 공간 밖에도 또 하나의 너른 공간이 형성되어 있다. 즉 서쪽은 금암산이 향교고개를 가운데 두고 이성산(二聖山 : 210m)으로 이어진다. 그리고 계속해서 사리고개를 거쳐 황산(78m)을 지나 한강가인 선동(船洞)의 구산(龜山)까지 이어진다.[2] 동쪽은 객산이 내려오다가, 그 자락이 희미해지면서 평지에 닿는다. 그런데 객산의 동쪽 너머에는 검단산(659m)이 있고, 그 사이에는 폭이 약 2~300m정도 되는 골짜기가 은고개에서 부터 한강변으로 이어지고, 그 사이인 객산 바로 바깥쪽으로 산곡천(山谷川)이 한강으로 흘러들어간다. 객산 끄트머리인 동경주에서 희미해진 산자락은 몇 군데의 야트마한 구릉을 만들다가 한강가에 와서 검단산(黔壇山)의 줄기와 만난다.

현재 하남시의 춘궁동 교산동지역과 시청 등이 있는 신장(新長)·창우(倉隅)·덕풍(德豊)·풍산(豊山)·망월동(望月洞)지역을 전체적으로 보면 남한산성을 부채의 꼭지로 삼아 살이 좌우로 활짝 펼쳐져 삼각형을 이루고, 다시 또 한 번 너른 삼각형을 이루면서 한강의 흐르는 물과 만나고 있다.

정치, 행정공간 뿐만 아니라 활발한 경제공간으로서의 조건 등을 고려할 때 이 지역은 매우 유리한 조건을 갖추고 있다. 한 나라의 중심부로서 모든 기능이 집중되어 있는 수도나 왕성은 군사적인 측면을 심각하게 고려해야 한다. 그런데 이 지역은 일정한 규모의 터가 있다. 또한 자연조건과 지형을 고려할 때 소위 하남위례성터로 추정되는 몇 곳 가운데에서는 방어체제를 구축하기에 가장 유리한 조건을 지니고 있다. 자연스럽게 방어막을 이룬 크고 작은 산봉우리와 길게 뻗은 능선, 골짜기 그리고 내(川)와 한강을 자연해자(自然垓字) 활용한다면 더 이상 바랄 수 없을 정도로 유기적이고, 효율적인 완벽한 방어체제를 구축할 수 있다. 특히 내부를 방어하는데에는 더없이 유리한 조건을 갖추고 있다.

이렇게 자연조건을 활용하여 이곳과 유사한 방어체제를 구축한 지역이 몇 군데

---

2 『南漢秘史』, 하남문화원, 1988, p.37에는 선리에 토성이 있었다는 사실을 구체적으로 기술하고 있다.

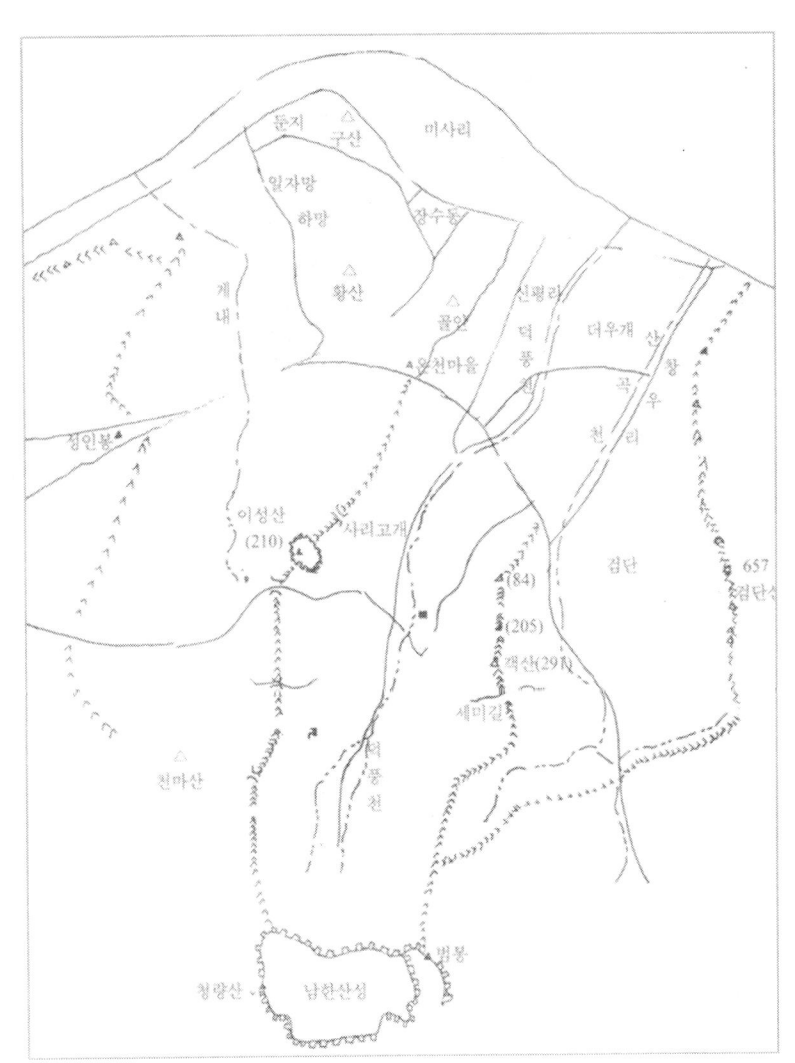

| 그림 1 | 춘궁동지역 개념도(오순제 작성)

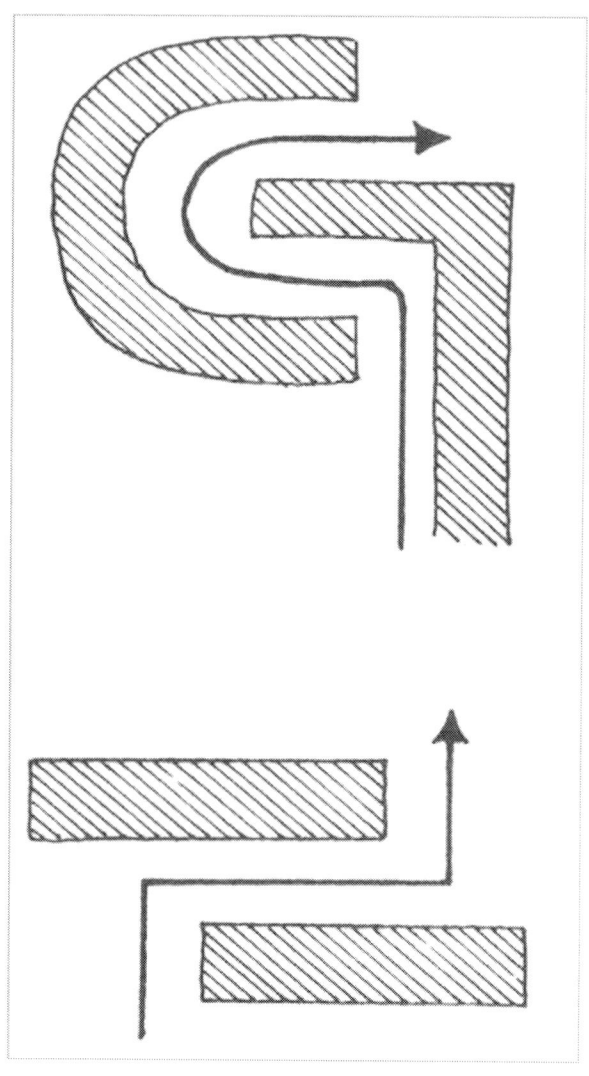

|그림 2| 고구려 등의 성문에서 보이는 옹성구조
화살표는 공격군의 진행방향, 빗금친 부분은 인공으로 만든 방어시설

있다. 그 가운데에서도 규슈 북부의 다자이후(太宰府) 방어체제는 유의할 만하다. 백제 유민들은 664년에 벌어진 나당연합군과의 마지막 싸움인 백강(白江)전투에서 패한 이후에 일본열도로 대거 건너갔다. 그리고 곧 왜인들과 함께 몇 년간에 걸쳐 대마도(對馬島 : 烽燧 防人 金田城)[3]에서부터 규슈 북부를 거쳐 세토(瀬戶)내해의 여러 곳, 심지어는 나라(奈良)지역에 까지 산성 등 방어체제를 긴급히 구축하였다. 모두 토호슌쇼(答㶊春初) 등 망명한 백제인들이 짧은 시간에 만든 소위 조선식 산성들이다.[4] 그 가운데에서도 타자이후 방어체제는 자연조건을 최대한 활용하여 쌓은 전방 방어사령부겸 행정관청이었다.

다자이후는 해안에 있었던 나진관가(那津官家)를 후퇴시켜 약 20여 km 내륙으로 들어간 곳에 정청(政廳)을 설치하였다. 그리고 산개된 형태의 해안선에서 내륙으로 들어오다가 잘룩해지는 갈때기의 목 부분에 흙으로 일종의 제방형태의 차단성을 쌓았다.

바깥쪽인 하까다 쪽으로는 급경사로 만들어 적의 침입을 방어한 다음에, 중간에는 나무통을 넣어 유사시에는 물을 흘려보내 수공(水攻)을 할 수 있게 하였다. 전체 길이는 1.2km인데 맨아래 제방의 폭은 80m에 달하고, 높이는 13m이다. 이 외에도 주위에는 보조제방이 몇 개나 더 있었다.[5] 내부에는 정청이 있고, 정청의 바로 옆인 대야산에는 북쪽을 방어하는 오오노성(大野城)을 쌓았고, 서남쪽으로는 유명해로 상륙하는

---

3 금전성은 그 형태를 짐작할 수 있을 만큼 남아있고, 근래에 발굴이 되었다.
4 다자이후 방어체제와 조선식 산성들에 관하여는 小田富士雄, 「朝鮮式山城と神籠石」, 『九州古代文化の形成』下卷, 學生社, 1985, 成周鐸, 「大野城小牧」, 『古文化論攷』, 鏡山猛 先生古稀記念論文集刊行會, 1980. 그 외에 西谷正 등 이미 일본에서 많은 논문들이 발표되었다. 필자의 다른 글들에서 언급한 바 있으므로 연구성과물은 생략하려 한다. 다만 근래에 延敏洙의 「西日本지역의 朝鮮式 山城과 그 性格」, 『韓國古代史 論叢』8집, 1996은 연구사의 정리적인 성격이 있음을 알려둔다.
5 수성은 방어체제에서 아주 독특한 형식로서 물과 관련이 있다. 일본서기에는 筑紫에 大堤를 쌓아서 물을 가두었다. 이를 水城이라고 한다.
小田富士雄, 「日本の朝鮮式山城 の調査と成果」, 『高句麗 山城과 防禦體系』, 1999, 고구려연구회, 제5회 국제학술대회.

적을 막기 위하여 키이성(基肆城)을 쌓아 마치 펼쳐진 양날개처럼 정청을 보호하였다.[6]

필자는 하남지역을 조사하는 첫 순간부터 양 지역간에는 자연지형 및 이를 활용한 방어체제가 유사함을 느꼈다. 특히 삼국사기의 백제본기에는 책계왕(責稽王) 원년에 사성(蛇城)을 쌓고, 개로왕(蓋鹵王) 21년에는 사성의 동쪽에서 강변을 따라 숭산(崇山)의 북쪽까지 제방을 쌓았다는 기록이 있다. 그런데 그 제방으로 추정되는 것을 한종섭 씨와 오순제 씨가 조사를 통해서 추정하였고, 후에 한종섭과 필자가 검단산의 바로 밑에서 그 동쪽 시작점으로 추정되는 지점을 발견하였다. 아직 발굴이 이루어지지 않아서 확인할 수는 없지만, 개념과 형태는 타자이후의 수성과 매우 깊은 관련이 있음을 알 수 있었다.

그 외에 현재 하남지역의 자연조건들 조사하고, 남아있는 구조물 등을 면밀하게 살펴본 결과 이 일대에는 중요한 정치공간으로서 기능을 한 흔적들이 곳곳에 구축되었던 흔적을 찾을 수 있었다. 큰 건물터, 크고 작은 절터, 탑지, 고분의 흔적들이 있었고, 주변에는 고려 및 삼국시대의 토기와 기와편들이 널려 있었다. 또한 주변의 능선과 골짜기에는 물론이고, 내부인 평지의 곳곳에 솟아있는 구릉이나 동산, 계곡 등에도 인공의 흔적이 남아있다. 이러한 흔적들은 방어시설일 가능성을 강하게 보여준다.[7]

필자가 한종섭 씨와 함께 방어체제를 조사하면서 개념화한 것들이 있었다. 예를 들면 교산동 춘궁동 등 옛 고골의 내부는 자연과 인공을 교묘하게 배합하여 방어체제를 구축하였는데, 이는 일종의 구획을 지어놓은 듯한 모습을 보이고 있어, '차단격실구조'라고 명명하였다.[8] 또한 상(上), 하산곡동(下山谷洞) 일대와 풍납토성과 몽촌토성

---

6 필자는 태재부와 수성지역 지역을 십여차례 답사하였으며, 특히 1998년에는 대야성 남문 발굴직후에 방문하여 구조와 문지내부 등을 살펴볼 수 있었다. 또한 남문으로 올라오는 계곡길은 본고와 관련하여 추후 면밀하게 조사할 필요성을 느꼈다.
7 이부분에 관해서는 吳舜濟, 『한성백제사』, 집문당, 1995, pp.34~57 참조.
  韓宗燮, 『위례성 백제사』, 집문당, 1994, pp.33~61 참조.
8 이 부분에 관해서는 추후에 상세하게 언급하고자 한다.

등으로부터 춘궁동으로 들어오는 길목에는 차단벽의 기능을 한 자연지형물(인공의 흔적도 있다.)들이 요소요소에 있다.[9] 그 외에 하남지역과 외곽의 곳곳에는 크고 작은 형태로 다양한 기능과 역할을 하는 방어체제들이 산재해 있었다.

　그런데 그동안 이루어진 방어체제에 대한 관심과 연구는 인공으로 구축하였고, 흔적이 완연하며, 본격적인 형태를 갖춘 큰 규모의 산성으로 제한되어 있었다. 예를 들면 하남지역에서는 이성산성 만을 관심의 대상으로 삼고 있는 등이다. 다음 기회에 상론할 예정이지만, 중요하고 다양한 목적을 지니고 만들어진 방어체제는 대성(大城) 뿐 만 아니라 중성(中城), 소성(小城)이 있고, 자연지형을 최대한 활용하여 매우 복합적이고 유기적으로 구축하였다. 보통은 기본성을 중심으로 주변의 보위시설들이 있고, 그 외에 방어지역 전체를 가운데두고 그것을 지키는 중첩적인 방어시설들이 또 있었을 것이다. 필자는 방어체제들의 기능과 위치 등을 고려하여 수성(守城), 위성(衛城), 차단성(遮斷城) 및 차단벽(遮斷壁), 초소(哨所), 보루(堡壘), 진성(津城) 등의 개념으로 구분하는 것이 방어체제를 이해하는데 효율적이라고 생각한다. 이러한 다양하고 복합적이고 유기적인 방어체제 가운데에서 하남지역을 하나의 모델로 삼고, 그 중에서도 1차적으로 새로 발견한 방어체제를 소개하려고 한다

한종섭이 발견한 교산동의 객산토성의 경우에는 외성·중성·내성으로 구분되는 토성이 남아있어 3~4구역으로 나뉘어지고 있다고 한다 (오순제, 앞의 책, p.36 참조).

9　필자는 고구려의 국내성인 현재의 집안지역으로 들어오는 길목에 있는 관마장 관애, 망파령 관애, 기타 여러 초소 등의 수도권방어체제를 연구하면서 이러한 차단구조와 방어체제에 관하여 시사를 받았다. 하남 지역으로 접근하는 지역에는 이러한 기능을 했을 것으로 보이는 많은 자연지형과 구조물들이 있다. 그 가운데 둔촌동에서 고덕으로 이어지는 일자산은 백제문화연구회의 김종환 사무국장이 그 가능성을 주장하였다. 또한 광암동으로 진입하는 입구의 능선은 방어체제일 가능성이 많은데, 최근에 한종섭이 이 지역을 상세하게 조사하였다.

3. 새로운 방어체제 형태

　　하남지역은 향토사학자인 한종섭(韓宗燮) 씨(현재 하남시 문화재 전문위원)가 10여년전부터, 역사를 공부하는 오순제(吳舜濟) 선생(현재 명지대 사학과 강사)이 약 7년 전부터 면밀하게 조사를 하였고, 저서를 통하여 백제의 수도일 가능성을 제기하였다. 그리고 백제문화연구회가 창립되어 춘궁동에 거주하는 김종규 씨, 김종환 씨 등 향토사학자와 강찬석, 김명윤 교수 등 기타 역사학 비전공자들을 중심으로 꾸준히 조사가 되었다.

　　필자는 고산동 내부에 있는 한 부분이 인공적으로 구축된 성인지 여부를 판단하는 과정에서 지도위원의 자격으로 이 지역 조사에 참여하기 시작하였다. 1997년 12월부터 1998년 5월까지 백제문화연구회 회원들과 함께, 때로는 혼자서 방어체제를 집중적으로 조사하였으며 그 후에도 조사를 하였다. 그 과정에서 그동안 알려지지 않았던 새로운 형태의 방어체제를 몇 종류 찾아냈는데, 그 가운데 하나가 일종의 참호 내지 교통호의 모습을 띤 시설물들이다. 필자는 이를 고구려의 옹성(甕城)구조와 비슷한 개념으로 보고 '옹로(甕路)'라고 명명하였다. 그 가운데에서 특성이 있고, 가장 대표적인 몇 지역을 선정하여 살펴보고자 한다. 그런데 한종섭 씨는 『위례성백제사』에서 객산에서 남한산성으로 가는 곳에 있는 군사시설로 보이는 몇 군데를 조사하고, 토문(土門)이라고 명명하면서 소개하고 있다.[10]

---

10 필자는 후에 그 글을 보았는데, 필자가 본문에서 소개하는 것 가운데 일부는 일치되는 지역일 가능성도 있다. 이 후 하남지역의 방어체제를 조사하는데는 한종섭 씨와 동행한 경우가 많았다. 그의 산성과 방어체제에 대한 날카로운 식견의 도움을 받아서 많은 성과를 얻을 수가 있었다.

1) 덜미재 옹성구조

덜미재는 행정구역상으로는 광암동과 춘궁동 사이를 연결하는 통로상에 있는 고개이다. 지형이 특이하다는 한종섭 씨와 김종규 씨의 안내로 '백제문화연구회' 회원들과 함께 금암산(金岩山)의 끝능선이면서 고개마루인 '덜미재'를 조사하였다. 이 덜미재는 원래는 '벌미재'라고 불리워졌으나 김종규 씨가 본래 이름을 찾아 덜미재라고 부르고 있었다. 지금은 광암동(廣岩洞 : 원래의 명칭은 고인돌들이 널려 있었으므로 너분바위로 불리워졌다.)에서 항동과 하사창동으로 넘어가는 포장도로가 이성산과 금암산을 가르는 향교고개를 통과하고 있다. 하지만 주변의 주민들이 증언한 바에 따르면 전에는 이 덜미재가 통상적으로 다니던 길이었다.

금암산의 지형을 관찰하고 위치에 따른 역할을 관찰하면 능선을 활용한 토성이 있었을 것이고, 그럴 경우에는 반드시 넘어 다니는 주요한 길목에 크고 작은 성문이

| 그림 3 | 덜미재(전성영 촬영)

| 그림 4 | 덜미재(이하 그림은 이선호 작품)

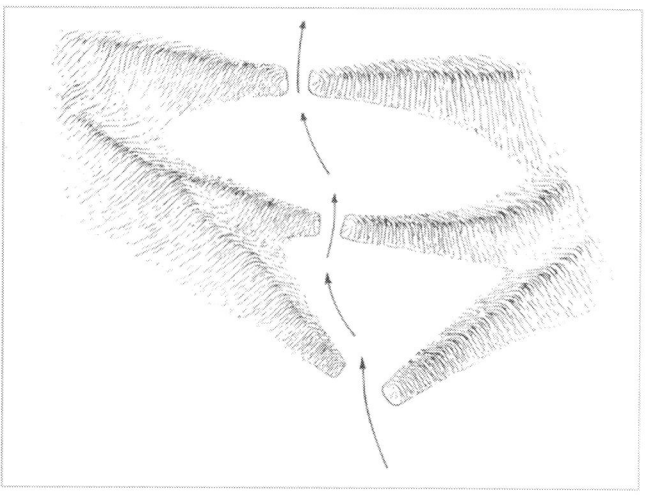

| 그림 5 | 덜미재의 쌍삼지창형 옹로 개념도
화살표는 공격군의 진행방향, 빗금친 부분은 인공으로 만든 방어시설

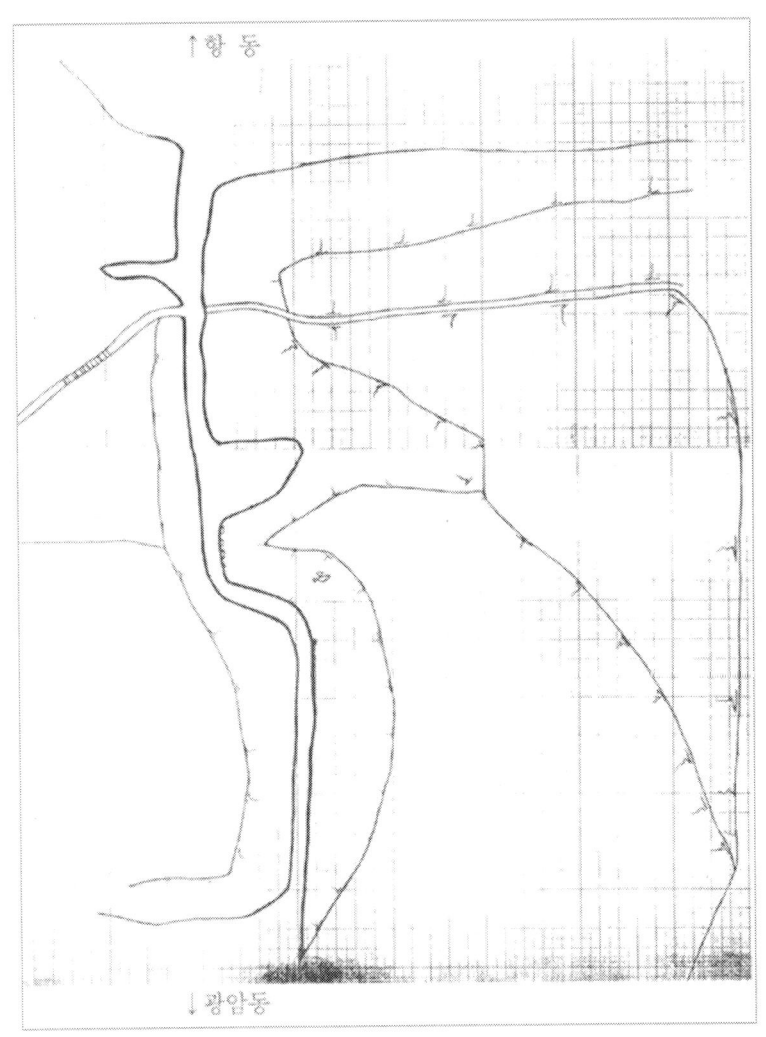

| 그림 6 | 측량도(탐험문화연구소 작성)

있었을 것이다. 그 가운데 하나이면서, 가장 중요한 장소 가운데 하나가 바로 덜미재이다.

필자는 덜미재의 모습을 보면서 자연지형이 아니라 인공적으로 구축한 것임을 순간적으로 알았다. 고구려의 성곽에서 보여지는 옹성문과 개념은 물론 기본구조도 유사하다는 느낌이 들었다. 다만 흙으로 이루어진데다가 자연지형을 최대한 활용하였고, 전술적으로 자연지형에 가깝도록 의도적으로 위장하여 축성한 것이므로 얼핏 보아서는 단순한 자연지형으로 보였다.

면밀하게 검토한 결과, 이것은 일종의 옹성(甕城)형태와 기능을 한 옹성문이고, 여러개의 방어막을 겹쳐서 설치한 형태이었다. 필자는 모양을 쉽게 이해하기 위하여 편의상 '쌍삼지창형(雙三枝槍形)'이라고 명명하였다. 세 개의 뾰족한 창을 가진 삼지창(三枝槍)이 양쪽에서 엇갈리면서 마주치는 형국이기 때문이다.

위의 자료들을 근거로 이 방어체제의 모습을 보다 구체적으로 살펴보고자 한다. 광암동쪽에서 시작되는 형태로 기술하면 다음과 같다. 즉, 음식점이 있는 언덕을 올라서서 경사가 급하지 않은 능선길을 따라 20분정도 올라가면 약수터가 나타난다. 그 앞에서 30여m 전진하면 약간 편편한 지역에 이르러 체제가 시작된다. 앞을 보면 좌우 양쪽에서 능선이 흘러내리다가 만나 잘룩해지는 전형적인 고개마루 모습이다. 좁은 길을따라 발걸음을 옮기면 앞을 가로막으면서 오른쪽에서 첫날개가 시작되어 진행방향쪽으로 둔덕이 이루어진다. 반면에 왼쪽은 폭 2m의 공간을 통로로 만들어 놓고, 한스텝뒤에서 엇갈리면서 역시 진행방향을 향하여 둔덕이 뻗어나간다. 약간만 주의를 하면 한 눈에도 항아리형태인 옹성구조임이 드러나고 있다.

길을 돌아 전진하면 오른쪽으로 약간(0.6m) 돋아오른 방어막이 가로막고 있다. 물론 왼쪽은 높은 언덕이다. 다시 오른쪽에 약 5m 높이의 무덤 같은 언덕이 있고, 거기서 문을 향해서 능선이 내려오고 있다. 따라서 그 사이는 공간이 골로 되어있고, 왼쪽에서 다시 산줄기가 내려온다. 또 오른쪽의 가장 높은 곳(약 8m)에서 고골(현재 항동)쪽으로 휘어지면서 날개가 흘러내리고 있다. 이러한 형태로 3짝의 세트가 형성되었다. 그리고 인공을 가미한 언덕에서 매복한 채 돌을 굴리거나 활 또는 창을 던져 적을 포위한채 마음놓고 공격할 수 있게 만든 구조이다. 다소 복잡한 표현이 되는데 위의 그림을 참조하면 이해가 가능할 것이다.

결국 3개 정도의 복합방어막이 형성된, 말 그대로 옹성형태가 이곳의 방어형태이다. 이 방어막은 주로 고골의 반대편 쪽인 광암동에서 올라오는 방향에 형성되어 있는데 이는 내부로 들어오려는 적을 막기 위한 것임을 알려준다. 이 구조 안에 들어오면 독 안에 든 쥐가 되어 전멸당할 가능성이 크다.

문지에서 고골 방향으로 오른쪽 골짜기가 시작되는 경사진 능선에서 삼국시대의 토기편을 발견하였고,[11] 원형에 가까운 석실묘도 발견하였다. 그 외 이성산성 쪽으로 이어지는 능선에는 도굴된 석곽묘, 석실묘가 많이 있다.

필자는 이 구조를 조사한 다음에 덜미재와 반대편인 동쪽의 산길에도 이러한 유사한 방어체제가 있을 것으로 추정하였다. 동행하였던 김종규 씨는 필자가 손으로 가리키는 곳이 세미골이며, 그 곳에도 특이한 형태의 장소가 있다고 한종섭, 오순제 씨가 알려주었다.

2) 세미골 옹로

교산동의 하사창의 가운데말까지 와서 골짜기를 따라 올라가다 보면 무당집이 나타난다. 그 바로 위 작은 폭포를 옆으로 보면서 다시 완만한 산길을 올라가면 작은 골

---

11 춘궁동 일대와 금암산동록에서 백제토기 파편과 고식와당 등이 발견되었다고 한다. 『河南市 校山洞 一帶 文化遺蹟』, 세종연구원, 1996, p.16.

짜기들이 있고, 왼쪽에는 화전을 한 흔적이 제법 넓은 평지로 남아있다. 이곳에서 10분정도 올라가면 건너 산곡동으로 넘어가는 고개마루가 나타난다. 남한산성의 벌봉(蜂峰)에서 능선을 타고 내려오다가 객산(客山)으로 이어지는 교차점이다. 고골 쪽에서 이 곳을 넘어 내려가면 산곡동의 막은데미 골이 나타난다. 이 골짜기 길은 '세미골' 이라고 불리우고 있는데, 그 명칭의 유래에는 여러설이 있지만 예전에 세곡미를 날랐던 길이기 때문이라는 설이 가장 일반적이다.

그런데 이곳 역시 매우 독특한 방어체제가 구축되어 있었다. 고개의 마루부분은 무덤을 만들기 위해 동원되었던 포크레인의 작업으로 흔적도 없이 사라지고 횡하니 넓기만 하다. 그런데 고골쪽으로 내려가는 도로길 바로 옆의 안쪽으로 골같은 길의 흔적이 보였다. 한 눈에도 인공적으로 구축된 방어체제임을 알수 있었다. 처음에 백제문화연구회의 회원들과 함께 조사를 하였으며, 후에 몇차에 걸쳐서 필자는 탐험문화연구소의 연구원들과 함께 조사하고, 입체측량을 실시한 후에 도면을 떴다. 그리고 건축설계사인 이선호 선생이 스케치를 하고, 사진은 전성용 작가가 찍어 자료화 했다.

이곳은 마치 뱀이 구불구불 몸을 휘면서 걸어가는 듯한 모습으로 전형적인 S자 형태로 되어있다. 고골쪽의 시작하는 곳에서부터 상태를 설명하면 다음과 같다. 원래 도로를 걸어 올라가다가 왼쪽 숲속으로 숨겨진 골짜기길이 있었다.

폭 1~2m 정도의 길을 따라 약 10m 정도의 골을 전진하다보면 곧 각도가 심하게 구부러지면서 길이 사라진다. 불안감이 생기고, 더 이상 전진할 기분을 사라지게 만든 구조이다. 그러니까 지형을 모르는 공격군은 불과 1~2명 만이 움직일 수 있는 협소한 길을 주위를 하면서 천천히 전진할 수밖에 없다. 더군다나 어느정도 앞에 간 사람은 심하게 구부러진 곳을 통과하면 뒤에서 오는 사람에겐 보이지 않게 된다. 이른바 시계의 사각지대가 된 것이다. 앞 뒤 간의 연결이 끊어지므로 전술적으로 매우 불리하고 위태로워진다.

통로 아래는 그러한데 양쪽 위는 높이가 10m이상되고, 언덕위에는 인공으로 쌓은

| 그림 7 | 세미골(전성영 촬영)

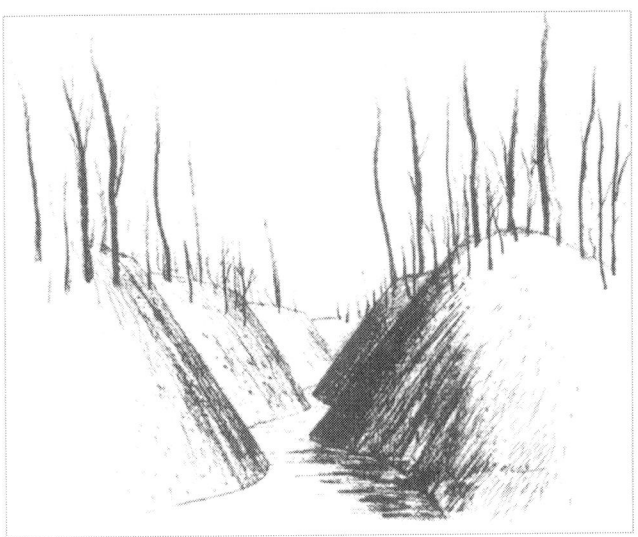

| 그림 8 | 세미골 정면도(이선호 그림)

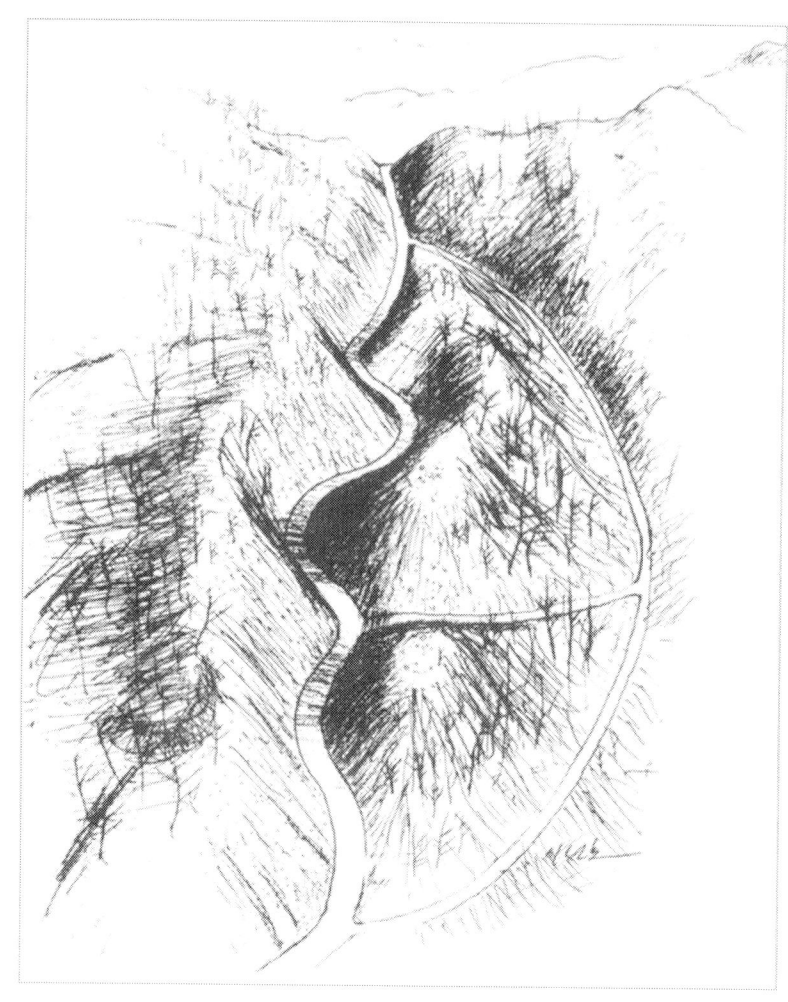

| 그림 9 | 세미골 평면도

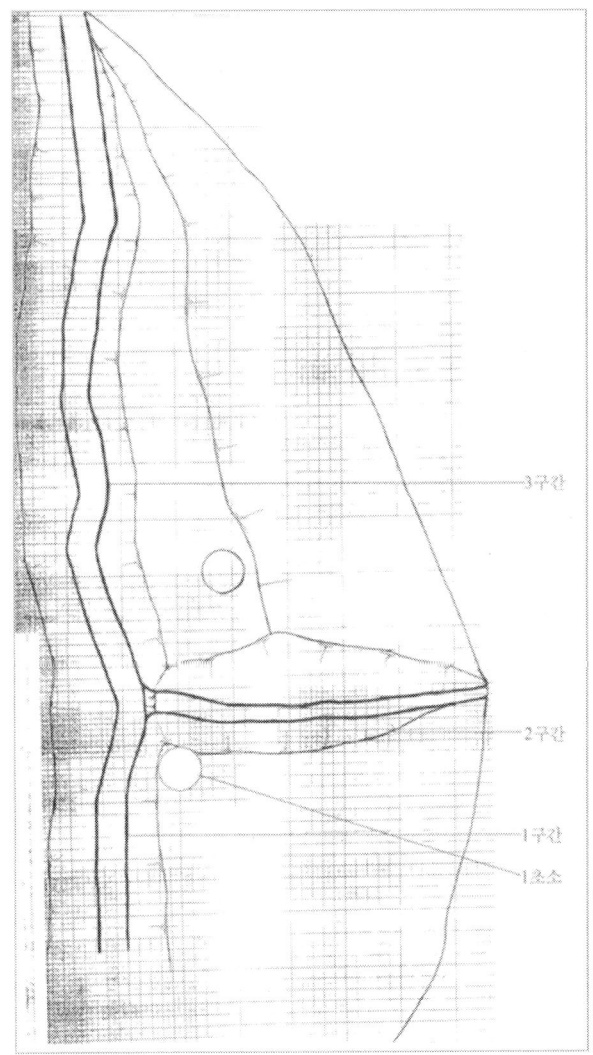

| 그림 10 | 세미골의 '고골쪽 옹로' 측량도(탐험문화연구소 작성)

만두같은 봉우리들이 솟아있다. 그런데 재미있게도 그 조그만 봉오리들은 좌우가 교차되면서 높낮이가 다른채 이어지고 있다. 즉 아래에서 볼 때 좌측의 언덕이 높게 솟아있으면, 오른쪽은 비교적 낮고, 다음에 오른쪽의 언덕이 높게 솟아있으면, 반대로 왼쪽의 언덕이 상대적으로 낮다. 결국 아래통로에서 올려다 볼 때에는 지그재그 형태로 만두같은 봉오리가 양쪽으로 봉긋 솟아있는 것이다.

　필자가 매복초소라고 명명한 만두형 둔덕은 자연능선으로 위장하며, 공격사면을 넓히면서, 방어군이 공격을 효율적으로 하기위한 것이다. 10~15m 정도의 높이를 가진 이러한 언덕위에 매복하면서 아래를 힘겹게 지나가는 적들을 급습하는 것이다.

　1구간을 통과해 더 전진을 시작하는 장소에는 오른쪽으로 폭 1m 정도의 길이 하나 나 있었다. 지금은 바깥의 도로와 이어지고 있는데, 특수한 목적을 위해 인공으로 파놓은 매복장소였다. 이 옹로의 중간 쯤 되는 지점의 한 군데를 인공적으로 피서 일종의 교통호모양의 통로를 만들었다. 많은 군사들이 매복하고 있다가 아래에서 전진해오는 적을 공격하거나, 혹은 적군을 일단 통과시킨 다음에 위와 아래에서 협공할 수 있게 한 장치이다. 이 통로의 왼쪽입구에는 한손 혹은 양손으로 부담없이 잡고 던질 수 있는 돌맹이들이 수북히 쌓여 있었다. 놓여져 있는 위치나 형태로 보아 군사용으로 추정되지만, 사용한 시대는 알 수가 없다.

　이 옹로는 뱀모양으로 구부러지면서 계속 이어지다 고대와 만나면서 일단 끝이난다. 약 100여 m가 넘는 구간을 인공적으로 통로를 만들어서 통행하는 사람들이 그 길로 지나다닐 수 밖에 없게 만든 구조이다. 적군이 침입할 경우에는 전진속도를 느리게 할 뿐만 아니라, 매복습격을 하여 몰살시킬 수 있는 아주 독특하고 교묘한 구조였다. 자연지형을 최대한 활용하였고, 자연스럽게 위장을 하였으므로 얼핏보면 자연지형으로 보인다. 실제로 많은 사람들은 발견 이후에도 자연지형이라고 필자의 주장을 반박하였다. 하지만 조금만 주위를 기울이면 시각적으로도 인공이 가해진 것임을 알 수 있다. 필자는 면밀한 조사를 통해서 인공구조물임을 확인하였다.

필자를 비롯한 백제문화연구회는 세미길의 주요한 매복초소와 앞 통로의 아랫부분 초소로 여겨지는 몇 군데 부분의 지표면을 살펴보았다. 인공을 가한 자연석들, 두 주먹으로 감싸안을 만한 크기의 돌들이 약 1평 정도의 넓이에 차근차근하게 깔려 있다. 이는 인공적인 흙더미기 무너지지 않게 하고, 한편으로는 활동의 근거지를 확보하려는 것이다. 옆으로 들어오는 통로 왼쪽에도 돌들을 쌓은 것으로 추정된다. 특히 필자가 1초소로 명명한 능선부분은 주먹보다 큰 크기의 돌들이 열을 지어서 촘촘히 쫙 깔려 있었다. 평상시에는 순찰병이 안정되게 오고갈 수 있게하고, 유사시에는 전투병이 서서 활동을 편하게 한 구조이다. 이러한 매복초소나 옹로(甕路), 암로(暗路) 등은 고구려에도 있었을 가능성이 많다고 생각된다.

 고골 쪽의 옹로가 끝이 난 고갯마루는 성문지였을 가능성이 높으나, 왼쪽 능선의 무덤을 만들 때 포크레인으로 파헤쳐졌으므로 원형이 보존되어있지 않았다. 그런데 그곳에서 거주한 김종규 씨의 증언에 의하면 전에는 폭이 훨씬 좁았으며, 양 쪽에서 흘러내려온 능선날개가 엇갈린 모습을 하고 있었다고 한다. 덜미재의 변형옹성구조와 비슷한 것으로 추정된다.

 이 고개마루에서 하산곡봉으로 내려가는 실노 역시 굴곡이 신 S자 형으로 이루어진 옹로구조였으나, 고골쪽 만큼 폭이 좁거나 굴곡이 심한 편이 아니다. 넘자마자 개활지가 보이며 적들이 공격할 때 많은 군사가 일시에 공격할 수 있는 조건이 분명히 있다. 문지를 통과하자마자 왼쪽으로 만두형의 언덕이 있고, 굽은 길로 10여 m 내려가면 오른 쪽에는 돌을 쌓아둔 흔적들이 남아있다. 다시 아래부근에 평평한 지형에 무덤이 있고, 그 밑으로는 아래로 전개되는 통로와는 다른 골짜기가 넓게 전개된다. 일상적인 통로는 아니지만 유사시에는 군사들이 충분히 올라올 수 있다. 무덤을 지나 약 20m를 지나면 길 양쪽에 인공으로 쌓아둔 토루가 있다. 그 곳을 지나면 오른쪽으로 넓은 평지가 나타난다. 그 길을 47m 정도 지나면 끝에는 4매복초소라고 명명한 방어막이 있는데, 성문 앞에 있는 적대와 같은 기능을 한 것이 아닌가 생각된다. 이 곳에서

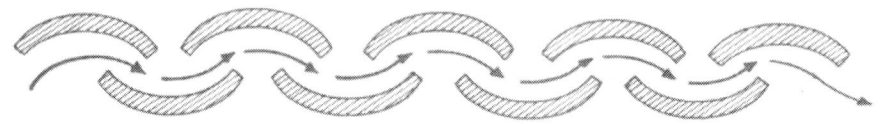

| 그림 11 | 세미골의 사슬이 고리처럼 연결된 구조 개념도
공격군은 수차례에 걸쳐 굽은 길을 통과해야 한다. 골짜기 등에 많이 사용하는 구조이다.
화살표는 공격군의 진행방향, 빗금친 부분은 인공으로 만든 방어시설

일단 옹로는 사라지고 세미길을 따라 계속 내려가면 봉화골의 끝까지 내려와 산곡천(山谷川)과 만난다. 골짜기는 10리가 못 된다고 한다.

골짜기의 끝부분에서 내려가는 방향으로 오른쪽에 높게 솟은 봉우리가 있다. 벼랑 밑으로 산곡천이 흘러가고 있는 이곳에서는 주변이 보이고 들판과 검단산, 그리고 한강으로 나가는 길의 상당한 부분을 조망할 수도 있고, 봉화골로 하여 세미골을 통과하려는 적을 감시하고 방어할 수 있다. 이곳에서 필자와 한종섭 씨는 돌을 섞어 인공으로 쌓은 흔적을 발견하였다. 그 언덕 아래에 딸린 밭에는 토기와 기와편들이 무수히 있었다. 일부는 명문의 흔적이 있고, 고려시대 이전의 연질, 경질 토기편들과 붉은색, 격자문, 점선문 등의 기와 등을 많이 발견하였다. 이곳은 막은데미라고 불리우는데, 동수막이라고도 한다.

고구려군이 침입했을 경우, 창우동쪽에 도착해서 (강을 건넜을 수도 있음) 검단산과 객산 사이의 골길을 통과해서 이곳까지 도착한 다음에 봉화골로 들어와 세미길을 통과하면 고골내부의 중요한 시설물들의 배후를 칠 수 있다. 이 세미골과 막은데미골 사이에는 성골이 있어 이러한 곳에 방어체제가 구축되었을 가능성을 더욱 높히고 있다.

3) 홍두깨 바람재의 변형옹로들

남한산성의 동쪽 암문을 지나 벌봉(521m)성을 통과해 계속가면 암문(暗門)이 나타난다. 다시 내려가면 옛 고골쪽과 객산으로 이어지는 능선이 전개된다. 어느 시대에 어떤 용도로 그랬는지 알 수는 없지만 능선의 일부분은 삭토하여 토성의 기능을 하게 한 흔적들이 곳곳에 보인다.[12]

암문에서 약 500m정도 내려가면서부터 순수한 자연지형이 아닌 인공을 가한 흔적들이 나타난다. 세미골 등에서 발견한 옹로와 유사한 형태이고, 동일한 기능을 한 것으로 추정되는 방어체제들이다. 이 방어체제들은 세미골의 옹로들이 골짜기 내부에 있는 것과는 달리 능선길에 여러 가지 형태로 되어 있다. 기존의 자연지형을 쉽게 변형시킬 수 있는 이점이 있어 더욱 자연스럽게 위장할 수 있다. 뿐만 아니라 형태도 아주 다양하여 때로는 판단하기 힘든 부분도 있다.

필자와 백제문화연구회의 조사에 따르면 이러한 옹로 형태는 이 능선 상에 10여 개 이상이 있다. 가장 분명한 형태로 드러나 있는 곳은 일명 홍두깨바람재란 곳의 몇 군데이다.[13]

가장 전형적인 이 곳은 길이가 120여 m정도인데 폭 1.5~2m의 폭으로 구불구불하게 S자형으로 되어 있다. 또한 양쪽으로 이중의 둔덕을 만들어 자연스러움을 위장했고, 매복장소로도 사용했다. 이곳은 세미골과 달리 여러형태가 혼재되어있다. 몇 개의 인공언덕을 양쪽에 엇갈려 가며 구축한, 마치 태극의 음과 양처럼 엇갈려 있는 둔덕들

---

12 『重訂南漢誌』에 따르면 남한산성은 백제의 옛터임을 말하고 있다. 반면에 『新增東國輿地勝覽』은 신라 때 이 곳에 성을 쌓은 것으로 되어 있다. 이 지역에서 필자는 고식의 기와편들을 수습하였다.
13 이 능선상의 일부는 한종섭씨가 조사하여 『위례성 백제사』에서 가능성을 제기하였고, 다시 필자가 이 지역을 한종섭씨,강찬석씨 등과 함께 조사하면서 군사시설의 일종인 변형옹로임을 밝혀 내었다.

이 맞물려 돌아가고 그 선이 마주치는 좁은 곳으로 길이 통과하도록 되어있다. 그런가 하면 세미골처럼 구불구불 뱀이 걸어가는 것처럼 비교적 평면상태에서 휘어진 길을 만들고 역시 양 옆의 윗쪽에는 만두모양의 언덕을 만들어 은폐와 매복하는 장소로 삼았다. 또 중간에 담처럼 일직선의 지형을 만들어놓고 바깥의 양쪽으로 둥그런 둔덕을 쌓아 그 사이를 통해서 길을 가도록 하여 놓은 형태도 있다. 이것은 이동하는 군사를 분리시키기 위한 것이다.

　능선에 변형옹로들을 만든 목적은 세미골처럼 고골 내부로 진입해 들어가는 적을 골짜기에 몰아넣어 협살하려는 것이 아니다. 객산에서 남한산성 지역으로 진입해 들어가는 경우, 혹은 반대로 남한산성에서 능선을 타고 내려가다가 고골 쪽으로 떨어지는 경우, 아니면 객산까지 능선을 타고 내려가는 것을 중간에서 방어하는 경우 등 다양한 통행을 방어하는 것이다. 즉 능선방어용인 것이다.

| 그림 12 | 홍두깨 바람재

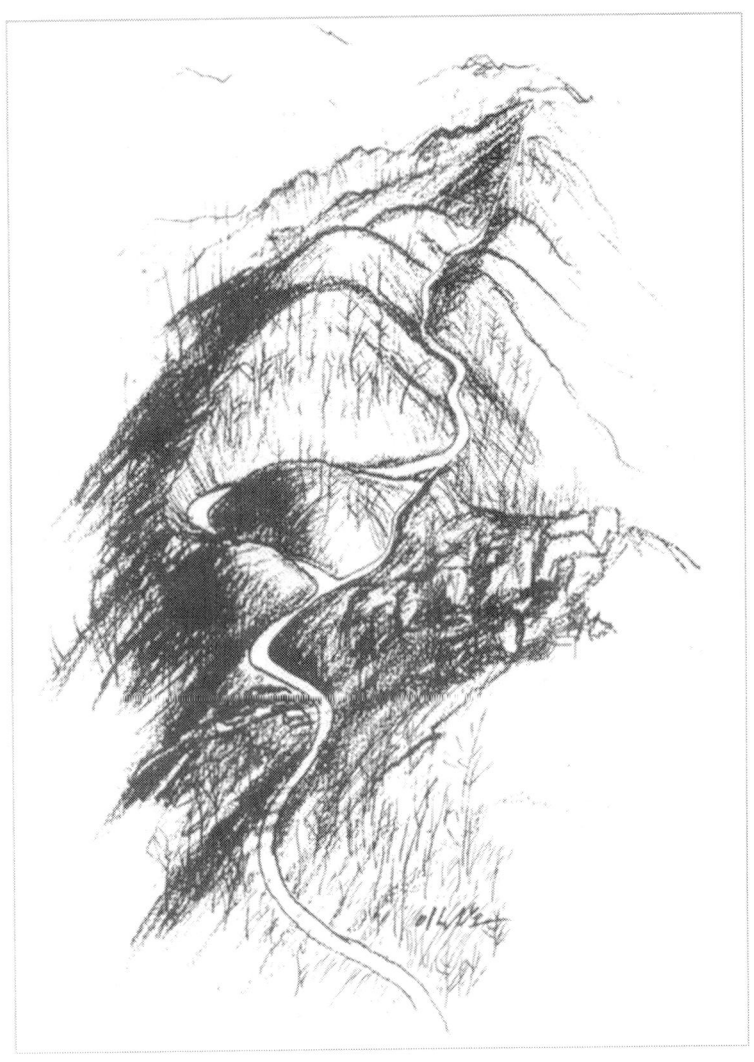

| 그림 13 | 홍두깨 바람재 A 평면도(이선호 그림)
휘어진 통로와 어갈리며 양쪽에 솟은 언덕은 자연지형에 인공을 가한 것이다.

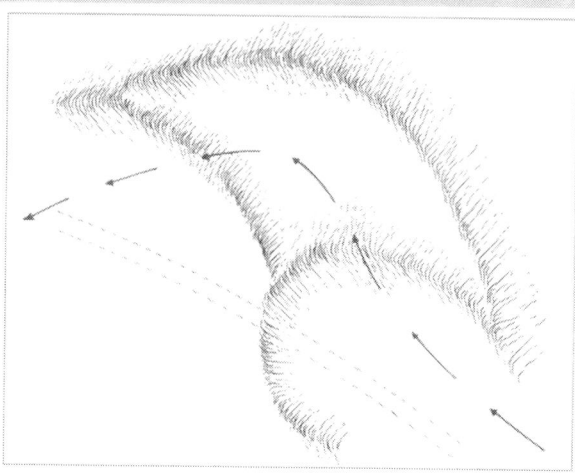

| 그림 14 | 화살표는 공격군의 진행방향이고, 점선은 현재의 도로이다. 사선인 부분은 둔덕형태이고, 내부의 하얀부분은 움푹파였거나 평지로 되어 있어 전체적으로 보면 항아리의 속같은 구조이다.(이선호 그림)

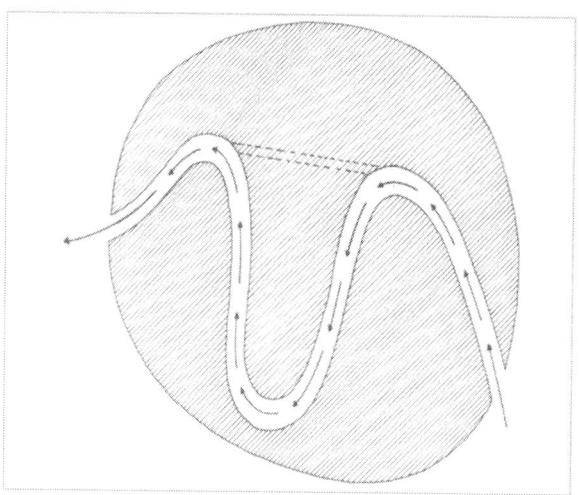

| 그림 15 | 이러한 형태는 자연지형을 일부 변형시킨 것이다. 점선은 길이다. 화살표는 공격군의 진행방향, 빗금친 부분은 인공으로 만든 방어시설

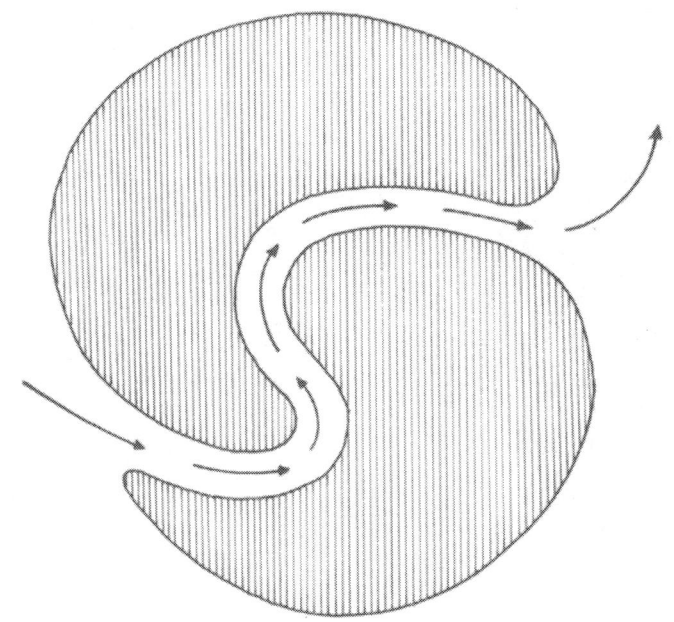

| 그림 16 | 태극모양의 옹로이다. 빗금친 부분 가운데에는 둔덕이 높아 은폐와 엄폐가 가능하다. 화살표는 공격군의 진행방향, 빗금친 부분은 인공으로 만든 방어시설

4) 막은데미 변형옹로

이 곳은 고골 내부의 상사창동 중촌마을에서 하산곡동으로 넘어가는 고개 근처이다. 문지로 추정되는 곳은 이미 다 무너져 내려 구체적으로 확인할 수 없으나 인공의 흔적은 나타나고 있다. 그런데 고개에서 고골 쪽은 인공의 흔적이 뚜렷했다. 약간의 둔덕을 만들어 옹성구조를 흉내내었고, 짧지만 옹로도 만들어 놓았다. 골짜기에서 고개마루로 붙기 위해서는 이 인공둔덕의 좌우에 만든 좁은 통로를 통과해야 한다. 이 곳은 골짜기까지 다 조사를 못했으나 고개마루의 바로 아래부분은 인공의 흔적이 뚜렷했다.

| **그림 17** | 몇개의 능선이 모이는 골짜기 분지를 중심으로 방사상형태로 구축한 옹로체제

4. 맺음말

　이상과 같이 옹로(甕路)라고 명명한 새로운 형태의 방어체제를 중심으로 하남지역의 군사적 성격과 방어체제의 일단을 살펴보았다.

　이러한 옹로는 고골 일대, 즉 검암산(黔巖山), 객산(客山), 이성산(二聖山), 남한산(南漢山) 등에서 매우 많이 발견되었다. 능선과 계곡이 만나는, 즉 토성의 성문 자리에는 옹성의 형태가 뚜렷했고, 골짜기 아래에서 능선으로 올라가는 골짜기 길에도 옹로가 발달하였다. 뿐만 아니라 능선길에도 아주 자연스럽게 옹로를 만들었다. 그 외에도 산 전체의 중요한 지점에는 옹로와 변형옹로들을 만들어 방어망을 완벽하고 효율적으로 구축해놓았다. 옹로는 인공적으로 삭토와 성토를 해가면서 길을 일직선이 아니라 심한 S자 형의 커브길, 즉 뱀이 꿈틀거리는 모양으로 만든 것이다. 공격군에게는 매우 불리한 지형이 되고, 지형을 잘 아는 방어군들에게는 매우 안전하고 효율적으로 적을 교란시키면서 공격할 수 있는 효율적인 체제이다. '암로(暗路)' 라고 명명한 옹로형의 방어체제도 있다.

　이러한 옹로체제는 필자가 그동안의 조사를 통해서 강변은 물론 일부의 산성에서도 발견하였다. 해안방어체제의 산성에서도 발견하였다. 그리고 남양만(南陽灣)의 해안방어체제를 조사하던 중 바로 바다와 연접한 해안가에서 매우 완벽하고 정교한 형태의 옹로구조, 즉 해안 참호와 교통호들을 발견하였다.

　이 글에서는 자료집이란 성격상 새로운 방어체제를 간단히 소개하는 수준에서 끝내고자 한다. 그러나 이에 대한 면밀한 조사와 심도깊은 연구가 충분하게 이루어진다면 수도나 왕성 등 중요한 지역을 방어하는 방어체제의 전형적인 모델을 만들 수 있을 것이다. 그리고 그 모델을 중요한 몇몇 지역에 적용한다면 고대역사상을 이해하는데 매우 유용할 것이다. 이 외에도 하남지역에는 다양한 형태의 다양한 기능을 가진 다수의 방어시설들이 곳곳에 있다. 이러한 군사적인 성격은 하남지역이 징지적으로 매우 중요한 장소였음을 반증하고 있다.

05 황해도 남부의 해양방어체제에 대한 연구*

1. 서 언

동아시아의 역사는 육지질서 뿐만 아니라 해양질서의 영향도 적지 않게 받았다. 지리적 지형적 조건을 살펴보아도 한반도를 중핵에 두고 동해, 황해, 남해, 동중국해가 둘러쌓여 있으며, 다시 이 바다들을 대륙과 일본열도가 둘러싸고 있다. 소위 지중해적 형태를 띠우고 있다. 뿐만 아니라 동아시아의 정치·경제·문화·군사적 관계의 중심이 되는 국가와 종족들도 역시 이 지역을 중심으로 갈등과 협력의 관계를 연출하여 왔다.

우리 역사의 터는 이러한 동아지중해의 중핵에 위치하고 있으므로 모든 국가들은 육지와 함께 해양의 영향을 동시에 받았다. 만주와 한반도 해양이 하나의 유기체로서 밀접한 연관을 맺고 있었으므로 각 국가들은 육지에 터를 두고 있음에도 해양과 연관하여 국가발전 정책을 취할 수밖에 없었고, 군사작전 또한 공격 뿐만아니라 방어적인 측면에서 해양이 높은 비중을 차지했다.

각 나라들은 상륙작전 등 해양을 통한 침투를 시도하고, 해안선근처에서 적극적

---

* 황해도 남부의 해양방어체제에 대한 연구, 『고구려 산성과 해양방어체제연구』, 백산자료원, 2000.

인 공방전을 펼쳤다. 따라서 해양방어체제는 적 수군의 침입방어와 국토의 보존이라는 원론적인 목적 이외에 수도방어체제와 깊은 관련이 있고, 또한 외교통로 및 교역로를 보호한다는 다종의 의미를 가졌다. 따라서 각 나라들은 자국이 점유한 지역을 중심으로 치밀하고 복합적이며, 다양한 해양방어체제를 구축하였다.[1]

그 가운데에서도 황해도 일대는 필자가 설정한 범(汎) 경기만의 북부지역으로서 고구려와 백제가 전기에 쟁패전을 벌이던 지역이었으며, 전략적으로나 전술적으로, 또 국가정책과 관련하여 매우 의미가 있었다. 특히 고구려에게는 평양성으로 수도를 천도한 다음부터는 수도권 방어체제의 일환으로 중요한 전략적인 거점지역이었다.

그 동안 이 지역의 방어체제에 관해서는 북한의 여러학자들에 의해서 조사발굴되고, 연구되어 왔다. 하지만 필자는 이러한 방어체제를 해양과 연관하여 재분석하고자 한다. 우선 위치를 해양과 연관시켜 정확히 파악하고, 전략적인 가치 또한 해양작전과 연관하여 파악하고자 한다. 그렇게 하면 전쟁의 기본성격과 당시 변화되는 국제질서의 한 단면을 알 수 있는 단서를 제공할 수 있으며, 무엇보다도 당시 국제질서와 실제 전투에서 해양의 역할이 심대했음을 알 수 있다. 이 지역을 둘러싼 전황과 해양적 성격 등은 필자가 여러 글에서 발표한 바 있다. 따라서 이 글에서는 해양방어성의 소개와 함께 해양전략과 전술적인 입장에서 지리·지형적 특성을 분석하였다.

---

[1] 해양방어체제의 성격과 구조, 기능, 의미에 대해서는 필자의 졸저(신형식 최근영·윤명철·오순제·서일범 공저), 『고구려 산성과 해양방어체제(공저)』, 백산, 2000 비롯하여 논문들이 있다. 참조 바란다.

2. 개관과 역사적 배경

　황해도(黃海道)는 강화도를 가운데 두고 남양반도(南陽半島)와 함께 남과 북에서 경기만을 감싸고 있다. 개성으로 진입하는 수로와 육로를 관장하기도 하고, 동시에 평양지역 등 대동강 하구로 진입하는 턱의 역할을 하기도 한다. 지리적으로도 황해도는 한반도의 중부와 북부를 가르면서 완충지대에 있다. 또한 해양질서의 관점에서 본다면 황해(黃海) 동쪽 해안의 남북을 종단하는 연근해항로가 반드시 거쳐가고 통제를 받아야 하는 곳이다. 그리고 산동반도와 가장 가까운 거리에 있으므로 황해중부횡단항로를 이용한 세력들이 늘 이용하는 해양통로에 있다. 황해도 앞바다에서 남행하면 경기만의 영향권으로 들어가고, 북행하면 바로 대동강 하구로 들어간다.

　이러한 해양전략적인 위치에 있으므로 일찍부터 주목의 대상이 되었으며, 북진하는 세력과 남진하는 세력간에 교섭과 충돌이 빚어지는 곳이었다. 위(魏)나라와 한반도의 해안지역, 일본열도의 북부를 이어주는 중계지의 역할을 하였던 대방(帶方)은 이 황해도 지역에 있었다. 이 지역에 토대를 둔 세력들은 정치집단이건 상인이건 간에 상당한 이점을 누리면서 오랫동안 번성을 하였다.

　313년에 낙랑군이 멸망한 이후에 잔존토착세력(殘存土着勢力)들은 동진(東晋) 등 남조세력들과 교섭하면서 세력을 유지하고 있었다.[2] 대방군의 옛 땅인 황해도 지역에서는 토착호족의 잔존세력인 왕(王)씨가 낙랑 대방군 당시의 묘제였던 전축분(塼築墳)을 축조하면서 동진(東晋)의 연호인 원흥(元興)을 사용하고 있었다.[3] 안악(安岳) 3호분은 방제(榜題)에 먹으로 영화(永和) 13년이라고 씌어있다. 영화는 동진(東晋) 목제(穆帝)의 연

2　金元龍,「高句麗 壁畵古墳의 起源에 관한 연구」,『진단학보』21, 1960, p.100.
3　孔錫龜, 앞 논문, p.163에서 塼築墳은 우리의 전통적 묘제와는 거리가 먼 것으로서 5세기 초엽에 이르기까지 낙랑 대방군 고지의 일부 지역에 존재함으로써 그 지역의 역사성을 내포하고 있다.

호로서 19년은 357년이다.[4] 고분군의 묘장구조, 벽화내용, 회화기법 중에는 당시 대외적으로 상업교통이 번창하고 외부의 선진적인 생산기술 등을 받아들인 것을 알 수 있다.[5] 이들은 해양능력을 바탕으로 대외교역과[6] 정치적으로 활동하는데 상대적인 독자성을 가지고 있었다.[7] 고구려는 이 지역의 정치적 공백을 메꾸고, 대외교섭에서 발생하는 정치 외교 경제적 이점을 확보하기 위하여 대동강 하구유역과 황해도 지역으로 진출을 시도했다.[8]

그런데 한반도는 서쪽의 지형이 낮기때문에 강들이 서해안을 향하여 하계망(河系網)을 구성한다. 평양(平壤)을 중심으로 북으로는 청천강(淸川江)이, 남쪽으로는 예성강(禮成江), 임진강(臨津江), 한강(漢江)이 넓고 긴 하계망(河系網)을 이루면서 경기만을 구성한다.[9] 따라서 서해중부 이북의 연안해상권(沿岸海上權)을 장악하면 사람과 물자의 수송체계 장악이 순조롭다. 따라서 고구려가 남진을 하는 것은 남포만(南浦灣) 대동만(大東灣)·옹진만(甕津灣)·해주만(海州灣)·경기만(京畿灣) 등의 해안장악을 통해서 한반도 중서부지방의 통합계기(統合契機)를 마련하는 정치적인 의미가 있다. 다시 말해서 한강과 대동강으로 구분되어 있는 해안활동권(海岸活動圈)을 하나로 통합하여 중부이북을

---

4 李殿福·孫玉良 著, 姜仁求 金瑛洙 譯, 『高句麗簡史』, 삼성출판사, 1990, p.242.
5 李殿福·孫玉良 著, 위의 책, p.243.
6 孔錫龜, 위 논문, p.181에서 소위 대방태수 張撫夷의 무덤출토품을 근거로 하여 중국인 張씨가 양군고지에 들어와 독자세력을 형성하였으며 동진과 교섭의 가능성이 있었을 것이라는 견해를 표방하고 있다.
7 金元龍은 「三國初期의 考古學的 硏究」(『논문집』 19, 서울대학교, 1974, p.28)에서 '낙랑 멸망후 고구려의 평양남하까지 일종의 자치령을 이룬 것 같다' 고 하여 이 지역에 낙랑과 관련있는 세력들이 잔존하고 있음을 시사하고 있다.
8 朴性鳳, 「發展期 高句麗의 南進過程」, pp.156~157.
  盧重國은 「高句麗 百濟 新羅 사이의 역학관계에 대한 一考察」(『동방학지』 28, 연세대 국학연구소, 1981, p.54)에서 燕에 의해 遼東進出이 좌절되고 대외팽창의 활로를 남쪽에서 모색하기 위하여 南進政策을 추구하게 되었다고 보고 있다. 그러나 손영종은 앞의 책, p.172에서 '남진의 보다 중요한 목적은 前燕에 대한 반격을 준비하기 위하여 남쪽 지방을 더 빨리 개발하고 국력을 강화하는데 있다' 고 하였다.
9 河系網의 이론에 대해서는 權赫在, 『地形學』, 법문사, 1991, pp.108~117참조.

완전히 활동영역으로 할 수 있게 된다. 황해도 북부를 포함한 평양지역은 중국문화, 요동문화, 한강이남문화와 심지어는 일본열도의 왜(倭)문화[10]가 만나던 한반도 최대의 국제문화 교차점이었다. 따라서 고구려로서는 국제적으로 발전하기 위해서는 더없이 적합한 지역이었다.

한편 백제는 마한을 병합하여 서남부 해안을 장악하고 일본열도로 진출을 시작하였다. 해양능력(海洋能力)과 수군활동(水軍活動)이 활발했음을 반영한다. 특히 동진(東晉)과의 교류는 백제를 국제적으로 향상시켰고, 경제적으로도 이익을 주었다. 근초고왕(近肖古王) 20년(366)에는 왜와 처음으로 교섭한다.[11] 이러한 역사의 전개 속에서 낙랑 대방이 멸망하여 진공상태가 된 중서부해안지대를 장악하려고 한강의 이북으로 진출을 해야 했다. 정치적인 욕구와 함께 교역망의 확충과 독점이 필요했을 것이다. 특히 옛 대방지역은 위가 대방을 중간거점으로 일본열도에서 화북지방까지 구축해놓은 황해연안교역권을 차지하는 토대가 되기 때문이다. 결국 황해중부해상권(黃海中部海上權)을 확보하기 위해서는 북방으로 진출해야 했다. 이렇게 해서 고구려와 백제가 고대국가로 성장하고 지방 및 특히, 해양교섭에 비중을 두면서 이 지역은 어느 한편으로 소속되지 않으면 안되었다. 결국 고구려와 백제는 충돌을 시작하였다.[12]

고구려는 한강북부의 치양지방(雉壤地方)[13]을 선제공격하였으나 패하고, 오히려 평양성(平壤城) 전투에서 고국원왕(故國原王)의 전사(戰死)를 가져온 참패(慘敗)를 당하였다.[14] 이후 양국의 충돌은 계속되면서 공방전을 폈다.[15] 대왕(大王)은 다시 371년 패하

---

10 邪馬臺國과 魏의 교섭은 帶方을 매개로 이루어졌다. 특히 『三國志』魏書 卷30 倭人傳에는 대방에서 야마대국까지의 航로과 路로이 표시되어 있고, 출발지는 대방이다.
11 日本書紀 卷9 神功紀 攝政 46年.
　春 三月…遣于百濟國 慰勞其王. 時百濟肖古王 深之歡喜 而厚遇焉…
12 『삼국사기』권18, 고구려본기, 故國原王 39年條.
13 『삼국사기』권18, 고구려본기, 故國原王 39年, 배천의 치악산성으로 보고 있다.
14 『삼국사기』권18, 고구려본기, 故國原王 41年.

(浿河) 이남을 공격하였지만 복병에 걸려 실패하고[16] 전선은 패하선(浿河線)에 교착된다. 그런데 고구려본기에는 이 해 고국원왕이 먼저 공격했다는 기사가 나오지 않는다. 물론 당시의 패하는 현재의 예성강(禮成江)을 말한다.[17] 그런데 이 시기 황해도 일대에 있었던 성들, 즉 장수산성, 대현산성, 휴류산성, 태백산성 등은 이미 그 이전에 축조된 것으로 보고 있다.[18]

평양성이 371년 전투에서 점령되었는지 여부는 확인할 수 없다. 그러나 『삼국사기(三國史記)』의 고구려본기와 백제본기에는 점령사실이 기록되어 있지 않다. 뿐만 아니라 고구려의 반격이 계속되고, 377년에 백제가 평양성을 재공격한 것을 보면, 371년에는 함락당하지 않은 것으로 판단된다. 이후 고구려와 백제는 충돌을 계속되면서 공방전을 폈다.[19] 당시 양국간에 벌어진 싸움은 수곡(水谷) 등 일부 지역을 제외하고 해안선에서 100km 이내의 내륙에서 이루어졌다. 따라서 양국은 군사전략상으로 해안활동이나 해상권 장악에 힘을 기울였을 것이다. 더구나 이 지역은 경제적 이점이나 양국의 대외교통과 밀접한 관련이 있다.

한편 백제는 평양성 전투에 승리하므로써 옛 대방군 지역(帶方郡 地域)의 일부를 탈취하였으며, 그들의 사회 경제적인 능력과 함께 해양활동능력(海洋活動能力)을 상당부분 흡수했을 가능성이 크다. 특히 경기만은 중부의 모든 강이 몰려드는 곳으로서 하계망과 내륙수로를 통해서 중부지방을 통합하는 계기를 마련할 수 있다. 이곳의 장악은 중부해상권의 장악은 물론 그 주변, 즉 옹진반도(甕津半島) 장연군(長淵郡)의 장산곶(長山串) 등 이북지역에도 영향을 끼칠 수 있다. 백제(百濟)는 이후 비약적(飛躍的)인 발전을

---

15 『삼국사기』권18, 고구려본기, 第6, 小獸林王 6, 7年.
16 『삼국사기』권24, 백제본기, 第2, 近肖古王 26年.
17 李丙燾 國譯, 『삼국사기』, 을유문화사, 1971, 近肖古王 26年條.
18 손영종, 『고구려사』, p.298.
19 『삼국사기』권18, 고구려본기, 小獸林王 6年, 7年.

하였으며 해양활동권 역시 황해중부이북으로 확대되었을 것이다.[20]

근초고왕은 이 전투에서 승리한 이후에 수도를 한산(漢山)으로 옮겼고, 373년에는 청목령에 성을 쌓아 방어체제를 재정비하였다. 즉 백제의 세력권은 북상했으나, 국경은 동쪽은 북으로 수곡성(水谷城：新溪), 중간에는 청목령(青木嶺：開城)윗쪽인 예성강, 그리고 서쪽은 경기만에 접해있는 황해도 남부지역으로 추정된다. 이어 고구려는 375년에 수곡성(水谷城)을 점령하고[21] 백제는 반격을 가하지만 탈환하지 못한다.[22] 고구려는 다시 376년에는 백제의 북변을 침공하였는데 아마도 수곡성 아래이면서 청목령 윗쪽으로 판단된다. 그런데 386년, 광개토대왕(廣開土大王)이 공격한 8월 이전인 봄에 백제의 진사왕(辰斯王)은 청목령(青木嶺)에서 팔곤성(八坤城)[23] 그리고 서쪽으로는 바다에 이르기까지 장성(長城)을 축조한다.[24] 이러한 일련의 사실들은 이미 376년 경에 예성강을 중심으로 한 국경이 설정되었고, 386년의 축성사업은 그것을 보다 확고히 하기위한 시도였음을 입증한다. 황해도 지역, 특히 해안에 방어체제가 구축된 것이다.

그 후 고구려가 394년(광개토왕 3)에 국남(國南) 7성을 축성하였다.[25] 이는 황해도 남부해안지대를 강화할 목적인 것으로 추측된다.[26] 이 지방에는 배천 치악산성, 연안 봉세산성, 해주 수양산성, 옹진 고성 등 고구려 산성들이 있고 그 외에 시대를 알 수 없는 산성들이 많이 있다.[27] 최창빈은 이 성들을 당시에 쌓은 것으로 보고 있다.[28] 그런데

---

20 李明揆는「百濟 對外關係에 關한 一試論」,『史學硏究』37, p.82에서 이 지역의 점령은 帶方의 유민들과 함께 그들의 해상무역활동에 관한 시설이나 기술 등도 획득하게 되었음을 의미한다고 하였다.
21 『삼국사기』권18, 고구려본기, 제6, 小獸林王 5年.
22 『삼국사기』권24, 백제본기, 제2, 近肖古王 30年.
23 李丙燾 국역,『삼국사기』에서 위치미상을 파악하고 있는데, 손영종은 앞의 책, p.294에서 백계현 고성으로 추정하고 있다.
24 『삼국사기』卷25, 百濟本紀, 辰斯王 2年.
25 『삼국사기』第18, 高句麗本紀 6, 廣開土王 3年.
26 손영종, 앞의 책, p.298.
27 손영종, 위의 책, p.289.

그가 비정한 국남 7성의 위치를 보면 모두 해안방어시설의 성격을 겸하고 있다. 물론 그 외에도 해양방어와 관련된 성들은 많이 있다. 특히 고구려가 남쪽으로 팽창하고 중국의 남조와 교섭을 하기 위해서는 해양교통을 관장하는 시설들을 구축해야 한다. 또한 신라의 북진을 대비하고, 고수전쟁과 고당전쟁에 대비하기 위하여 기존의 성들을 보수 개축하거나 신축했을 가능성도 매우 크다. 이 지역에는 강령만 등이 있었다.

아래 글에서는 이 지역의 해양방어체제에 대한 기본적인 이해를 위하여 알려진 몇가지 대표적인 산성을 선택해서 소개와 함께 약간의 해석을 가하고자 한다.

3. 해양방어체제의 분석

1) 해주 지역

해주는 고구려 때의 내미홀군(內未忽郡)였는데 지성(池城)이라고 하고, 장지(長池)라고도 하였다. 신라때 경덕왕이 폭지(瀑池)라고 이름을 바꾸었다. 그 후에 고려가 들어서면서 이 지역을 토대로 성장한 태조가 고을의 남쪽이 바다에 임했다하여 해주로 명명하였다.[29] 해주는 바다에서 상원·사리원·평양으로 통하는 길목에 있고, 동남 10리라는 짧은 거리에 바다가 있다. 바다와 직접 이어지는 곳에는 해주만이 있고, 그 안 쪽인 현재 해주시와 강령군의 동강면 사이에는 좁은 수로가 있어 그 내부에 들어오면 넓고 안정된 호수같은 만이 있다. 이 만으로 흘러드는 강들이 매우 많아 수륙교통에 매

---

28 최창빈, 「4세기말~5세기 초 고구려 국남 7성과 국동 6성에 대하여」, pp.52~53.
29 『신증동국여지승람』 권43, 해주목 건치연혁

우 유리하다. 이러한 유리한 조건 속에서 바로 그 만 안으로 들어오는 곳에 수양산이 있다.

(1) 수양산성

황해도 남부에서 가장 대표적인 수양산성(首陽山城)은 원래 지방산성이라고 불러왔는데 지금의 황해남도 해주시 동북쪽인 수양산에 있다. 수양산성은 고구려 당시 내미홀군(內未忽郡)의 방위성이다. 성의 북쪽에는 멸악산 줄기의 가장 높은 봉우리들이 솟아있고 서남쪽에는 무연한 연백벌과 해주만이 한눈에 안겨오는 전망이 좋은 곳에 자리잡았다.[30] 수양산은 높이가 899m이므로 바다 먼거리까지 관측할 수 있을뿐만 아니라 바다에서도 가장 높이 솟아있는 것을 확인 할 수 있다. 해주읍이 한읍성이 있는데 시대는 알 수가 없다. 해주의 주변에는 시대가 불분명한 용매량진(龍媒梁鎭)이 있다. 그 밖에도 피곶(皮串)·용매도(龍媒島)·수압도(水鴨島)·연평도(延平島) 등에 봉수(烽燧)가 있어[31] 해안방어와 이어지는 성임을 알 수 있다.

수양산성은 『신증동국여지승람(新增東國輿地勝覽)』에는 주위가 2만 8백 56척이요, 높이가 18척이다. 라고 되어있다.[32] 수양산을 둘러막은 봉석산성인데 그 둘레는 약 8.02km이다.[33] 성 안에는 수림이 울창하고 골짜기마다 시내물이 흐르며 큰 못이 있다. 성벽은 이 일대에 흔한 화강암으로 지어졌으며, 성문은 동, 서, 남, 북 사방에 하나씩 있다. 성벽에는 11개의 치가 있다. 수양산성에는 많은 집자리가 있으며 집자리에서는 여러 편의 붉은 기와조각들이 발견되었다.[34] 수양산성은 산성으로서 갖추어야 할 모든

---

30 『조선고고학 전서』중세편1, 1991, 과학백과사전종합출판사, p.157
31 『신증동국여지승람』권43, 해주목 봉수조
　『대동지지』권17, 해주편에는 신라 경덕왕 21년에 만들었다고 되어 있다.
32 『신증동국여지승람』권43, 해주목 고적
33 『대동지지』권17, 해주 성지에는 둘레가 3950보 이다라고 되어 있다.
34 『고고민속』, 1965년 1호., pp.24~25.

조건을 훌륭히 갖춘 방어력이 강한 성이였다.

그렇다면 수양산성의 축조시기는 언제일까?

산성의 위치와 지형, 성벽축조방법 등 모든 측면에서 전형적인 고구려성의 모습을 잘 갖추고 있다. 특히 성 안에서 발견된 고구려시기의 기와조각들은 이 성을 쌓은 시기에 대한 명백한 증거로 된다. 더구나 수양산밑에는 고구려시기의 고을유적인 내미홀유적이 있다. 수양산성도 고구려의 국남 7성의 하나로 보는 견해도 있다.[35]

또 지성산(池城山)고성이 있는데, 돌로 쌓았고, 둘레가 6457척이다. 수양산성과는 다른 성이다.[36] 손영종은 지성산성은 수양산성의 한 부분으로 생각하고 있는데 이곳에서 전형적인 고구려 기와들이 나왔기 때문이다.[37]

(2) 해주읍성

해주읍성은 해주시내 중심부에 있다. 성으로부터 남쪽으로 15리 정도 나가면 바다가에 이른다. 바다에는 연평도(延平島) 수압도(睡鴨島) 등이 있다. 그러므로 해주읍성은 해안방어의 제 1선이라고 말할 수 있다. 하지만 지형상으로나 해양전략적 가치로 보아 큰 성이 있었을 것 같지는 않음에도 불구하고 해주읍성의 크기는 크다. 성벽은 돌로 쌓았는데 그 둘레는 약 4km이다. 현재 유적이 심히 파괴되어 남아있는 것이 없으므로 성의 구체적인 구조와 성벽시설에 대하여 잘 알수 없다. 문헌기록에 의하면 성에는 동, 서, 남, 북 사방에 각각 문이 있었는데 동문은 영양문, 서문은 전위문, 남문은 순명문, 북문은 공극문이라고 하였다. 성벽에는 여장 1,128개, 타구 1,128개, 치 13개, 곡성 1개, 옹성 1개가 있었다. 그리고 성앞에 황을 설치하여 방어력을 높였다고 전하

---

35 손영종, 『력사과학』 3호, 1990, p.52.
36 『신증동국여지승람』 권43, 해주목 고적.
37 손영종, 『고구려사』, 과학백과사전 종합출판사, 1990, p.299.

고 있다.[38]

2) 배천지역

배천은 고구려 때 도랍현(刀臘縣)라는 이름으로 불렀다. 치악성(雉嶽城) 혹은 치양성이라고 한다. 신라에서 구택으로 이름을 고치고 해고군(海皐郡)의 관할현으로 만들었으며 고려초기에는 백주(白州)라고 불렀고 이조초에 배천군으로 고쳤다.[39] 배천지방은 옥산강(玉山江)을 지나 내려가다 벽란도(碧瀾渡)와 만나고 다시 내려가 강화북부 및 교동도와 만난다. 특히 각산진(角山津)은 고을 남쪽 25리에 있으며, 연안부와의 경계인데 교동에 들어갈 때 경유하는 곳이었다. 『신증동국여지승람(新增東國輿地勝覽)』 한강수로의 종점과도 만나 서울로 진입하는 수로가 있기도 하다. 수로와 육로를 이용하여 서쪽과 남쪽으로 통할 수 있으며 북쪽으로는 육로가 동천(이전의 평천, 평산과 그 이북지방)으로 통할 수 있다. 개성으로도 갈 수 있다.

(1) 치악(雉嶽)산성

치악산성은 치양산성(雉壤山城)이라고도 하는데 백천(白川)에 있다. 배천지방은 이와 같은 유리한 자연지세를 가지고 있으며 옛날부터 수륙교통(水陸交通)의 요충지였기 때문에 군사적으로 가치가 있었다. 고구려와 백제가 예성강을 경계로 있었다면 가장 전방에 위치한 해안 방어성이 바로 배천의 치악성이다. 치악산은 배천 고을의 북쪽 1

---

38 『輿地圖書』, 황해도 해주.
김경찬, 「황해남도의 해안방어성에 대하여」, 『조선고고연구』 85호, 사회과학원 고고학연구소, 4호, 1992, p.31.
39 『세종실록 지리지』, 배천군.
『신증동국여지승람』 권43, 배천군 건치연혁.

리에 있는 진산이다.⁴⁰ 산의 북쪽은 높고 험하나 남쪽으로 내려오면서 점차 낮아져 연백벌과 맞닿았다. 치악산은 높이가 360m이지만 주위에 높은 산이 없으며 남쪽에는 무연한 연백벌과 서해가 펼쳐져있기 때문에 유달리 높아 보인다.

성의 남쪽은 능선에 에워싸여 우묵한 골 안을 이루었다. 그 안에는 수원도 많고 경사가 심하지 않기 때문에 많은 사람들을 수용할 수 있게 되어있다. 전형적인 고로봉형의 산성이다. 산의 동쪽으로는 예성강이 연백벌을 지나 남쪽으로 흘러 서해로 들어가며 북쪽에서는 이 산의 북쪽과 서쪽 기슭을 스치며 흐르는 하다리천의 지류가 그 본류와 합류하여 다시 서남으로 흘러 례성강으로 들어간다. 이 물줄기들은 마치 산성을 에워싼 해자와 같다.

치악산성의 구조는 복잡하고 치밀하게 되어 있다. 성의 북쪽에 있는 산마루에는 장대자리가 있다. 여기서는 성안의 형편은 물론 성밖의 연백벌과 그 앞의 바다까지도 한눈에 내다볼 수 있다.⁴¹ 석성인데 둘레는 약 3,600m이다. 문터는 서, 남, 북 세 곳이며 치가 발달하였다. 동쪽벽에 4개, 서쪽벽에 4개, 북쪽벽에 3개하여 모두 11개의 치가 있다. 성 안에서는 많은 기와조각들과 함께 7개의 집자리가 발견되였다.⁴²

치악성은 고구려시기에 쌓은 성으로 알려져 있다. 369년에 고구려가 2만의 병력으로 백제의 치양을 공격하였다는 기록이 처음 나온다. 한성으로 빨리 진공할 수 있고, 특히 해로를 이용할 경우에는 매우 중요한 성이기 때문이다. 그런데 성의 축조형식과 성 안에서 발견된 고구려의 붉은색기와 조각들은 이 성이 『삼국사기(三國史記)』에 나오는 치양성임을 고증하고 있다.⁴³ 393년(광개토대왕 3년)에 고구려가 나라의 남쪽에

---

40 『신증동국여지승람』, 황해도 배천.
41 『조선고고학 전서』중세1, pp.155~156 참조.
42 『고고민속』, 1966, 1호, pp.26~27.
43 위와 같음.

쌓은 국남7성이 하나로 인정되고 있다.⁴⁴ 배천군에는 이 외에도 봉재산(鳳在山)봉수, 미라산(彌羅山)봉수 등이 있으며, 미륵산(彌勒山)고성, 강서사성(江西寺城) 등이 있다.⁴⁵

3) 연안(延安)지역

연안(延安)은 본래 고구려의 동음홀(冬音忽)인데 시염성(豉鹽城)이라고도 불렀다. 신라 때 해고군(海皐郡)으로 고쳤으며, 고려 초기에는 염주(鹽州)라고 불렀다.⁴⁶ 고구려의 영토가 된 후에 전략적으로 매우 중요시 여긴 곳이다.

연안은 황해도 남부지역의 중심 지역이다. 벽란도로 들어가는 길, 즉 강화수로로 접근하는 길은 연안군의 하래와 교동도 사이의 꺽여진 좁은 물목이다. 그곳은 반도 형태로 되어 있는데 해성면(海城面)이다. 현재는 교동도와 사이에 군사분계선이 설정되어 있다. 해양전략적으로 얼마나 중요한 지역인가를 알 수 있다. 그런데 현재의 연안군과 배천군을 가르는 좁은 만이 있고 그 안에 나진포(羅津浦)가 있다. 그 만이 깊숙하게 뻗어 들어간 곳에 연안읍이 있다. 연안읍의 북쪽에 있는 진산이 봉세산(鳳勢山)이다. 비봉산으로도 부르는데 높이가 282m이다.

이 곳에서는 교동도 앞은 물론 경기만의 북부 해역까지도 관측이 가능하다. 이 곳에 있는 산성은 바다로부터 들어오거나 예성강을 건너 배천 쪽으로 오는 적을 막을 수 있는 요충지에 있다.

---

44 『력사과학』, 1990, 3호, p.52.
45 『신증동국여지승람』권43, 배천군.
46 『신증동국여지승람』권43, 연안도호부 건치 연혁.

(1) 봉세산성(鳳勢山城)

봉세산성은 연안에 있다. 이 성은 봉세산의 지형조건들을 잘 이용하면서 돌로 쌓았는데, 둘레가 약 2,500m이다. 문헌기록에 봉세산성의 둘레가 5,400자라고 하였는데 조선시대의 영조척으로 환산하면 비슷하게 맞아 떨어진다. 성은 심하게 파괴되어 지금은 돌로 쌓았던 흔적이 약간 남아있을 뿐이다. 따라서 성의 구조와 축조 형식에 대하여 잘 알 수 없다.

봉세산성은 고구려 시기에 쌓은 것으로 볼 수 있다. 이 산성에 대한 첫 기록은 『신증동국여지승람』에 있는데 여기서는 봉세산성을 고적항목에서 다루면서 폐성으로 써 놓았다. 이것은 이 성이 『동국여지승람(東國輿地勝覽)』이 편찬된 15세기 보다 훨씬 이전, 즉 고려시기나 고구려 시기에 쌓은 것이라는 것을 윤곽적으로 보여준다. 고구려는 삼국통일 정책을 힘있게 추진시키기 위하여 위치와 지형 조건으로 보아 전략적으로 중요한 이곳에 성을 쌓았던 것이다. 봉세산성을 고구려가 쌓은 국남 7성의 하나로 본다.[47]

(2) 연안읍성

연안은 전략적으로 중요한 곳이므로 산성과 읍성 두 가지를 겸하여 쌓아 방어를 강화하였다. 연안읍성은 봉세산성의 남쪽 평지에 있으며, 둘레가 약 2km이다. 성벽은 다듬은 돌과 막돌로 쌓았다. 동, 서, 남, 북 네 면에 성문이 있다. 『여지도서(輿地圖書)』 황해도 연안조에는 연안읍성지도가 그려져 있는데 그에 의하면 성문에 모두 문루가 있었다. 성벽 밖으로는 해자를 파고 방어시설로 이용하였다. 성안에서는 샘이 있었고 우물이 5개나 있었다고 전하고 있다.[48]

---

47 『력사과학』, 1990, 3호, p.52.
48 『여지도서』, 황해도 연안.

이 성도 고구려 시기에 축조된 것이라고 볼 수 있다. 『황해남도읍지』에 의하면 연안읍성은 1555년에 쌓았다. 그런데 이 기록으로서는 언제 처음 쌓았는지 알 수 없다. 연안읍성을 초보적으로 조사한데 의하면 성들을 다듬어 쌓은 것도 있고 막돌로 쌓은 것도 있다. 이것은 처음에는 다듬은 성돌로 쌓았으나 후에 증축하면서 막돌로 쌓았음을 보여준다. 성돌을 다듬어 쌓는 것은 고구려의 전형적인 성 축조형식이다.

4세기 중엽부터 이 일대가 고구려-백제의 기본전선으로 되었으며 또 당시의 기본 전투형식이 공성, 수성전이였다는 점으로 미루어 보아 전략적으로 중요한 이곳에 고구려가 성을 쌓지 않을 수 없는 것이다. 그러므로 연안읍성을 고구려의 국남 7성의 하나로 보는 견해는 타당성을 가진다.[49] 연안 주변에는 정산봉수(定山烽燧)·백석산봉수(白石山烽燧) 등이 있는데, 특히 간월산봉수는 남쪽으로 교동현의 수정산에 응하였다.[50]

4) 풍천 지역

풍천성은 풍천에 있다. 풍천도호부(豊川都護府)는 고구려의 구을현(仇乙縣)인데, 굴전(屈遷)이라고도 하였는데, 고려초기에 풍주로 고쳤다.[51] 풍천은 해양진략의 요충지로서 이 곳으로 상륙하면 황해도 남부지역의 내륙지대로 쉽게 통할 수 있으며, 또 반대로 바다로도 진출할 수 있다.[52]

(1) 풍천성(豊川城)

읍성(邑城)과 행성(行城)으로 되어 있다. 읍성은 석성으로서 둘레가 1천7백10척이

---

49 『력사과학』, 1990, 3호, p.52.
50 『신증동국여지승람』권43, 연안도호부.
51 『신증동국여지승람』권43, 풍천도호부 건치연혁.
52 김경찬, 「황해남도 지방의 해안방어성에 대하여」, 『조선고고연구』, 1992, 4호(85호), p.31.

고, 높이가 6척이며, 성의 동, 서, 북쪽 3면으로 또 무너진 성이 있다. 벽돌 및 돌과 흙을 섞어서 쌓았다. 고행성(古行城)은 부(府)의 서쪽 해변에 있다. 벽돌과 흙을 섞어 쌓았는데 주위가 1만 1천 81척이다. 안에 샘물과 우물이 24개소이며, 연못도 있다.

풍천성은 과일읍에 있는 주암산을 등지고 평지와 바다가 앞에서 잘 내려다보이는 방어에 유리한 위치한 해양진성이다. 현재도 성하리(城下里)·성상리(城上里) 등의 지명이 남아있다. 남천(南川)으로 이어진 바다가에는 진강포가 있고, 만의 바깥에는 초도(椒島)가 있으므로 유기적인 방어체제를 이루었을 것이다. 초도진(椒島鎭)은 매우 중요한 역할을 한 섬이다. 성의 동, 남, 북쪽은 경사가 심하고 읍소재지를 관통할 수 있다. 들과 흙을 섞어쌓은 혼축성으로서 총 연장길이는 약 3.5km이다. 성은 내성과 외성으로 구분된다. 내성은 주암산을 거점으로 하여 읍의 중심부분에 쌓았는데 그 둘레는 약 500m이다. 성벽은 자연암석과 절벽을 잘 이용하여 쌓았는데 높은 곳은 약 2.5m, 낮은 곳은 약 2.3m이다. 외성은 내성의 남쪽성벽을 그대로 이용하면서 산릉선을 따라 쌓았는데 총 길이는 약 3km이다. 성문터로서 남문(정문)과 서문터가 남아있다.

5) 재령지역

재령군(載寧郡 : 현재는 新院郡에 속해 있다.)은 고구려의 식성군(息城郡), 한성군(漢城郡)이라고도 하며, 내홀(乃忽)·한홀(漢忽)이라고 한다. 신라의 경덕왕 때 중반(重盤)으로 고쳤다.[53] 장수산(長壽山)은 고을 북쪽 5리에 있는 진산이다.[54] 신원군은 재령(載寧)평야 등 주위에 평야가 있어서 생산력 확대와 상승에 상당한 역할을 할 수 있는 경제적 전략지구(經濟的 戰略地區)이며 교통의 중심지다. 황해도의 한가운데 있어 주변의 어떤 지

---

53 『신증동국여지승람』 권42, 載寧郡 건치연혁.
54 『신증동국여지승람』 권42, 載寧郡 산천.

역과도 교통이 편리하게 연결되고 있다. 따라서 낙랑 대방의 잔재세력을 제압하여 집권체제 속에 편입시키고 백제전을 수행하기 위한 남진거점(南進據點)에 적합한 곳이다. 그런데 이러한 이점 외에도 이 지역은 고구려 혹은 백제 등 한반도 중부세력들의 해양활동과 밀접한 관련이 있을 가능성이 있다.

먼저 지리적 조건을 보면, 장수산성에서 나와 남쪽으로 내려오면 해주만(海州灣)과 연결된다. 해주만(海州灣)은 경기만(京畿灣)의 일부로서 한강·임진강(臨津江)·예성강(禮成江) 등 황해중부의 큰 강이 모여드는 곳이며, 어떤 지역으로도 접근과 상륙이 가능하다. 뿐만아니라 강령만(康翎灣), 옹진(甕津)반도의 옹진만, 장연군(長淵郡)과 옹진군 사이의 대동만(大東灣)과도 아주 가까운 거리로 연결된다. 더우기 재령천(載寧川)을 거쳐서는 남포만(南浦灣)으로 연결되어 대동강과 만나고 그 수로(水路)를 이용할 경우 평양까지도 쉽게 물길로 연결된다. 평양(平壤)은 강상수운(江上水運)의 이점을 가지고 있다. 한편 대동강(大同江), 재령강(載寧江) 유역은 농경에 매우 유리한 조건을 갖추고 있었다. 이 지역에는 만조(滿潮) 때에 대동강, 재령강 및 청천강의 수량 증가로 경작지에 대한 자연적인 관개 및 비배작용(肥培作用)이 항시적으로 있었다. 따라서 농경의 생산성이 다른 지역에 비해 높았다.[55] 또한 이 지역들의 만(灣)은 모두가 해양교통의 요지임은 물론 깊숙한 만(灣)과 만(灣)을 감추어주는 섬들이 앞을 막아주고 있어 해양군사활동에 적합한 조건을 갖추고 있다.[56]

---

55 朴性鳳, 앞 논문, p.614 참조. 한길언, 앞 논문, p.161.
　徐永大, 앞 논문, pp.123~125.
　H. Lautensach 저, 金鍾奎 옮김, 『韓國의 氣候誌』, 한울아카데미, 1990, pp.78~79에는 大同盆地의 기후조건에 대해서 설명되어 있다.
56 이 지역들이 가진 해양적 특성들은 『增補文獻備考』 第34卷 輿地考 22 황해도, 경기 편 참고.

(1) 장수산성(長壽山城)

장수산성은 황해도 중부의 한복판에 있으면서 경기만은 물론 황해도 연안(沿岸)의 모든 만(灣)들을 연결시키면서 이 지역의 해상활동권을 하나로 연결하고 동시에 장악할 수 있는 전략적 요충지이다. 더구나 장수산은 해발 747m로서 주변은 물론 해안지대의 움직임 까지 포착할 수 있는 군사상의 요충지이다.

장수산성은 석성으로서 둘레 8천 9백 15척이고 높이 9척이며, 우물이 7개인데 축성시기는 언급하지 않았다.(신증동국여지승람) 그런데 이 장수산성을 고국원왕이 전사한 평양성으로 비정하는 견해가 있다. 손영종이 내세운 이른바 남평양설(南平壤說)은 그 사실 여부를 떠나 당시의 상황을 이해하는데 중요한 시사점을 제공하고 있다.

그는 『삼국사기』 지리지 백제조에는 『고전기(古典記)』를 인용하여 백제가 당시 공파한 성은 남평양(南平壤)임을 밝히고 있다.[57] 또한 『삼국유사』卷2, 남부여(南扶餘) 전백제(前百濟) 북부여(北扶餘)전에서도 『고전기(古典記)』를 인용하여 당시 빼앗은 성이 남평양임을 말하고 있다.[58] 손영종은 이 기록을 근거로 남평양의 존재를 설정하고, 남평양이 장수산성이라고 주장한다. 그러나 평양성(平壤城) 혹은 남평양(南平壤)이라는 근거는 없고, 또 지표유물(指標遺物)이 발견된 것도 아니다. 4세기 중반의 산성(山城) 분포도 작성과 각 지역에서 발견된 유물 등을 토대로 신원군의 장수산성을 당시의 평양성으로 추정하고 있다.[59] 장수산성의 남쪽에는 넓은 범위에 걸쳐 건축지가 있으며 큰 토성이 있고 주변일대에는 1,000여 기의 고구려 무덤들이 있다. 축조 시기는 4~5세기라는 것을 알 수 있다.[60]

---

57 『삼국사기』권37, 지리지 백제조, '按古典記……歷三百八十九年 至十三世近肖古王 取高句麗南平壤 都漢城.'
58 '按古典記……至十三世近肖古王, 咸安元年 取高句麗南平壤 移都北漢城〈今楊州〉.'
59 손영종, 앞의 책, pp.175~179.
  손영종, 「력사과학 논문집」14, 과학백과사전 종합출판사, 1969, p.270.
60 『조선고고학 전서』 중세편1, pp.158~159.

6) 평산(平山)지역

평산은 고구려의 대곡군(大谷郡)인데, 다지홀(多知忽)이라고 하였다. 신라에서 영풍군(永豊郡)으로 고쳤으며, 고려 초기에 평주로 고쳤다.[61] 이 곳의 진산은 멸악산(滅惡山)이다. 바다와의 거리는 150로서 먼 편이다. 그러나 내륙과 해안을 이어주는 교통의 요충지이다. 성의 동쪽은 곧 예성강이고 북쪽과 남쪽은 높지 않은 산줄기와 잇닿아 있으며 서쪽은 구릉을 낀 평지이다.

(1) 태백산성(太白山城)

『신증동국여지승람』성지조에는 태백산성이 동쪽으로 4리에 있으며, 신라 경덕왕 21년에 쌓았으며, 후에 성황산성(城隍山城)이라고 하였다고 한다. 그리고 둘레가 1만2천1백11척, 곡성(曲城) 4, 옹성(甕城) 8, 성문(城門) 4이라고 하였다.[62] 그런데 『신증동국여지승람』고적조에는 성황산성이 부의 동쪽 5리에 있으며, 둘레는 7천5백25척에 높이가 20척이며, 성안에 우물이 한 군데 있다고 하였다.[63] 어떤 것이 정확한 것인지, 또 같은 성을 가리키는 것인지 분명하지가 않다.

그런데 근래에 조사한 결과에 따르면 성의 둘레는 2,425m이다. 동문 앞을 흐르는 례성강을 전탄(箭灘)이라고 하는데 이름 그대로 물살이 화살처럼 빨라서 적군이 성에 다가오는 것을 막는데 매우 유리하게 되어있다. 뿐만아니라 동벽의 바로 앞에 예성강이 흐르므로 그것은 이 성의 자연해자로 되고 있다. 발견된 기와조각은 바탕흙이 붉은 진흙이며 표면에 격자무늬가 있고 안면에는 베천자리가 찍힌 것으로서 대성산성이나

---

61 『신증동국여지승람』권41, 평산도호부 건치연혁.
62 『신증동국여지승람』권41, 평산도호부 성지조.
63 『신증동국여지승람』권41, 평산도호부 고적조.

청암토성에서 나온 고구려기와 같아 태백산성의 축조년대는 4세기~5세기 초로 본다.[64] 그 외에 자모산성(慈母山城), 철봉산성(鐵峯山城), 부(府)의 북쪽으로 독발산(禿鉢山) 봉수가 있고, 남쪽으로는 가까이에 남산(南山)봉수, 약간 먼 곳에 성관(城串)봉수가 있다.

7) 옹진(甕津) 지역

옹진현(甕津縣)은 고구려의 옹천(甕遷)인데 고려 초에 이름을 고쳤다. 중국의 산동반도에서 황해를 건너오는 배들이 제일 먼저 보는 곳이 바로 이 옹진군의 옹진반도이다. 매우 복잡한 리아스식 해안이며, 만과 포구가 많다. 특히 장산곶 등은 항로상에서 매우 중요한 곳이다. 장연(長淵)의 혹도(鵠島:白翎鎭) 등은 고구려 소속이었는데[65] 등주(登州)의 어부들이 경유하는 곳이고[66] 중국의 배가 국경을 범하여 들어오는 것은 반드시 먼저 이곳에 이르게 된다.[67]

(1) 옹진성

옹진고성은 옹천성인데 예전에는 반도 끝에 자리 잡았다. 이 성은 옹진읍에서 약 10km 떨어진 본영리에 있다. 본영리는 조선시대 때 황해도 수군이 있었던 자리이다. 본영리는 리조초기까지도 세면이 바다와 강으로 막혀있어 하나의 작은 반도로 되어 있었다. 옹진군의 옛 이름은 '옹천'이라고 불리워왔다는 것은 이러한 지형상의 특징 즉 독을 엎어놓은 모양으로 되어있고 성 밖은 급한 경사를 이루고 있는데서 유래한다. 서해의 해상 통로로서 방어 및 해상군사활동을 위한 작전 및 보급기지가 되기 유리한

---

64 『조선고고학 전서』중세편1, pp.159~161.
65 『增補文獻備考』18卷, 郡縣沿革 4.
66 『增補文獻備考』35卷, 關防 11.
67 『增補文獻備考』34卷, 關防 10.

자연지리적 조건을 갖추고 있다. 서경포(西京浦)에 소금가마가 있었다. 예전에는 배가 성문 밖까지 다녔다고 한다. 망해루(望海樓)가 객사 동쪽에 있었던 사실은 이 성이 해안 방어와 깊은 관련이 있음을 알 수 있다.[68] 축조년대에 대해서는 정확하게 알 수가 없다. 『고려사(高麗史)』 병지(兵志) 성보조(城堡條)에 의하면 공양왕 3년(1391)에 쌓았다고 한다.

옹천성은 멸악산 줄기의 한 가지인 불타산 줄기 남쪽 끝에 있는 광대산의 여러 개 봉우리와 그 사이에 있는 비교적 넓은 골짜기를 포괄하고 있으며 서남쪽의 일부에는 평지에까지 성벽이 뻗어있다. 바다와 가까운 지역이며 특히 황해의 먼바다를 직접 관측할 수 있는 곳에 있다. 자연지세를 이용하여 쌓았는데 성의 총둘레는 약 4.3km로서 비교적 큰 규모의 성이다. 지금 남아있는 토성벽은 약 3.5km된다. 성에서는 집자리와 우물터를 비롯하여 많은 유적과 유품들이 조사되었다.[69] 그런데 화강석을 사각추형태로 가공한 것이 많으며 또한 성 쌓기 양식도 고구려와 유사하다.[70] 성의 위치와 기능 등을 고려할 때 고구려 당시에 해양방어체제의 일환으로 쌓았을 가능성이 크다.

8) 태탄(苔灘)지역

태탄지역은 원래 옹진군이었다. 태탄면은 옹진군 용연군과 함께 대동만을 공유하고 있다. 그러나 태탄군은 안쪽에 있으므로 대동만의 중심지역은 역시 태탄일 수 밖에 없다.

---

68 『新增東國輿地勝覽』.
69 『력사과학』, 1986, 2호, pp.30~43.
70 최창빈, 「옹진고성(고구려의 옹천성)에 대하여」, 『력사과학』 86-2, pp.39~43.

(1) 오누이산성

황해남도 태탄군 성남리에 있는 오누이산성은 전략적으로 중요한 위치에 있는 성이다. 성에서 남쪽으로 조금 나가면 곧 바다에 이른다. 성은 좌우로 과인, 은을 방면과 해주, 배천을 비롯하여 황해남도의 해안지역들을 관결하는 통로에 위치하고 있으며 북쪽으로 신천, 재령, 사리원 쪽으로 통할 수 있는 교통의 요지에 있다.

성남리의 오누이 산성은 장대에서 바다를 바라볼 수 있다. 성은 산봉우리와 산릉선을 따라 쌓은 전형적인 고로봉식 산성인데 그 둘레는 약 3.5km나 된다. 산성을 쌓은 수법을 보면 산을 깎아 한쪽면을 쌓은 곳도 있고 양면쌓기를 한곳도 있다. 양면은 가공한 돌로 쌓고 가운데는 막돌을 넣었다. 성의 흔적은 뚜렷하지만 지금은 다 허물어져서 성벽이 제일 높은 곳은 2.9m나 되는곳도 있으나 대체로 1.5m~2m 정도이다. 답사과정에서 4개의 문자리와 2개의 장대자리가 발견되었다. 성의 정문인 남문으로부터 약 500m 올라가면 못자리 흔적도 보이며 성안에는 돌원천이 풍부하다. 또한 집자리로 인정되는 곳들이 여러 군데 있다.

9) 용연(龍淵)지역

용연읍은 바다와 잇닿아있는데 이곳으로부터 육로는 장연, 삼천을 거쳐 북쪽으로 통할 수 있고 황해남도 서해안의 여러 지방들과도 통할 수 있다.

또한 예로부터 해상활동기지의 하나였으며 지금도 서해안의 중요 항구의 하나로 이용되고 있다. 황해도에서 가장 서쪽으로 튀어나온 지역으로서 전체가 반도이며, 끝에는 장산곶이 있다. 장산곶(長山串) 건너가 바로 고구려의 혹도였던 백령도이다. 백령도는 대동만(大東灣)의 입구를 막아주는 역할을 한다.

(1) 용연읍성(邑城)

용연읍은 대동만이 시작되는 초입에 있다. 용연읍성은 용연읍의 서남쪽에 있는 평지성으로서 그 둘레는 약 400m이다. 돌로 쌓았는데 현재 성벽의 높이는 약 2m이다. 성문은 남쪽에만 있다. 용연읍성은 비록 규모가 작은 성이지만 바다로도 진출할 수 있다. 대동만의 입구부근인 옹진군과 용연군에는 조그만 규모의 해안성들이 있었을 것이다.

10) 강령(康翎)지역

강령군은 고구려의 부진이(付珍伊)였는데 고려 초기에 영강(永康)으로 고쳤다. 봉황산(鳳凰山)이 북쪽 10리에 있는 진산이다. 경기만을 이루는 북부의 가장 외곽지역이다. 반도형태로 되어 있고, 많은 섬들이 있다.

(1) 강령읍성(邑城)

강령읍은 강령만의 깊숙한 곳에 있고, 강령읍성은 바다옆에 위치해 있는 포구성으로서 해양방어체제와 관련이 있다.

황해도에는 위에 언급한 성들 외에도 배천의 강서사고성, 미라산성 등이 예성강 우안에 있고, 배천군 정촌리에는 동아산성이, 문산리에는 털미산성이 있으며, 연안군 해남리에도 토성이 있고, 라진포리에는 남대리 산성(둘레 4km)이 있다. 그 중 문산리 라진포리 해남리의 성들은 바로 해변가에 위치하고 있다.[71] 이와 같이 황해남도의 해안지역 가운데서 전략적으로 중요한 지점들, 다시 말하여 상륙조건이 유리하고 수륙교

---

71 손영종, 앞의 책, p.299.

통의 요충지들마다에는 거의 빠짐없이 성이 있다. 특히 해주, 연안과 같이 육로와 바다를 통하여 남북으로 가장 빨리 진출할 수 있는 지점들에는 그의 전략적 비중을 높여 이중으로 성이 배치되어 있었다. 이러한 성들은 일정한 방어구역을 설정하고 고립된 요새로서가 아니라 이웃 성들을 설정하고 고립된 황해남도의 해안지역을 지키는 하나의 성방어체계를 이루고 있었다고 볼 수 있다.

4. 결어

위에서 살펴본 바와 같이 이 지역에는 성들이 많이 있었고, 그 성들은 유기적인 관계를 맺으면서 치밀한 방어체계를 구축하고 있다. 더구나 대부분의 성들은 해안가나 해안을 방비할 정도의 거리에 위치해 있어, 4세기 후반 고구려 또는 백제에 의해 축조되었고, 해안을 통해서 공방전이 이루어졌음을 강하게 시사하고 있다.

평양성 공방전과 양국의 격돌이 중부 해안지대를 중심으로 벌어진 일련의 사실들은 양국이 남북으로 각각 진출하면서 격돌하였으며, 그것은 지정학적인 조건과 전략상으로 보아 해상권쟁탈의 성격도 있었음을 알려 준다. 더구나 해양과의 관련성은 양국의 대중국외교와 불가분의 관계를 맺고 있었다. 백제가 중국과 교섭을 할 때 이 지역의 확보가 없이는 자유롭게 바다로 나갈 수 없다. 반면에 경기만을 장악하면 바로 위에 있는 고구려의 대동강 하구 유역을 견제할 수 있다. 따라서 고구려가 대백제전(對百濟戰)을 염두에 둘 경우 이 지역의 해안방위에 무관심할 이유가 없으며 해상권 확보에 힘을 기울이지 않을 수 없다.

06
고대 한강 강변방어체제 연구 1*

―한강 하류지역을 중심으로―

1. 머리말

한강은 우리나라 중부의 가장 중요한 하천으로서 길이가 481km이고, 유역면적이 압록강 다음으로 넓다. 남한강과 북한강이 양수리에서 합쳐진 후에 북서방향으로 틀어 도중에 왕숙천(王宿川)·한천(漢川)·탄천(炭川)·양재천(良才川)·안양천(安養川)·창릉천(昌陵川)·곡릉천(曲陵川) 등의 지류와 합류한다.[1] 평야가 발달하였는데, 가장 큰 규모는 김포평야의 일부로서 현재의 김포시와 고양시 등 한강 하안(河岸) 일대가 포함된다. 한강은 한민족이 역사를 발전시켜 가는데 정치·군사적인 측면에서 중요한 의미를 지니고 있다.

첫째, 한강은 정치적으로 내륙 통합의 계기를 마련하고, 경제적으로 물류체계를 원활하게 하여 경제권을 형성한다. 한반도의 서쪽은 지형이 낮기 때문에 강들이 서해안으로 흘러 들어가는 하계망(河系網)을 구성하고 있다. 평양(平壤)을 중심으로 대동강(大同江)이 있고, 특히 남쪽으로는 예성강(禮成江)·임진강(臨津江)·한강(漢江)이 하계망

---

* 「한강 고대 강변 방어체제 연구 1-한강하류지역을 중심으로-」, 『향토서울』 61, 서울시사편찬위원회, 2001.
1 서울 特別市史編纂委員會, 『漢江史』, 1985, pp. 28~29.

을 구성하면서 서해 중부로 흘러 들어가 경기만을 구성한다.[2] 한강 하류를 장악하면 중부해상권의 장악은 물론 그 주변, 하계망과 내륙수로(內陸水路)를 통해 한강 유역·임진강 유역·예성강 유역·옹진반도(甕津半島)·장연군(長淵郡)의 장산곶(長山串) 등 내륙(內陸) 통합의 계기를 마련할 수 있다.[3]

이중환(李重煥)은 『택리지(擇里志)』에서 용산·마포·토정·농암 등 강촌마을들은 모두 서해와 통한다는 이점으로 팔도의 배들이 모인다고 하였다. 실제로 조선시대의 조운(漕運)은 이 한강을 절대적으로 활용하였다. 이러한 현상은 그 이전 시대인 고려나 남북국시대, 삼국시대에도 거의 유사했을 것이다. 그리하여 강변에는 많은 나루(津)와 포구 등이 있었으며, 내륙에서 내려온 산물과 바다에서 거슬러 온 물산들을 모아 놓고 서로의 교환을 성사시키는 장소와 기구들이 설치되었다.

둘째, 한강 하류는 강화도와의 관련성 속에서 그 가치와 의미를 파악해야 한다. 한강은 남·북한강이 경기도 양수리에서 만날 때까지 한반도 중부의 거의 모든 지역과 연결되면서 흐르고 있다. 이 강이 최종적으로 흘러 들어가는 곳이 바로 강화도이다. 또한 연천·파주 등 경기 이북을 흐르는 임진강이 김포반도에서 한강과 합쳐져 다시 내려오다가 바다와 만나는 곳도 강화도이다. 특히 황해도 지역을 아우르며 개성과 이어진 예성강이 한강과 만나는 곳도 강화도 북부이다. 예성강 뿐만 아니라 연안군(延安郡) 등을 통하면 재령강(載寧江)과 연결되고, 대동강과도 이어질 수가 있다. 따라서 이러한 직·간접으로 이어진 하계망을 활용하면 한반도 중부 지역 전체에 강한 영향력을 행사할 수 있다.

셋째, 한강은 경기만을 통해 해양으로 진출하는 출구이며 동시에 바다에서 들어

---

2 河系網의 이론에 대해서는 權赫在, 『地形學』, 법문사, 1991, pp.108~117 참조.
3 윤명철, 「長壽王의 남진정책과 東亞地中海의 역학관계」, 『高句麗南進 經營史의 硏究』, 백산자료원, 1995, p.509.

오는 입구이다. 경기만은 동아지중해에서 가장 의미있는 역학관계의 핵(核)이고, 실제로 힘의 충돌과 각축전이 벌어진 곳이다. 동아지중해에서 일본열도를 출발하여 압록강 하구와 요동반도(遼東半島)를 경유하여 산동(山東)까지 이어지는 남북 연근해항로(沿近海航路)의 중간기점이고, 동시에 한반도와 산동반도를 잇는 동서 횡단항로(橫斷航路)와 마주치는 해양교통의 결절점(結節点)이다. 또한 한반도 내에서도 경기만은 지정학적(地政學的) · 지경학적(地經學的) · 지문화적(地文化的) 입장에서 보아 필연적으로 각 국 간의 질서와 힘이 충돌하는 현장이었다. 따라서 경기만과 직접 관련을 맺는 한강 하류는 매우 중요한 곳이다.

한강 하류는 이러한 전략적인 조건을 갖추고 있으므로, 이 지역을 차지하고 영향권을 확대하기 위하여 각 나라들은 존속기간 내내 생존을 걸고 치열한 공방전을 벌였다. 자국이 점유한 지역을 중심으로 치밀하고 복합적이며 다양한 해양 및 하안방어체제(河岸防禦體制)를 구축하였다. 해양방어체제는 적 수군의 침입 방어와 국토의 보존이라는 원론적인 점 이외에 외교통로 및 교역로를 보호하며 수군활동을 양성하는 복합적인 의미를 가졌다. 따라서 경기만과 이어지는 한강 하류의 방어체제는 이러한 해양방어체제[4]와 유기적인 시스템을 구축해야 한다.

경기만의 해양방어체제와 한강하류 하안방어체제는 전술적으로 또 국가정책과 관련하여 매우 의미가 있다. 따라서 그 위치와 규모 · 성격을 정확히 파악하는 일은 당시의 전황은 물론 전쟁의 기본성격과 변화하는 국제질서의 한 단면을 알 수 있는 단서를 제공한다. 뿐만아니라 지리적 · 지형적 · 역사적 배경으로 보아 방어체제의 구체적인 모델로서 중요한 가치가 있다. 본고는 한강의 하안방어체제를 연구하기 위하여 1

---

[4] 해양방어체제의 성격과 기능에 대하여는 윤명철, 「江華지역의 해양방어체제연구-關彌城 위치와 관련하여」, 『사학연구』58 · 59 합집호, 1999 및 「경기만 지역의 해양방어체제」, 『고구려 산성과 해양방어체제』, 백산출판사, 2000 참조.

차적으로 한강 하류를 대상으로 삼아 전략적으로 중요한 몇 개 지역을 선정한 다음에, 현장을 직접 조사하고, 그 곳의 성 등을 중심으로 살펴보았다.[5]

백제는 한강 하류의 하안도시국가(河岸都市國家)로서 출발하였고, 수도를 내륙 쪽으로 이동시킨 후에도 역시 한강과 관련이 있었다. 따라서 한강하류 방어체제는 수도방어라는 차원에서 매우 중요한 사업이었다.

본고는 목적에 따라 삼국시대와 관련 가능성이 있는 성들을 선택한 다음에 성의 위치와 중요도에 따라 거점성을 언급하고, 주변의 방어체제들을 언급하는 방법을 취하였다. 그리고 필요에 따라서는 기존에 알려진 산성 외에 새로 발견된 성들과 체제들도 언급하였다. 사료와 기존의 논문 및 발굴보고서를 활용하되 현장조사 결과를 보완하였으며, 하안방어체제에 대해서도 성을 둘러싼 공방전의 내용, 주변 방어체제와의 구체적인 관련성, 교통로와의 상관관계 등은 필요한 내용임에도 능력의 한계와 사료 및 자료 부족으로 인하여 추후 과제로 미룬 채 개괄적으로 언급하였다. 또한 현장 및 유물 등에 관한 많은 사진자료가 있으나 본고에서는 일부만 소개하게 되었다.

다음 기회에 좀 더 충실한 연구성과를 내놓고자 한다.

---

5 이 논문에서 주로 사용된 지도는 고지도로서는 「大東輿地圖」, 「青邱圖」 및 군현지도(1872년도에 제작하고, 서울대 규장각이 영인한 『조선후기 지방제도』의 경기도편을 이용하였다.)를 사용하였고, 근대지도로서는 1900년 대 초에 일본이 제작한 지도를 사용하였다. 그리고 최근에 국립지리원이 제작한 25,000분의 1 지도를 활용하였다. 그런데 현재의 지도로서는 당시의 지형을 알기가 힘들다. 따라서 본고에서는 지형이 변하기 이전에 측량하고 제작한 일본지도를 많이 참고하였다.

2. 한강 하류의 역사적 환경

1) 삼국시대 전기(방어체제의 1단계)

한강 하류의 형태는 수없이 변화되었을 것으로 추정된다. 특히 하도(河道)는 여러 가지 요인에 의해 변화되었을 것이다. 난지도(蘭芝島)나 능곡(陵谷) 하류의 하중도(河中島)도 매우 많이 변화하였다. 한강 하류지역은 경작지가 넓고 수량이 풍부하며 바다와 연결되는 곳에 있으므로 일찍부터 인간이 거주하면서 역사를 발전시켜왔다. 전곡리 유적 등 구석기유적들이 발견되고 있어 일찍부터 사람들이 거주하였음을 알려준다. 신석기시대의 유적지들이 발견되어 한강 하류가 집단 취락지구였음을 알려준다. 미사리(渼沙里)·암사동(岩寺洞) 유적 등은 토기의 발견으로 유명하다.

벼농사 문제도 있다. 볍씨는 강화 우도(牛島)에서 장두형(長頭形)이 발견되었고, 최근에는 김포·고양·일산 등지에서도 벼농사의 유적들이 발견된다.[6] 현재도 고양·파주·김포·강화 등 한강 하류지역은 대표적인 벼농사 지역이다.[7] 대동강유역·한강유역 등 서해안지역에는 특히 청동기문화의 흔적들이 많이 발견되고 있다. 이러한 전통은 그대로 역사시대로 이어졌으며, 역사적 위치와 전략적 중요성은 더욱 커졌다.

경기만이 본격적인 역사의 중심부로 등장하고, 한강 하류를 중심으로 한 방어체제가 성립된 것을 역사적 상황과 관련시켜 보면 몇 개의 시기로 나눌 수 있다.

첫 번째는 진국(辰國)과 삼한(三韓)에 소속되어 있던 소국(小國)들의 시대를 거쳐 백제가 경기만을 처음으로 장악한 삼국 전기에 해당한다. 각각의 소국들은 주로 해안가

---

6 任孝在, 「京畿道 金浦半島의 考古學的 調査研究」, 『서울대박물관 연보』 2, 1990, p.13에서 이는 양자강 하구에서 직접 바다를 건너 도달한 것이 아닌가 생각한다고 하였다.
7 서울 特別市史編纂委員會, 앞의 책, p.140.

나 큰 강의 하류에서 발생하고 성장하였다. 농경을 하기 위해서는 큰 강이 모여 바다로 흘러가는 해안가의 가까운 곳에 형성된 충적평야에서 이루어지는 것이 훨씬 유리하였다. 뿐만 아니라 소금의 공급과 어로생활을 위해서도 해안 가까이에 거주하는 것이 훨씬 유리했다. 또한 각 소국들 간에는 물론 바다를 건너 외국과도 교역하는데 유리했다. 삼한(三韓) 각국과 중국 지역과의 관계에 대해서는 『후한서(後漢書)』·『삼국지(三國志)』 등의 기록을 통해서도 확인이 된다. 일본열도에서도 마찬가지였다. 소국들에 대한 최초의 기록은 『한서(漢書)』 지리지(地理志)에서 왜(倭)란 명칭으로 나타난 이후 『후한서(後漢書)』 동이전(東夷傳)에 나온다.[8] 소국들은 필연적으로 해양문화가 발달했고, 교역을 통해서 성장한 해항 도시국가(海港 都市國家, polis) 혹은 하항도시국가(河港都市國家)의 성격을 가지고 있었다.[9] 하지만 초기에 만들어진 도시나 성들은 물가를 중심으로 한 소규모의 성이다. 바다나 큰 강의 물가 가까이 성을 쌓고 도시를 건설하는 일은 현실적으로 어려웠다. 따라서 규모가 작았으며 기능도 단순하였을 것이다. 초기의 산성들에서는 테뫼식 형태였을 것이다. 후대에 진보(鎭堡)나 돈대(墩臺)로 사용된 방어체제는 초기 하안방어성(河岸防禦城)의 형태 및 기능과 유사한 것으로 여겨진다.

  방어체제와 관련하여 한강 하류에 본격적인 비중을 둔 것은 백제부터였다. 백제는 경기만의 한강수계를 중심으로 한 서부해안에서 건국된 지정학적 조건과 역사적 배경으로 인하여 출발부터 해양 및 한강 하류와 깊은 관련이 있다. 졸본부여(卒本扶餘)를 출발한 비류(沸流)와 온조(溫祚) 집단은 선단을 구성하여 연근해 항해를 하다가(필요에 따라서는 연안 항해도 병행하였을 것이다.) 도중에 몇 군데에 상륙하였을 것이다. 남항(南航)하다가 낙랑세력이 장악하고 있었을 대동강 하구유역을 멀리서 우회한 다음 경기

---

8 『後漢書』 東夷傳, 「倭在韓東南大海中 依山島爲居凡百餘國 自武帝滅朝鮮 使譯通於漢者三十許國 國皆稱王 世世傳統 其 大倭王居邪馬臺國……」.

9 尹明喆, 『동아지중해와 고대일본』, 청노루, 1996, p.93~94.

만의 한 지점으로 상륙하였을 것이다.

이들의 이동경로를 구체적으로 알려주는 유일한 표현이 있다. 『삼국사기』 백제본기의 이설(異說)에는 비류가 동생과 따르는 무리들을 이끌고 패수와 대수를 건너서('渡浿帶二水') 미추홀(彌鄒忽)에 정착하였다고 하였다. 이병도는 이때 패수의 위치는 일반적으로 예성강으로 추정하며 대수의 위치를 임진강으로 보고 있다.[10] 그런데 임진강과 조강(祖江)을 포함한 광범위한 한강 하류지역일 가능성이 크다.[11] 패수인 예성강은 강화도와 교동도 사이의 소지중해 같은 만으로 흘러 들어오기 때문이다.[12]

온조왕(溫祚王)은 43년(25)에 아산원(牙山原)에서 5일 동안 사냥을 함으로써[13] 아산만(牙山灣)에 대한 관심과 영향력이 있었음을 보여준다. 전략적인 가치가 충분한 서해 중부(西海中部) 해상권(海上權)을 장악하려는 의도로 추진한 것이다. 고이왕(古爾王) 3년(236)에 "10월에 왕은 서해의 대도(大島)에서 사냥을 하였는데, 왕은 손수 사슴 40마리를 쏘아 잡았다"[14]라는 기록이 있다. 이는 해안 방어와 해양 진출을 동시에 모색하는 행위로 판단된다.

한편 백제는 책계왕(責稽王) 때에 한강 강변방어체제를 쌓았을 것으로 판단된다. 고구려가 대방을 공격하자 백제의 책계왕은 대방의 왕녀인 보과(寶菓)와 혼인한 처지였으므로 구원군을 파견하였다. 하지만 곧 고구려의 보복을 두려워하여 아차성(阿且城)을 쌓고, 사성(蛇城)을 고쳐 쌓았다.[15] 이 두 성은 현재 워커힐 뒷산의 아차산성과 건

---

10 李丙燾, 「百濟의 建國問題와 馬韓中心勢力의 變動」, 『韓國古代史』, 박영사, 1976, p.470.
11 金聖昊, 『沸流百濟와 日本의 國家起源』, 지문사, 1984, pp.42~43에서 몇가지의 기록과 상황을 통하여 이때 帶水를 祖江으로 보고 있다.
12 비류의 이동경로와 정착과정에 관해서는 윤명철, 「비류집단의 이동경로와 정착에 대한 검토」, 『상고시대 인천의 역사탐구』, 가천문화재단, 2000 참조.
13 『三國史記』권23, 백제본기, 溫祚王 43年, 「四十三年 秋八月 王田牙山之原 五日」.
14 『三國史記』권24, 백제본기, 古爾王 3年, 「三年冬十月 王獵西海大島 王手射四十鹿」.
15 『三國史記』권2, 백제본기, 責稽王 元年.

너편의 구산토성(龜山土城)[16] 혹은 풍납토성(風納土城)으로 알려져 있다. 현장의 환경을 검토하면 한수 이남의 수도성을 방어하기 위한 강변방어체제이다. 따라서 그 외에도 외곽이나 한강 수로 입구 부근의 강변에도 방어체제를 구축하였을 가능성이 높다.

2) 삼국시대 중기(방어체제의 2단계)

삼국이 고대국가로 발전하고, 각 국간에 정치·군사적인 대결이 심각해짐에 따라 방어체제도 점차 체계적이 되었다. 무기가 개발되고 전술과 전략이 변화하고 발전하였으며, 이에 따라 작전반경의 확대 등도 이루어졌다. 성의 규모도 커지고 방어시스템도 조직적이 될 수밖에 없었다. 특히 선박의 크기가 커지고 성능이 우수해짐에 따라 상륙지점 혹은 공격지역에 변화가 생기게 되었다. 또한 한강 하류 및 해안가의 성은 방어체제 뿐만 아니라 자국의 외교사절·교역선단 등을 보호하고 해양 진출을 위한 교두보(橋頭堡) 내지 진출거점이라는 본격적인 기능도 하였다. 따라서 성의 구축 등 하안(河岸) 및 해양방어체제의 구축은 매우 중요한 국가적 과제가 되었다.

4세기에 들어오면서 백제와 고구려의 팽팽한 대결로 한반도의 역학관계에도 변화가 발생하였다. 고구려는 낙랑(313)과 대방(314)을 멸망시켰고 이어 남진정책을 본격적으로 취하였다. 미천왕(美川王)의 뒤를 이어 고국원왕(故國原王)은 남진정책을 적극적으로 추진했다. 그는 북방전선에서 연(燕) 등과 교전을 하는 한편 평양을 중시했다. 즉위 4년에 평양성을 증축하고, 13년에는 연(燕)나라 모용황(慕容皝)의 침입을 받았을 때 동황성(東皇城)에 머무른다.

한편 백제는 한반도 내부의 토착세력들을 정복·병합하고, 한편으로는 낙랑(樂

---

16 方東仁, 「風納里土城의 歷史地理的 檢討」, 『白山學報』 16호, 1974에서 사성을 구산토성으로 보았다. 吳舜濟, 『한성백제사』, 집문당, 1995, p.49 참조.

浪)・대방(帶方) 등 중국의 주변세력과 직접적으로 대항하면서 성장하였다. 특히 한강 유역의 거점을 확보하면서 한강수계와 서해중부 해안이 가진 경제・외교적인 이점을 최대한 이용하였다. 백제의 의욕적인 정복사업은 4세기에 이르러 남방으로 영토를 팽창하는 일에 주력하였던 고구려와 충돌하지 않을 수 없었다. 근초고왕(近肖古王)은 북진정책을 추진하면서 대고구려전을 과감히 수행하였다. 낙랑과 대방의 멸망으로 정치적으로 진공상태인 중서부의 해안지대를 장악하려면 한수(漢水) 북방으로 진출해야 했다. 또한 화북지역과의 외교관계는 물론 교역망을 확충하고 독점하려는 경제적 필요성이 커졌기 때문이다. 결국 고구려의 남진과 백제의 북진은 한강 하류지역과 경기만에서 충돌하기 시작했다. 고구려는 369년에 치양(雉壤)전투에서 패배하였으며, 371년에는 고국원왕이 근초고왕의 백제군과 전투를 벌이다가 전사하였다.[17]

이 후에도 양국은 주로 패하(浿河, 예성강) 일대에서 전투를 벌였다. 373년에 백제가 청목령(青木嶺) 일대에 성을 쌓은 사실은 당시의 주요 전선이 예성강 일대였음을 반증한다. 386년에 백제는 성을 쌓았는데, 청목령으로부터 북으로는 팔곤성(八坤城)에 연하여 있고, 서쪽으로는 바다에 연이어 있었다.[18] 이는 역시 해안방어체제의 일환이었다.[19] 광개토대왕이 백제를 일단 제압한 다음 394년에 쌓은 국남 7성 또한 해안방어체제 및 한강 하류 방어체제의 일환이다.

고구려와 백제가 경기만과 한강 하류지역을 놓고 갈등을 벌일 때 광개토대왕이 왕위에 올랐고, 그로 인하여 이 지역은 역사적으로 질적인 변신을 했다. 대왕은 첫 해부터 동서남북으로 전방위 정복활동을 추진하였다. 백제 공격은 즉위년부터 대왕 17년(407)의 정벌 때까지 계속되면서 예성강 및 한강유역의 백제 활동영역을 완전히 점령

---

17 『三國史記』권24, 백제본기, 近肖古王 26年.
18 『三國史記』권25, 백제본기, 辰斯王 2年.
19 尹明喆,「경기만 지역의 해양방어체제」,『고구려산성과 해양방어체제』, 백산출판사, 2000 참조.

하였다. 특히 원년에 한수(漢水) 이북을 점령하고 관미성(關彌城)을 공함(攻陷)하였으며, 석현(石峴) 등 10성을 빼앗았다. 이는 한반도 중부의 역학관계를 질적으로 전환시키는 계기 했다. 대「광개토태왕릉비문(廣開土太王陵碑文)」 영락(永樂) 6년조의 기사에 따르면 대왕은 6년(396)에 친히 수군(水軍)을 거느리고 해양을 통해 백제를 공격하였다. 이 때 공파(攻破)된 50여 성은 군사적·정치적 요충지로서 해안·하안방위와 관련된 시설들이었을 것이다. 강화도(교동도를 포함) 혹은 한강수계 하류지역의 한 지점으로 비정되는 관미성(關彌城), 통진(通津)으로 비정되는 비성(沸城)과 아단성(阿旦城), 인천지역으로 비정되는 미추성(彌鄒城)과 남양만(南陽灣) 지역 등을 점령한 사실이 이를 증명한다.

당시 고구려는 기병(騎兵)과 수군(水軍)을 활용한 선제공격 및 협공을 하는 수륙양면작전을 실시했다. 수군은 3개 방향으로 상륙했던 것 같다. 제1로는 대동강 유역을 출발한 다음에 예성강 하구와 한강이 만나는 강화 북부에서 한강 하류를 거슬러 오면서 김포반도와 수도를 직공했다. 제2로는 인천상륙작전을 감행하여 한성으로 진입하였다. 제3로는 남양만으로 상륙하여 수원·용인 등을 거쳐 한성의 배후를 친다. 수군을 동원하여 수도를 직공한 것이다.[20] 백제는 고구려의 폭풍같은 공격에 대하여 방어체제를 구축하였는데 아신왕(阿莘王)은 쌍현성(雙峴城)을 뒤를 이은 전지왕(腆支王)은 사구성(沙口城)을 축성하였다. 물론 이러한 성들은 결국 고구려의 영토가 되어버렸다.

그 후 장수왕이 왕위에 오르며 국제정세는 더욱 백제에게 불리하게 작용하였다. 고구려는 427년 수도를 평양으로 천도하고, 475년에는 대군을 동원하여 한성을 점령하고 개로왕을 죽였다. 물론 이 당시에도 수군작전이 병행되었을 것이다. 또한 한강변의 방어체제를 공격하면서 도하하거나 직공해 들어왔을 것이다. 특히 수도인 한성을 공격하기 위해서는 반드시 한강을 도하하여야 했다.

---

20 위의 논문, p.404~405 참조.

경기만과 한강 유역을 장악한 고구려는 점령지역을 다스리는 행정의 치소(治所)로서 적을 방어하는 군사적인 목적으로 성들을 곳곳에 구축하였다. 대체적으로 군사적인 요충지는 지정학적인 요인에 가장 영향을 받기 때문에 점령군이 바뀌었다고 해도 크게 달라지지 않는다. 때문에 고구려는 종래 백제나 신라가 만든 성을 기본적으로 그대로 사용하였을 것이다. 다만 고구려의 축성은 장소의 선정이나 축성술이 백제나 신라와 달랐을 뿐만 아니라 기술적으로 뛰어났으므로 새롭게 쌓은 경우도 적지 않았을 것이다. 또한 달라진 방어체제와 개념으로 인하여 용도에 맞게 개축하거나 새롭게 축성하였을 것이다. 동일한 성을 두고 고구려성과 백제성이라는 기술이 혼용되어 나타나는 것은 이러한 역사의 반영이다. 특히 김정호는 『대동지지(大東地志)』에서 이러한 사실을 목차 뿐만 아니라 내용에서도 기록하고 있다. 삼국시대의 하안 및 해양방어체제는 4세기 중반에서 5세기에 걸치는 이 2단계에 가장 많이 구축되었고, 또 효용성이 컸을 것이다.

3) 삼국시대 후기(방어체제의 3단계)

삼국시대는 후기에 들어서면서 고구려와 백제 외에 신라가 가세하여 본격적인 삼국의 쟁패전이 벌어졌다. 주된 전장은 내륙으로 옮겨갔고, 대규모의 군사와 기마병이 동원되는 양상으로 바뀌면서 한강 강변방어체제는 상대적으로 의미가 약화되었다. 고구려의 예봉에서 벗어난 백제와 예속에서 벗어나려는 신라는 1차 나제동맹(羅濟同盟)을 맺어가면서 고구려에 저항하였으며, 때로는 북진을 시도하기도 하였다. 개로왕의 죽음과 한성을 상실한 이후에 백제는 웅진(熊津)으로 수도를 옮겼다. 그러나 백제는 꾸준히 고구려를 공격하면서 한강 유역의 영토를 회복하려고 하였다.

고구려 문자왕(文咨王)이 치양성(雉壤城)을 공격하였을 때 백제는 신라에 구원을 청하였다. 이 곳이 백제의 영역이었다는 반증이다. 무녕왕(武寧王)은 즉위(501)하자마자 11

월에 황해도의 신계(新溪) 지역에 있었고, 고구려의 중요한 거점성이었던 수곡성(水谷城)을 공격하였다. 『삼국사기』 고구려본기에도 문자왕 12년(503)에 동일한 기사가 실려 있다. 이 기사에 따르면 백제는 일시적이었지만 하류 지역을 회복했음을 의미한다.[21] 『양서(梁書)』의 기록을 보아도 당시의 백제는 고구려에 일방적으로 밀리는 존재가 아니라 곳곳에서 접전을 벌이면서 다시 강국이 되었던 것을 알 수 있다. 당시의 기록을 보면 전투는 한강 하류 유역이 아니라 예성강 지역과 이동의 지역에서 이루어졌다. 무녕왕은 523년에 쌍현성(雙峴城)을 쌓아 고구려의 남진에 대비하였다. 이러한 전쟁의 긴장된 상황 속에서 강변방어체제는 나름대로 제 역할을 수행했을 것이다. 고구려는 안장왕(安臧王) 때에 다시 한강 하류 유역을 장악하고 더욱 남진한 것으로 판단된다.

이 시기 한강과 관련하여 전쟁이 벌어진 기사가 있다. 즉 『삼국사기』 권37 지리지에는 일산의 고봉산과 관련하여 고구려가 이 지역을 점령한 기사를 싣고 있다. 달을성현(達乙省縣)은 한씨(韓氏) 미녀가 높은 산정에 올라 봉화를 켜서 안장왕(安臧王)을 맞이하였다고 한다. 고봉산성은 강변방어체제와 직접 관련은 없지만 상호 관련을 맺으면서 유기적인 작전을 수행할 수 있는 전략지역이다. 그러나 백제는 성왕 29년(551)에 2차 나제동맹을 체결시켜 한강 하류유역을 수복하였다. 하지만 신라의 배신으로 2년 후인 553년에 신라의 진흥왕에게 빼앗기고 말았다.

신라는 이 지역에 신주(新州)를 설치하였으나 뒤이어 이를 폐하고 북한산주(北漢山州)를 설치하였다. 한강 유역이 신라의 대내외정책에서 매우 중요하게 긴박한 장소로 부상한 것이다. 이 무렵 신라는 한강변에 현재의 아차산성으로 추정되고[22] 있는 장한

---

21 申瀅植, 『百濟史』, 이화여자대학교 출판부, 1992, pp.163~164쪽
22 명지대학교가 이 산성을 발굴하면서 신라토기를 대량으로 수습하였다. 명지대 한국건축문화연구소, 『아차산성 '96 보수구간 내 실측 및 수습발굴보고서』, 광진구청, 1998. 峨嵯山城發掘調査團, 『峨嵯山城發掘調査略報告』, 1999.

성(長漢城)을 축조하였다.[23] 이 무렵 한강의 주변지역에 방어체제를 새롭게 축성하거나 보축(補築)하였을 것이다.

7세기에 들어서서 고구려가 신라를 공격하면서 한강 유역은 다시 전장이 되었다. 제1차·2차 나제동맹 등 한강 점유를 둘러싸고 고구려·백제·신라가 서로 각축전을 벌이면서 경기만의 해양방어체제는 다시 중요한 의미를 지니게 되었다. 그러나 다시 새롭게 축성을 하는 등 적극적인 해양방어체제를 건설한 것 같지는 않다. 그런데 660년에 신라와 당군이 백제를 공격할 때 당의 군선은 김법민이 이끄는 함선 100척으로 맞이하여 금강 하구 합동상륙작전을 시도하였다. 이후에 신라와 당나라간의 전쟁이 벌어질 때도 해상전투가 활발했다. 이는 신라의 수군함대가 경기만의 어느 지역에 있었으며, 한강 하류와 직접 혹은 간접으로 관련이 있었음을 반증한다.

대고구려전의 작전반경과 당군과의 전투과정 등을 고려할 때 적어도 한강 강변방어체제는 이 무렵에 더욱 강화되었을 가능성이 크다. 특히 673년에 임진강의 호로하(瓠瀘河) 전투와 한강의 왕봉하(王逢河) 전투에서 신라가 승리를 거둔 사실은 강변방어체제의 역할에 대하여 강한 의미를 부여하게 한다. 이후에도 한강에는 강변방어체제가 구축되고, 군사·경제적으로 유용하게 사용되었을 것이다. 하지만 역시 기본토대가 구축되고 역사적으로 제 역할을 분명하게 한 것은 삼국시대였다.

---

23 『新增東國輿地勝覽』권3, 漢城府 古跡條에 이곳을 설명하고 있다.

3. 강변방어체제의 분석

1) 계양산성(桂陽山城)

계양산성은 부평(富平)의 한가운데 계양산에 있는 석성(石城)이다. 성은 주봉 동쪽 아래의 203m 봉우리와 바로 옆의 또 한 봉우리의 거의 정상부분을 돌아가며 쌓았다. 산성은 『대동지지(大東地志)』부평 산수조에서 "안남산은 다르게 계양산이라고 하며, 고성(古城)은 안남산의 동남에 있고, 둘레가 1,937척이다"라고 되어 있다. 『신증동국여지승람(新增東國輿地勝覽)』은 둘레가 1,937척이라고 되어 있다. 『조선보물고적조사자료(朝鮮寶物古蹟調査資料)』에는 "계양산성지(桂陽山城址)가 있으며, 석벽(石壁)은 석축(石築)으로서 둘레가 약 700간인데 대부분 완전하다."고 하였다. 그 외 『전국유적목록』과 『문화유적총람』上에도 이 성에 대하여 기록하고 있다.

부평은 『대동지지(大東地志)』에는 "「본백제주부토(本百濟主夫吐)」였으나 신라 경덕왕(景德王) 16년에 장제군(長堤郡)으로 바꾸었다."라고 되어 있다.[24] 물론 처음에는 백제의 영토였다. 그러나 고구려의 영토가 되었으며, 『삼국사기』 지리지 고구려편이나 『신증동국여지승람』에는 주부토군(主夫吐郡)으로 되어 있다. 인천·서울·김포 등과 연결되는 중심에 있고, 바다와는 서쪽으로 14리 밖에 안된다.[25] 이규보의 『망해지(望海誌)』에는 "이 곳이 삼면이 물이다."[26]라고 되어있다. 지리적으로도 해양방어체제와 밀접한 관계가 있는 곳이다.

이 곳은 전망이 훌륭하여 인주(仁州, 인천)나 통진을 바로 바라볼 수 있었다.[27] 강서

---

24 『大東地志』卷4, 富平, 沿革.
25 『新增東國輿地勝覽』卷9, 富平都護府.
26 『新增東國輿地勝覽』卷9, 富平都護府, 形勝條.
27 『新增東國輿地勝覽』卷9, 富平都護府, 山川條.

구의 개화산(開花山)·양천구 일대·김포평야 일대가 보인다. 한강 너머로는 일산·고양·행주산성 등이 보이고, 마포구 일대는 물론 북한산성도 보인다. 뿐만 아니라 남으로 철마산(鐵馬山 : 남동 4km)·문학산(文學山 : 서남 10km)·소래산(蘇來山) 등이, 북으로 김포의 가현산(歌弦山 : 북서 10km)·수안산(守安山)·북성산(北城山)·봉성산(奉城山) 등과 통신하고 교통하기에 적합하다. 서쪽은 공촌동(孔村洞)·금암동 일대와 서해안의 도서도 관측할 수 있다. 남서방향으로 철마산의 가파른 능선만 빼고는 사방이 훤하게 트인 군사적인 전망대로서 최적의 조건을 갖추고 있다.

따라서 계양산성은 한강과 이 지역 해양방어체제의 중심성으로서 경기만의 광범위한 해안지역에서 한성을 향하여 진입하는 적을 방어하고, 해안 진성(海岸 鎭城)들을 지휘하는 중심에 위치해 있다. 필자가 조사한 결과에 따르면 한강수계의 하류에는 하안방어체제가 매우 발달되어 있다. 특히 한강과 면한 김포반도에는 산성은 물론 얕은 구릉 등을 이용한 방어시설들이 연결되어 있다. 그러므로 계양산성은 경기만 북부의 해안과 한강수계를 동시에 관측하고, 해안진성 및 하안방어시설들과 함께 유기적인 방어망을 구성하여 한성으로 진입하는 적을 제어할 수 있는 매우 중요한 군사적 요충지이다. 이러한 지리적인 위치로 인하여 삼국시대부터 방어시설이 만들어졌을 것이다.

『증보문헌비고(增補文獻備考)』의 관방 성곽조에는 계양산성이 삼국시대에 축성된 것으로서 그 당시에는 폐성(閉城)이 되었다고 기록되어 있다. 계양산성의 일부 지역에서 삼국시대의 것으로 추정되는 회백색 연질토기편들이 발견되었다. 육군사관학교 박물관의 보고서에 따르면 회청색 경질토기호들이 발견되었으며, 문양이 없는 수키와들도 남아 있다고 한다.[28] 백제의 전성기나 고구려가 장악한 이후에 계양산성은 인천지구의 해안방어 중심지로서 가능성이 컸다고 판단된다. 계양산성은 백제가 처음으로 축성한 이후에 다시 고구려가 건고하게 보축하였고, 이 후에도 늘 사용되었을 것

---

28 육군사관학교 박물관, 『京畿道 金浦市 軍事遺蹟地表調查報告書』, 1998, p.85.

이다. 필자는 현재 알려진 석축의 산성 외에도 골짜기 아래로, 특히 김포평야 쪽으로 면한 골짜기 등에서 일종의 방어시설들이 있었을 것으로 추정한다.

2) 童城山城 지역과 烏(鰲)頭山城 지역

(1) 애기봉 지역

황해도 내륙을 흘러 내려온 예성강과 한강, 서해가 만나는 강화도 서북부를 통과하는 물길은 강화도와 김포반도 사이의 좁고 조류가 빠른 강화수로(江華水路)를 지나서 북상하는 물길과 만난다. 그 지점이 바로 현재 문수산이 있는 지역이다. 그 김포반도의 서북단을 지나면 갑자기 물목이 좁아지면서 물길은 남쪽으로 꺾어지다가 다시 펴지면서 주변이 넓어진다. 그 넓어지기 바로 직전에 김포반도 쪽으로 현재 애기봉이 있는 봉우리가 있고, 그 북쪽 아래로 조강리(祖江里)가 있다. 조강리는 건너편인 황해도 연백군의 하조강리와 상조강리로 이어지는 중요한 나루였다. 조선시대에는 조강진이 있었고, 망포(芒浦)도 있었다. 「대동여지도(大東輿地圖)」나 「동여도(東輿圖)」를 보면 이곳으로 흘러나오는 물길은 개성 근처에서 시작하고 있다. 『신증동국여지승람』 통진현 진도조에는 "조강진은 통진현 북쪽 10리에 있으며, 개성으로 통한다"고 되어 있다. 『대동지지(大東地志)』에도 조강(祖江)이 '北十五里漢水臨津會流于此至江華'[29]라고 하여 수로의 요충지였음을 말하고 있다. 이 지역을 장악하면 양 지역간의 도강지점은 물론 수로로 직공(直攻)하는 선단을 방어할 수 있다.

광개토대왕이 원년(392) 10월에 관미성을 공격하여 점령했을 때 이 지역은 주요한 전장이었을 것이다. 그 후 대왕 6년인 병신년(丙申年)에 감행된 수군작전에서 김포는

---

29 『大東地志』 권4, 통진 산수.

당연히 공격범주에 들어갔을 것이다. 제 1로로 추정하고 있는 한강수로를 직공하는 부대는 수군이었다. 강화도에 상륙한 다음에 통과하여 김포반도의 북동쪽, 즉 한강수로변으로 진입하였을 것이다. 반면에 다른 한 부대는 직접 김포반도로 상륙하였을 것이다. 이 때 비문에 점령당한 성으로 나타난 비성(沸城)은 통진(通津)으로 추정된다. 이 주변에는 수로를 직공하여 올라오는 수군을 방어하는 애기봉보루를 비롯하여 동성산성 등 하안방어체제들이 구축되었을 것이다. 고려 왕건은 근처 조강도(祖江渡)에서 전선을 수리하고 남쪽으로 진도(珍島)를 공격하였다. 이곳에는 현재와 마찬가지로 당연히 군사시설이 있어야 한다.

(2) 백마산성(白馬山城)

백마산성은 풍덕(豊德)·연백(延白)·교동도·강화도 등이 둘러싸고 있는 예성강 하구를 거처 한강 하구인 조강(祖江)으로 들어오는 물목을 지키던 중요한 강변 방어성이다. 양 옆, 즉 서쪽으로는 정주(貞州)였던 승천포(昇天浦) 입구를, 동쪽으로는 조강진이 있는 망포(芒浦)를 관측 방어하는 기능을 한다. 둘레가 7.5km에 불과하나 건너편 강화 북부지역과 애기봉·동성산지역 등을 샅샅이 볼 수 있다. 건너편의 산성과 세트를 이룬 것을 알 수 있다.

『대동지지(大東地志)』卷2, 경기도(京畿道) 4都 개성부(開城府) 성지조(城池條)에 "승천산성(昇天山城)은 백마산성(白馬山城)이라고도 하며 개성 남쪽 40리 승천포(昇天浦) 변에 있는데 고려 고종(高宗) 39년에 쌓았으며 둘레가 10里이다."[30]라고 되어 있다. 『조선유물고적조사자료(朝鮮遺物古蹟調査資料)』 경기도(京畿道) 개풍군(開豊郡)에는 "대성면 산불리에 있는데 석축으로 둘레가 220간, 높이가 1간이다"라고 하였다. 강화도와 김포 북

---

30 『大東地志』卷2, 京畿道 4都 開城府 城池條,「昇天山城, 一云白馬山城 南四十里昇天浦邊 高麗高宗三十九年築 周十里井七十三」.

쪽 해안에서 바라보는 이 곳은 필자가 관미성으로 추정하고 있는 봉천산(옛 河陰山) 지역에서도 볼 수 있다. 이 수역에서 김포반도의 한강과 교동도와 강화북부, 풍덕 황해도 연백군 일대를 장악할 경우에는 한강·예성강·황강 등의 하계망을 이용하여 한성·김포·파주·고양·부천·황해도의 연백군 일대와 개경지역까지 들어갈 수 있다. 이른바 해륙교통(海陸交通)의 결절점(結節点) 가운데 하나이다. 북한의 손영종은 관미성을 이곳으로 비정하고 있다.[31]

(3) 성안(城安)보루

조강 수역을 통과하여 거슬러 올라가면 갑자기 한강은 넓어진다. 정확하게 표현하면 서울지역에서 내려오는 한강과 임진강, 그리고 김포반도와 풍덕 사이의 조강(祖江)이 만난다. 이 삼각수역을 가운데 두고 세 개의 지역이 마주 보고 있다. 하나는 한강을 막는 김포반도의 동성산성(童城山城) 지역이고, 또 다른 하나는 임진강과 한강하류 지역을 막는 파주군 교하면 성동리에 있는 오(烏, 鰲)두산성(頭山城) 지역이다. 그리고 개풍군(開豊郡) 임한면(臨漢面)의 아래쪽 돌기부분이다. 이 돌기부분이 1900년대 초에 일본이 제작한 지도에는 '성안(城安)'이란 지명으로 표기되어 있다. 개성에서 남으로 흘러와 임진강으로 흘러 들어가는 동강(東江)의 화장포(化壯浦)가 바로 옆에 있다. 과거에는 동강 하구에 일미(一眉)라는 섬이 있었다.[32]

성안의 안쪽인 신촌(新村 : 해발 85m)과 황산리(黃山里) 일대는 성이 있었을 것으로 보인다. 그 서쪽에도 정곶촌(丁串村)이라는 마을이 있다. 「대동여지도」에는 그 근처를 해암진(蟹岩津)이라고 표기하고 있다. 즉 '게내'인 것이다. 전근대의 지도를 살펴보면 그곳은 조그마한 섬이었거나 돌출한 곳(串)이다. 그렇다면 소규모의 보루이고 그 안쪽

---

31 손영종, 『고구려사』, 1990, p.297.
32 「大東輿地圖」 참조.

의 산 지역은 성이었을 가능성이 매우 크다.

(4) 동성산성(童城山城)

동성산성은 김포시 하성면(霞城面) 양택리(楊澤里)와 원산리(元山里)의 경계에 있는 대산(臺山 : 해발 132m)의 동남쪽 지봉(支峯)인 동성산(童城山)의 정상부(113m)를 감싼 석축산성이다.[33] 『대동지지』에는 '通津 本百濟平淮押(一云 別史波衣)'라고 하는데, 이 통진의 동쪽 20리에 있는 고읍인 동성은 본래 백제의 동자홀(童子忽) 또는 구사파의당산(仇斯波衣幢山)이라 불리우다가, 신라 경덕왕 16년 12월 동성(童城)으로 고쳐 장제군(長堤郡)의 영현(令縣)으로 삼았다고 한다.[34] 같은 책의 통진 성지(城池)편에는 "동성고현성(童城古縣城)은 둘레가 807척이고, 그 동쪽 몇 리에 또 다른 토축(土築)의 유지(遺址)가 있다"고 하였다.[35] 그런데 『증보문헌비고』에 의하면 동성산성은 현의 동쪽 20리에 있으며, 석축은 둘레 807척(245m)이나 지금은 무너졌다고 한다. 대체로 『신증동국여지승람』과 유사한 기록이다.[36]

『전국유적목록(全國遺蹟目錄)』과 『문화유적총람(文化遺蹟總覽)』上에는 "김포군 하성면(霞城面) 원산리(元山里) 대산(臺山)의 정상부에 있으며, 봉수대로 사용했다고 전하는데 기와편이 산재하고 석성은 거의 도괴되어 있으며, 주위 50m 정도의 소규모이다." 라고 하였다. 그 후에 조사한 보고서인 『한국(韓國)의 성곽(城郭)과 봉수(烽燧)』에는 삼국시대 초기 유적이라 하고 백제시대의 성이라고 하였다.[37] 근래에 조사한 『육사박물

---

33 육군사관학교 박물관, 앞의 책, p.78.
34 『大東地志』권4 通津「童城 東二十里 本百濟童子忽一云仇斯波衣一云童山景德王十六年改童城」. 한편 『新增東國輿地勝覽』권10, 통진현 건치연혁에는 고구려 平淮押縣(比史城이라 하기도 하고, 別史派衣라 하기도 한다).
35 『大東地志』권4, 통진 성지.
36 『新增東國輿地勝覽』권10, 통진현 고적조.
37 李元根・崔根茂・盧憲植, 『韓國의 城郭과 烽燧』下, 한국보이스카우트연맹, 1989, pp.327~328.

관 보고서』는 이 성이 백제성임을 시사하고 있다.[38] 한양대박물관은 신라시대의 유물들이 삭평된 정상부에 산재해 있다고 하였다.[39] 이를 보면 삼국시대 전기간 동안 사용되었을 가능성이 매우 크다. 역사적 상황이나 지역적인 가치로 보아 광개토대왕이 병신년에 수군을 동원하여 58성을 함락했을 때 이 성은 당연히 공격과 점령의 대상이었을 것이다. 특히 능 비문에 나와 있는 비성(沸城)은 이 성이 아닌가 생각된다.

동성산은 김포반도와 강화도가 만나는 협수로 옆에 있는 문수산성 지역부터 애기봉을 거쳐 계속 이어지는 산군의 선상에서 우뚝 솟은 봉우리 가운데 하나이다. 이 산줄기는 동남으로 한강변을 따라 서울까지 이어지고 있어 한강변의 자연방어체제 속에서 중요한 위치에 있다. 동성산은 주위를 관측하기에도 매우 유리한 위치에 있다. 동북으로는 성동리의 오두산성과 그 옆 검단산봉수대가 보인다. 뿐만 아니라 강변 방어체제답게 한강과 임진강이 만나는 합수(合水)지점도 훤히 조망된다. 건너편에는 파주군 교하면의 심악산(深岳山 : 尋鶴山)이 있고, 현재 고양시 일대의 들판과 한강변이 잘 조망된다.

이러한 지형적인 유리함 때문에 한강수로를 통해 진입하는 적을 관측하고 다른 방어체제에 연락하며 자체의 방어능력도 갖추고 있다. 또한 양쪽에서 도강하려는 적을 저지하고 한강 건너편의 움직임을 포착할 수 있다. 따라서 동성산 지역은 바다와 한강수로, 한강 건너의 평야지역을 유기적으로 연결시키고, 동시에 공동작전을 수행하기에 가장 좋은 조건을 갖춘 곳이다. 그런데 동성산 아래이면서 건너편의 두 지역과 마주보면서 삼각점을 이루는 한강변인 양택리(楊澤里)에서는 회백색 연질토기의 구연부 등 각종 토기편들이 발견되었다. 더 이른 시기의 유물들이 나올 가능성이 있다.[40]

---

38 육군사관학교 박물관, 앞의 책, p.74.
39 김포시・한양대박물관, 『김포시의 역사와 문화유적』, 1999, p.365. 위의 책, pp.366~368에는 발견된 유물의 상세한 소개가 있다.
40 김포시・한양대박물관, 위의 책, p.385.

현재 석탄리(石灘里) 오정동의 야산과 마조리(麻造里)의 야산 등은 한강변에 바짝 붙어있다. 마조리에는 '마근포'라는 특별한 의미를 지닌 지명 등도 남아있다. 마근포는 막은포라는 의미인데, 즉 포를 막은 시설물이란 의미가 있다. 내륙에서도 성벽시설이 있는 곳은 이러한 지명이 많이 붙는다. 물론 한자로는 마근현(麻根峴)이라고 하였다. 마근포구는 건너편의 현재 황해남도이면서 임진강 하구인 오두산성과 마주한 해암진(蟹岩津)과 이어졌을 것이다.

(5) 오(烏, 鰲)두산성(頭山城)

오두산성은 한강과 조강·임진강이 만나고 또한 곡릉천(曲陵川)[41]이 흘러드는 삼각 꼭지점에 해당하는 일종의 곶성(串城)이다. 북쪽에서 돌출한 오두산(148m) 위에 쌓여져 있는 것으로 서울이나 개성의 입구를 지키는 요충지인데 석축의 길이가 약 500m 정도로 북문과 서문이 있다. 주변에서 붉은색 고구려계통의 기와가 수습되고 있다. 고구려의 성이었다. 성동리(城東里)라는 지명이 있는 오두산은 현재 백제의 최전방 방어성이며 광개토대왕이 원년에 공격하여 점령한 관미성(關彌城)이라는 견해가 제기될 만큼 전술적으로 중요한 곳이다. 김정호(金正浩)를 비롯하여 근래에 윤일녕(尹日寧),[42] 김륜우(金崙禹)[43]가 주장하고 있다. 임진강 쪽 건너편인 성안지역과 함께 임진강 하구지역을 방어하고, 한강 쪽으로는 동성산과 함께 한강을 통해 선박들이 오가는 것을 관측하고 통제할 수 있다. 특히 임진강 수로를 이용하는 세력에게는 매우 위협적인 강변방어체계이다. 하지만 몇 가지 한계가 있다.

---

41 이 천은 교하에서 흘러 들어와 만나면서 坊川津이 되었다.
42 尹日寧, 「關彌城 位置考-廣開土大王碑文·三國史記·大東地志를 바탕으로-」, 국민대학교 대학원 석사학위청구논문, 1987.
43 金崙禹, 「광개토왕의 남하정복지에 대한 일고」, 『한국사의 이해』, 신서원, 1991.

예성강구를 통해서 내려오거나, 수군을 이용하여 경기만 이북지역에서 내려와 남진할 경우에는 전방방어선으로서의 기능은 상실된다. 이미 적은 강화수로를 이용하여 진입하는 중간에 상륙한 후에 강화도와 김포반도의 상당한 지역을 점령하고, 서울을 직접 공격할 수 있다. 뿐만 아니라 강화도에 안정적으로 교두보로서 전진거점을 구축한 다음 전면적으로 여러 방면에서 포위망을 좁혀가면서 한성을 공격할 수 있다.

그런데 오두산성은 예성강 이남과 임진강 사이의 지역과 해안지방을 유기적으로 활용하는 방어망을 구축하기에는 힘이 든다. 더구나 관미성 전투가 일어날 무렵의 국경선은 임진강이 아닌 예성강을 중심으로 형성되어 있었다. 그리고 만약에 오두산성이 함락 당할 경우에는 한성까지는 거의 거칠 것 없이 적군이 진공해 들어올 수 있다. 일산의 고봉산성·심악산성·행주산성, 기타 경우에의 방어체제산의, 그리고 몇 개의 보루성들이 일시적으로 저지는 할 수 있겠지만 대군의 공격을 전면적으로 막아내기는 이미 불가능하다. 그러므로 최전방에 위치한 중심성의 기능을 수행하기에는 한계가 있다.

(6) 한록산성(漢麓山城)

한록산성은 오두산성의 서쪽으로 연결된 147m의 한록산에 있는 옛 성으로 주위가 1리이다.[44] 이 주변에는 성동리라는 지명에서 나타나듯이 높지는 않지만 산 능선들이 이어지고 있다. 윤일녕은 광개토대왕이 오두산성을 공격하기 전에 이미 이 성을 미리 차지하여 연결된 능선을 타고 여러 방향에서 협공하였을 것으로 추정하였다. 물론 이 주변지역에는 그 외에도 강변 등에 소규모의 보루들도 다수 있었을 것으로 추정된다(현재 소규모의 부대 주둔지는 그러한 장소였을 가능성이 매우 높다).

---

44 『東輿備攷』, 경북대학교출판부, 1988, p.55.

남쪽의 검단산(黔丹山) 북쪽 사면에서는 삼국시대의 고분(古墳)도 발굴되었는데, 『신증동국여지승람』 교하조에는 검단산봉수(黔丹山烽燧)가 나오고, 서로는 풍덕군 풍덕산, 남으로 고양군 고봉성산에 응하였다고 한다. 현재는 반대편이 통일동산 공사로 인하여 모두 파괴되었으나 정상 부근은 석축의 흔적이 남아있다.

3) 봉성산성(奉城山城)과 심악(深岳, 尋鶴)산성(山城) 지역

(1) 봉성산성

봉성산성은 한강수로를 방어하는 데에 매우 중요한 역할을 하였다. 봉성산(1900년대 초에 일본이 제작한 지도에는 捧城山) 지역의 바로 건너 심학산성(尋鶴山城, 『대동지지』에는 深岳山으로 되어 있다)·오두산성(烏頭山城)·황해남도 쪽의 백마산성(白馬山城) 등과 삼각점들을 이루면 한강수로를 완벽하게 방어할 수 있다.

봉성산(129m)은 동성산의 5km 동남쪽 강변에 바짝 붙은 한강 방어체제의 일환으로서 매우 중요한 곳이다. 김포시 하성군 봉성리와 전류동(顚流洞)에 있다. 봉성산성에 대해서는 아식 구제석으로 언급한 글이 없다. 그러나 임진강파의 합수머리를 지나 안으로 들어오자면 남으로 오다가 동쪽으로 진행하는 좁은 길목의 강가 남쪽에 있다. 한강 건너편의 심악산성과 마주보며 함께 수로를 통과하는 적을 지키는 강변의 방어체제이다.

필자와 오순제가 답사한 바에 따르면 이 곳은 한강 하구에서 전략적으로 가장 중요한 곳으로 판단된다. 북한산, 동북으로 오두산성, 정면인 동에는 심악산성, 동남으로 고봉산성 및 개성지역 등을 한 눈에 관할할 수 있다. 한강 하류와 임진강을 통해 한강수로를 직공해 오는 선단을 관측하고 차단하면서 한편으로는 양 지역간의 도강을 저지하던 보루의 역할도 하였을 것이다. 그뿐 아니라 김포반도 내부에 있는 가현산 및 수안산·양릉포성 등과 가시거리에 있으므로 서해의 경기만으로 접근하는 적을 방어하는데 공동으로 대응할 수 있다.

　현재는 군사시설이 있는데, 필자는 오순제와 함께 성벽의 일부로 판단되는 석렬을 발견하여 성벽이 있었음을 확인하였다. 『대동지지』에도 봉성산은 통진의 '東南二十五里江邊東對交河深岳山臨江'이라 되어 있다. 허목(許穆)의 기록에도 표현된 매우 중요한 곳이다. 북성산봉수(北城山烽燧)로도 알려져 있는 이 산성은 『세종실록(世宗實錄)』・『신증동국여지승람(新增東國輿地勝覽)』・『여지도서(輿地圖書)』 등에 보면 통진현 북쪽 2리에 있던 진산(鎭山)으로서 부평 계양산의 내맥인 북성산 혹은 군(郡)의 남쪽 3리의 냉정산(冷井山)에 있던 봉수로서, 서쪽 통진 남산에서 연락을 받아 동쪽으로 양천현 개화산봉수로 전달하던 봉수대라고 하였다.[45]

(2) 심악산성(深岳山城)

　심악산성[46]은 파주군 교하면(深岳山城) 동패리(東牌里) 한강변에 있는 심악산 정상부에 있다. 높지 않은 산정상부의 8부 능선을 토루가 감싸고 있는 테뫼식 산성이다. 이를 뒷받침하는 기록이 『여도비지(輿圖備志)』에 있다.[47] 이 곳에서 한강 너머로 김포와 봉성산성・동성산성 지역이 보이고 있다. 현재 위치로는 봉성산 바로 건너편 지역인데, 「대동여지도」에는 동성산성의 대안(對岸)으로 표시되어 있다. 그리고 서쪽으로는 오두산성, 동쪽으로는 행주산성, 북쪽으로는 고봉산성이 조망되는 곳이다. 고봉산성과 마찬가지로 임진강을 도하하여 서울로 진입하는 적들을 들판에서 방어하는 역할을 하였다. 또한 건너편의 봉성산성과 함께 한강 하류방어체제로서 초계 관측은 물론 감시 제어하는 역할도 하였을 것이다.[48]

45　李元根・崔根茂・盧憲植, 앞의 책, p.644.
46　백제문화연구회의 김성호가 발견한 것으로 오순제가 조사하였다.
47　『輿圖備志』권4, 武備, 城池條, 「深岳山古城 有土築遺址」.
48　吳舜濟, 『百濟 漢城時期 都城體制의 硏究』, 명지대학교 대학원 박사학위 청구논문, 2000, p.193.

(3) 양릉포성(良陵浦城)

양릉포성은 경기도 김포시 양곡의 평야 한가운데 있는 장성 형태의 토성이다. 『신증동국여지승람(新增東國輿地勝覽)』 통진현(通津縣) 성지조(城池條)에는 "고루(古壘)가 양릉포(良陵浦) 한 가운데 있다"고 되어 있다. 『대동지지(大東地志)』 통진현조에는 "물이 수안고현에서 흘러나와 북동으로 흘러서 한강으로 들어가는 곳에 있는 양릉포에 옛 성이 있다"고 하였다. 「대동여지도」에는 성이 있다는 표시가 없고, 『조선고적도보(朝鮮古蹟圖譜)』 등에는 기록되어 있지 않다.

양릉포를 통과한 물은 봉성산 옆을 지나 한강으로 흘러 들어간다. 그런데 이 성을 처음으로 찾아낸 사람은 오순제이다. 1995년에 이 곳을 답사한 그는 '큰고단이' 동쪽에 있는 산부리인 성아랫부리 쪽에서 인공의 토성터 흔적이 있었다고 한다. 이 곳에서는 성끝모텡이의 성이 동쪽으로 바로 마주 보인다. 석모 3리의 질곳에 있는 '성끝모텡이'는 '성머리'라고도 부르며 촌로들의 말에 따르면 석모 1리에서 6리에 걸쳐 평지에 늘어선 야산 줄기를 따라 토성이 있었다고 한다. 3대 째 이곳에 살고 있는 이강헌의 집 뒤에 토성이 남아 있다.[49] 필자는 오순제와 1999년 4월 현장에 대한 지표조사를 실시하였는데, 곳곳에서 얇은 흑색의 경질 토기펴들과 시대를 판별하기 힘든 기와편들을 많이 발견하였다.

김포반도는 북에서 남쪽 방향으로 산줄기가 이어져 있다. 한강변의 군데군데에는 구릉들이 솟아 자연스럽게 일종의 한강방어체제를 이루고 있다. 그 동쪽은 평야가 발달되어 있고, 가현산과 북성산, 북으로 문수산 지역, 그리고 동성산과 봉성산 지역을 연결하는 삼각형의 가운데는 구릉조차 없는 넓은 평야이다. 만약 적군이 서해에 상륙해서 일단 산줄기 라인을 돌파하거나 한강을 거슬러 올라와서 한강변에 상륙하는 일

---

49 吳舜濟, 『漢城百濟史』, 집문당, 1995, p.189.

이 성공한다면 진격하는데 거칠 것 없는 평야지대이다. 그러므로 김포반도에 거점을 둔 세력들은 이 평야지대를 관리할 목적으로, 또한 적의 공격을 방어하고 저지할 목적으로 견고한 방어체제를 구축해야 하였다.

그럴 경우에 약간의 구릉들이 있는 양곡 일대는 방어체제를 구축하기에 아주 적합하였다. 수안산성이나 가현산성·남산봉수·봉성산에서는 양릉포를 바라볼 수 있다. 그런가 하면 이곳에서 김포의 북성산·동성산 등 한강 건너의 심악산·먹절산보루·저토성 등을 잘 관측할 수 있다. 양릉포의 건너편의 한강에는 송산에서 물길이 내려오고 있다. 이는 평야지대에 있는 양릉포를 중심으로 산성의 방어체제들이 유기적으로 작전을 펼칠 수 있음을 의미한다.

(4) 북성산성(北城山城)

북성산성은 현재 김포 시내 바로 뒷산인 북성산(北城山) 또는 장릉산(章陵山)·성산(城山)이라고 불리우는 곳에 있다. 『여지도서(輿地圖書)』 김포 읍지편에 북성산이라고 나와 있다. 『증보문헌비고(增補文獻備考)』에는 김포에 북성산고성이 남쪽 5리에 있었다고 하였으며, 『대동지지(大東地志)』에는 서쪽 1리에 고성이라 하여 이미 사용하지 않은 산성이고, 장릉에 있음을 알려주고 있다.[50] 『신증동국여지승람(新增東國輿地勝覽)』에는 석축으로써 둘레는 2,650척이고 높이가 10척이라고 되어있다.[51] 그 후에 조사한 『조선유물고적조사자료(朝鮮遺物古蹟調査資料)』에도 북성산 고성의 존재를 기록하고 있다. 근래에 조사한 육군사관학교 박물관의 보고서 읍지편에 장릉산 150m 정상에 위치한다고 한다. 남아 있는 일부 성벽을 찾았으나 역시 유적지를 찾아볼 수 없다고 하면 이를 냉정산봉수지(冷井山烽燧址)라고 하였다.[52]

---

50 『大東地志』卷4, 金浦 城池.
51 『新增東國輿地勝覽』卷9, 金浦 古跡.
52 육군사관학교 박물관, 앞의 책, p.112.

그런데 윤원표 옹에 따르면 봉수지는 현재 미사일기지가 있는 북성산 정상이 아니고 그 아래인 현재 공동묘지 부근의 언덕이었으며, 그 곳을 '봉우둑'이라 불렀다고 한다. 그렇다면 현재의 장릉산 정상은 산성이었을 가능성이 있다. 참고로 『신증동국여지승람』에는 북성산봉수를 전류동에 있는 봉성산으로 보고 있다. 하지만 김포시에 있는 이 산의 명칭은 북성산이고, 「대동여지도」에는 이곳에 봉수대가 표시되어 있다.

북성산성은 산이 없는 한강변에 임한 김포평야의 한 가운데 위치하였으므로[53] 여러 지역을 조망할 수 있다. 수안산(守安山)과 마주 보고 있으며, 검단(黔丹)의 가현산(歌絃山)과도 이어진다. 부평평야 한가운데 있는 계양산과는 중간에 거의 거칠 것이 없이 마주 보고 있다. 그리고 한강 바로 건너편에 있는 교하의 심악산성(深岳山城), 일산의 고봉산성(高峰山城) 등이 보인다. 뿐만 아니라 한강을 오가는 선박들의 움직임을 샅샅이 관찰하고 파악할 수 있다. 즉 검단지역을 통해 들어온 적이 김포 깊숙히 혹은 한강으로 붙는 것을 저지하고, 김포 북단에서 서울로 진입하는 통로를 차단하는 기능을 하는 강변방어체제이다.

한강변에는 건너 다니는 나루들이 곳곳에 있었다. 그 가운데 대표적인 것이 현재 김포시의 검암나루이다. 『신증동국여지승람』에 따르면 "감암진(甘岩津)은 북쪽 8리에 있으며, 바로 고양 임의진(任意津)의 소로(小路)이다."라고 하였다.[54] 양 지역 주민들에 따르면 강 건너 이산포(二山浦 : 巳浦임)와 연결되는 이 나루는 꽤 빈번하게 사용되었다고 한다.

---

53 현재 강변에 있는 김포평야의 상당부분은 강물이었거나 습지대였다. 중간에는 紅島坪이라는 섬이 있었다.
54 『新增東國輿地勝覽』권9, 金浦縣 津渡. 『大東地志』에도 「北八里卽高陽任意津小路」라고 되어 있다.

(5) 멱절산보루

　멱절산보루는 필자와 오순제가 1999년 2월에 강변방어체제를 조사하면서 첫 발견하였다. 아직 정식으로 조사가 이루어지지 않은 유적이다. 김포대교를 지나 일산 근처의 자유로 변에 있다. 원래는 한 개의 봉우리로 이루어진 한강변 산이었는데 수문을 만드느라 허리를 잘라 두 개의 봉우리가 되었다. 전체의 길이는 150여m, 높이 50여m(매우 가파름)에 폭 40여m이다. 바깥쪽 봉우리에는 약간의 집이 있고, 보다 큰 안쪽 봉우리는 밑에 동네가 형성되어 있었다.

　사방이 절벽으로 이루어졌고 다만 동네 쪽, 즉 수문 건물이 들어선 곳은 산 쪽을 깊이 파낸 것 같다. 위에는 길이가 70여m, 폭이 20여m 정도인 비교적 평평한 대지이다. 정상부의 황토와 진흙은 보루를 축조하거나 보축할 때 사용했을 가능성도 있다. 곳곳에서 회백색 연질 토기편들을 여러 조각 발견하였으며, 경질의 타날문 토기조각 등도 곳곳에 있었다. 전에는 강물이 바로 아래까지 와서 새우젓배와 까나리배들이 대놓고 있었으며, 사람들은 산봉우리를 넘어 마을로 들어왔다고 한다. 이곳에서 회백색 연질토기, 경질 타날문(매우 많음) 흑도편, 붉은 색 토기편 등 수십점을 발견하였는데, 초기 단계의 기포가 있고 무늬가 없는 토기편도 있다. 특히 붉은 색조의 우각형파수를 발견하였다. 삼국시대에 중요한 군사요새였음을 알 수 있다.

　이곳은 강가 바로 옆이어서 포구의 기능은 물론 강변방어체제의 역할을 하였을 것이다. 김포로 건너다니던 이산포(巳浦) 나루가 100여m 떨어져 있고, 김포의 감암나루가 바라다 보이는 곳이다. 또한 봉수대의 역할도 한 김포의 북성산성과 마주하고 있다. 멱절산보루는 강변방어기능 외에도 주변에 큰 산들이 없고, 서울로 진입하는 것을 저지하는 보루의 기능도 겸할 수 있는 전략적으로 매우 중요한 지형이다.

　한편 주변인 일산구 신평동(新坪洞) 부근에 '보루뫼' 라는 지명을 가진 야산이 있는데 현재는 도로의 개설로 잘려졌다. 오순제와 답사한 바에 따르면 많은 부분이 훼손되었으며, 북쪽에서 약간의 토기편들을 수습하였다. 동으로는 행주산성·번디미토성,

서로는 멱절산보루, 남으로는 김포의 북성산성, 북으로는 고봉산성이 보이고 있어 이들과 연계하여 도강을 저지하던 보루가 있었음을 알 수 있다. 소규모이지만 멱절산보루와 함께 강변방어체제의 중요한 기능을 한 곳이다.

(6) 성저토성(城底土城)

『대동지지(大東地志)』 고양조(高陽條)에는 성저토성에 대해 "사포면(蛇浦面)의 뜰 가운데에 고토성(古土城)의 유지가 남아 있다."고 하였다. 오순제의 조사에 따르면 현 지명은 고양시 일산구 대화동의 '성저' 근처이다. 현지 주민들의 증언에 따르면 현재 농수산물센터가 바로 성의 자리였다고 한다. 해발 19.4m의 나즈막한 야산으로 북쪽이 높아 석축(石築)이 남아 있었으며, 그 밖으로는 냇물이 흐르고 있는데 일산신도시 개발로 인하여 인멸되었다.

이 곳은 한강 건너 양릉포에서 흘러오는 물줄기를 마주 보는 곳으로서 역시 한강으로 흘러 들어가는 물줄기가 있었다.[55] 이로 보아 포구를 지키는 포구성임과 동시에 한강 강변방어체제의 기능도 겸하였을 것이다. 현지 주민들은 이 성을 고구려성이라 불렀다고 한다. 한강 하구의 교하 쪽으로 남하하여 화전(禾田)으로 들어가는 길을 건너편 고봉산성과 함께 지켰을 것으로 보인다.[56]

4) 궁산토성(宮山土城)과 행(幸, 杏)주산성(州山城)

(1) 궁산토성

한강 남쪽지역에서 중요한 강변방어체제가 있을만한 곳은 현재 고촌(高村)의 영사

---

55 「大東輿地圖」 참조.
56 註 48과 같음.

정(永思亭) 등이 있는 산들이다. 현재도 육군의 강변초소들이 있지만, 고대 보루들이 있었을 가능성이 매우 많은 지역이다. 그리고 비교적 크고 본격적인 성이 있을만한 지역이 행주대교가 시작되는 개화산(開花山)이다. 행주산성 지역과 함께 이 부근에서는 가장 크고 높은 산이므로 전술적으로 매우 중요한 지역이었다.

정상에는 군부대가 주둔하고 있어서 조사해 보지는 못했지만 방어시설이 있을 가능성이 높다. 『신증동국여지승람』과 『대동지지』에는 양천(陽川 : 현재 가양동)의 북쪽 100여 보에 고성(古城)이 있는데 주위가 726척(220m)으로 성산(城山)이라 불리었다는 기록이 있다. 또한 부(府)의 벌판 가운데 있으며 큰 강에 임해 있다고 하여 한강방어체제임을 알려준다.

그런데 해발 75.8m의 궁산에는 양천향교(陽川鄕校)의 뒷산에 성터가 허물어진 채로 남아 있었다.[57] 궁산은 관산(關山)으로도 불리어지는데, 이는 행주산성과 짝을 이루어 한강수로를 차단하는 '빗장(關)' 역할을 했음을 알 수 있다.[58] 동쪽에는 공암(孔巖)이 있는데, 행주로 건너는 후포(後浦)나루가 있었다.

(2) 행주산성

『대동지지』 고양조에는 행주고성이 옛 행주의 남쪽에 있다고 하였다. 이곳은 한강 건너편의 공암진(孔巖津)으로 건너던 행주나루가 있었던 곳으로 이러한 도강지점을 지키기 위한 진성(津城)이다. 또한 동쪽에 있는 고양지역에서 내려와 한강과 만나는 염포(鹽浦)도 관리하였을 것이다. 바로 옆의 봉우리에는 봉수도 있었다. 현재 토성의 흔적이 남아 있고, 삼국시대의 와당(瓦當)및 토기(土器)가 나오고 있어 삼국시대에 이미 군사상의 요지였음을 알 수 있다.[59]

---

57 오순제와 한종섭이 답사하여 글을 기록하였다.
58 韓宗燮, 『위례성백제사』, 집문당, 1994, pp.164~165 참조.
59 고양군청, 『고양군지』, 1987, p.9.

해발 124.9m의 덕양산에는 70~100m 사이에 1km의 테뫼식 토성이 남아 있는데, 이것은 판축의 산성으로 방형(方形)이며 동서의 길이가 길다. 높이 2.8m, 성기의 폭이 6.6m이고 상부는 2.3m이다. 서울대학교의 발굴을 통해 보면 7~8세기 통일신라시대의 유물이 출토되고 있다. 문지의 교란층과 정상부에서 백제 초기의 회청색 연질토기편를 수습하였는데, 이것을 보면 이곳이 백제초기부터 궁산토성 및 번디미토성과 더불어 한강의 하구를 지키는 군사적인 요충지였을 가능성이 높다.[60] 필자와 오순제가 답사해 보니 북으로 고봉산성, 동북으로 번디미토성과 봉대산(봉화대), 동남으로 한강 건너에는 궁산(또는 關山)토성, 서남으로 한강 건너에는 개화산과 계양산이 보이고 서로는 한강의 넓은 포구가 조망되는 중요한 위치이다.

(3) 번디미토성

번디미토성은 표고 54.2m의 번디미산의 북측 경사면에 위치한 성으로 300m 정도가 남아있으며 삭토와 성토를 혼용하였다. 동측의 180m는 30~40도의 급경사로서 높이가 8~9m이며 유물이 충분히 보이지 않는 것으로 보아 장기적인 거점이 아니고 일시적으로 이용되었을 것으로 추정된다.[61] 필자와 오순제가 답사해 보니 완벽한 토성으로서 특히 유영장군 묘가 있는 구릉 쪽에서는 흑색 경질토기편이 나오고 있어 삼국시대의 토성일 가능성이 높다. 또한 변형 옹로(甕路)의 형태가 발견되고 있다. 남으로는 행주산성, 서북쪽에는 고봉산성이 있고 동쪽 건너에는 봉화를 올리던 봉대산이 조망되고 있다.

이 성은 한강변을 지키는 동시에 일산에서 화전으로 가는 길목을 지켰던 초소성이며, 주성(主城)인 행주산성의 전초기지로 사용된 것으로 추정된다. 봉화를 올렸던 봉

---

60 吳舜濟, 앞의 책, pp.197~198.
61 한신대학교 박물관, 『고양시 행신지구 문화유적 및 민속조사 보고서』, 1992.

대산에서는 강 건너로 궁산(宮山)이 마주 보이며 서쪽으로는 행주산성이 보이고, 동쪽으로는 안산(鞍山)과 북한산이 보인다. 정상은 참호가 파여 있었으나 매우 파괴되었다.[62]

4. 맺음말

    머리말에서 언급한 바와 같이 한강이 우리 역사에서 차지하는 비중과 의미는 매우 크다. 단순한 강이 아니라 한반도의 중심에 있으며, 서울을 관통하는 강일 뿐만 아니라 해양활동은 물론 강상교통과도 깊은 관련이 있다. 때문에 한강 하류지역을 차지할 목적으로 각 세력들간에는 각축전이 끊이지 않았다. 이러한 이유로 인하여 한강 주변에는 상류부터 중류를 거쳐 하류에 이르기까지 각종 형식과 목적을 가진 방어체제들이 구축되었다. 그럼에도 불구하고 이에 대한 연구는 거의 없는 실정이다. 본고는 이러한 한계를 느끼면서 한강 하류라는 좁지만 의미가 있는 지역을 대상으로 강변방어체제에 대하여 집중적인 조사와 연구를 행하였다.
    최종 결론은 한강 전지역을 대상으로 조사와 연구를 진행한 후에 내리고자 하며, 다만 한시적으로 본 연구에 국한해서 몇 가지 결론을 내리고자 한다.
    첫째, 한강 강변방어체제는 자연조건을 최대한 활용하여 구축하였다. 둘째, 축성지역은 도강지점이나 수군의 상류지점을 막기에 효율적인 장소를 택하였으며, 벌판과의 관련성도 고려한 듯하다. 셋째, 한강을 사이에 두고 마주보면서 짝을 이루는 형태로 구축하였다. 또한 주변의 다른 방어체제와의 관계도 염두에 두었다. 넷째, 대성

---

62 吳舜濟, 앞의 책, pp.198~199.

이 아닌 전술적 기능의 소성이나 보루의 형태가 많았다.

　　강변방어체제의 조사와 연구를 통하여 한강이 고대사회에서 생각보다 더욱 중요한 역할을 하였으며, 수전과 해전이 고대 군사작전에서 활발하게 이루어졌을 개연성을 확인하였다. 이 연구를 통하여 강변방어체제의 전형(모델)을 찾을 수 있으며, 이 모델을 다른 강의 방어체제를 연구하는 데도 적용할 수 있으리라고 생각한다. 아울러 이번 연구는 한강 하류에 국한된 만큼 한강 전역을 대상으로 삼는 강변방어체제에 대한 조직적이고 체계적인 연구가 필요하다는 사실을 제언하고 싶다.

07 국내성의 압록강 방어체제연구*

1. 서 론

본고를 작성한 목적은 단순한 군사전략적인 관점에서 압록강(鴨綠江) 강변방어체제를 연구하기 위한 것이 아니다. 고구려가 국내성(國內城)으로 천도한 이유와 좁은 지역에서 400여 년 간 도읍으로 삼고, 또 고구려를 크게 발전시킨 배경 가운데 하나를 찾아내는데 주된 목적이 있다. 그리고 그것이 압록강이라는 존재와 불가분의 관계를 맺고 있다는데 주목하고자 한다. 압록강은 길기도 하지만 다른 내륙의 강들과는 달리 서해(西海 : 黃海라는 용어가 있으나 육지연안과 관련된 개념일 때는 서해라는 용어를 사용한다)와 연결된다는 강점이 있다. 결국 고구려가 발전하는 데는 압록강을 이용하여 해양(海洋)으로 뻗어나간 것이 매우 중요한 역할을 하였다. 그러므로 고구려는 첫째는 효과적인 대외진출을 목적으로, 둘째는 수도권과 압록강 수운(水運) 및 하구(河口)를 보호할 목적으로 압록강의 주위에 군사시설 내지 방어체제를 구축하였을 것으로 판단한다.

따라서 이러한 연구목적을 염두에 두면서 먼저 국내성의 수도조건을 검토하면서 압록강이 지닌 의미를 살펴보고, 다음에는 압록강의 군사전략적인 환경을 살펴보면

---
* 「국내성의 압록강 방어체제연구」,『고구려연구』15, 고구려연구회, 2003.

서 좀 더 구체적으로 가치와 기능을 검토해 본다. 그리고 마지막에는 고구려가 구축한 군사시설에 대해 살펴본다. 군사시설은 1차적으로 국내성 및 주변유역, 그리고 하류를 대상으로 삼아 전략적으로 중요한 몇 개 지역을 선정한 다음에, 현장을 직접 조사하고, 그 곳의 성 등을 중심으로 살펴본다. 그러나 필자의 현장 조사가 충분하게 이루어지지 못했고, 고고학적인 조사 또한 불충분한 상태이므로 성곽·구조·시설물 등 구체적이고 세부적인 사항에 대한 언급은 소략하였다.

2. 國內城의 首都 조건 검토

1) 정치경제적 측면

고구려는 몇 번의 수도 천도가 이루어졌고, 수도가 파괴된 적도 있었으며, 또 중심수도 외에 부수도도 있었다. 고구려의 첫 수도는 홀본(忽本 : 訖升骨城)이다.[1] 『삼국사기』 고구려본기에는 주몽이 비류수(沸流水)가에 집을 짓고 살았으며, 고구려를 세웠다고 되어 있다. 광개토태왕릉비문에는 '於沸流谷忽本西城山上而建都'라고 하여 비류수가 골 근처 산성에 도읍을 정했음을 알려주고 있다. 또한 『삼국지』 고구려전과 『후한서』 고구려전에 따르면[2] 현재의 압록강(鴨綠江)인 대수(大水)와 그 북지류(北支流)인 소

---

1 『三國史記』卷13, 高句麗本紀, 始祖 東明聖王.
　『魏書』卷100, 列傳 第88 高句麗.
　『廣開土太王陵碑文』.
2 『三國志』卷30, 魏書30 東夷傳 高句麗.
　'又有小水貊 句麗作國 依大水而居 西安平縣北有小水, 南流入海, 句麗別種依小水作國, 因名之爲小水貊.'
　『後漢書』卷85, 東夷列傳 75, 句驪.
　'句驪一名貊 有別種 依小水爲居 因名小水貊.'

수(小水)인 혼강(渾江) 유역의 흘승골(紇升骨)에서 건국하였다고 한다. 소수가 혼강이 아니라는 견해도 있으나 현재로서는 첫 수도를 보통 혼강(渾江) 중류인 환인(桓仁) 지역으로 이해하고 있다.[3] 혼강(渾江)[4]은 많은 지류와 깊은 계곡으로 둘러싸여 있으며 평야도 발달해있다. 압록강의 중류지역으로 나가 황해로 진출할 수 있는 이점이 있다. 그러나 교통이 불편하여 발전에 한계가 있었다. 2대 유리왕(琉璃王)은 현재 집안시인 국내성으로 천도하였다.

집안분지는 동서 10km, 남북 5km의 좁은 분지로서 노령산맥의 준봉들에 둘러싸여 있으므로 서 동 북쪽의 방어가 용이하다. 반면에 남쪽은 한강개념인 압록강을 활용하여 대피가 가능한 천혜의 요새지이다. 이 안에 있는 국내성은 동벽 555m, 서벽 665m, 남벽 750m, 북벽 715m, 총 둘레 2,700m인 궁성이다. 필자는 수차례에 걸친 답사결과를 토대로 국내성은 도성(都城)개념이 아니라 궁성(宮城)개념으로 파악해야 할 필요성을 느꼈다.[5] 즉 천도후의 안학궁과 대성산성의 구조와 동일한 것이다. 그럴 경우에 고구려의 수도는 지금껏 이해하고 있는 국내성뿐만 아니라 성 바깥인 현재 집안시내의 주변지역 및 압록강의 남북천변도 해당한다. 수도의 규모가 커지고, 고분군의 위치와 성격, 특히 백성들의 거주지역 및 방어시설에 대하여 새롭게 인식할 필요기 생긴다. 그렇다면 압록강은 건국 초기부터 수도권 한가운데를 관통하는 강이거나 궁성

---

3 그동안의 발굴성과로 보면 고구려족은 이미 기원전 3~2세기 경에 요동지방 압록강중류지역, 한반도 북부지역에서 철기를 사용하면서 농업경제가 매우 발전한 국가단계로 진입했다고 한다. 그리고 주몽이 건국하기 이전에 이미 2개의 고구려 국가가 있었다고 주장하고 있다.(「최초의 高句麗 國家」, 『백산학보』40, pp.78~79) 그런데 고구려가 건국한 위치가 현재의 환인이 아니라고 주장한 견해도 있다.
4 동가강은 현재의 渾江인데 길이는 445km로서 상류에는 비류수인 富爾江을 비롯하여 6개의 지류가 흘러 들어오고 하류에선 압록강과 합류한다. 수심이 2.76m이고 최대 수심은 4.4m이다.(李金榮 主編, 『桓因之最』1992, 桓因縣 蠻族自治縣地方志辦公室」).
5 杉山信三·小笠原好彦 編, 『高句麗の都城遺跡と古墳』, 同朋社 1992 등을 비롯하여 모든 연구들이 국내성을 도성으로 인식하고 있다.

주변을 흐르면서, 궁성남벽의 해자의 기능도 겸했음을 알 수 있다.

국내성은 수도로서 어떤 가치가 있으며, 또한 바람직한 수도조건에 얼마나 부합된 것일까? 수도란 권력의 집중지이므로 한 나라의 정치·군사·문화 등 모든 분야에 끼치는 영향은 실로 지대하다. 따라서 수도의 선택에는 국가의 운명이 달려 있을 수 있다. 그러므로 수도(首都)의 평가와 선택에는 수도의 기능과 역할에 대한 이해를 기본 토대로 삼아야 한다.

수도는 몇 가지 기본적인 기능을 수행할 수 있어야 한다.

첫 번째로 정치(政治)·외교(外交)의 중심지(中心地)로서 행정수도이어야 한다.[6] 정부의 각 기관으로부터 전국 도처로 명령이 신속하게 전달되고, 그 조치결과가 집결되어야 하며, 교통·통신망이 방사(放射)되고 외국으로부터 정보가 입수되어야 한다. 그러기 위하여는 통신보다는 교통에 더욱 의존하는 정보체계상 가능한 한 지리적으로 중앙에 위치하고, 교통의 이점이 최대한 있는 곳이어야 한다. 중앙적 수도(中央的 首都, central capital)는 중앙과 주변지역 간에 가장 짧은 거리를 유지함으로써 가능한 한 넓은 영토를 통치할 수가 있다. 따라서 중앙집권화된 수도로서 적당하다.[7] 그런데 국내성(國內城)은 중앙적 수도이지만 그 자체로서는 외교전(外交戰)에 불리한 환경이다. 당시 정치적으로 외교의 주 대상은 화북 및 요서에 위치한 중국(中國)세력이었고, 북방은 기본적으로 진출과 침략의 적대적인 관계이었다. 중국지역과 외교관계를 수립하려면 육로교통(陸路交通)이 불편하여 해로(海路)를 통하는 것이 바람직했다. 그런데 국내성은 압록강을 활용하여 해양교통을 이용할 수 있으므로 그 한계를 보완할 수 있었다. 고구려 연·후조·동진이 각각 역학관계를 펼치고 있을 무렵에 각국들은 해양을 통해서

---

[6] 수도는 中核地가 된다. 한 장소가 中核地가 되려면 많은 인구와 풍부한 자원, 집중된 정치권력, 교통상의 結節點(nodal point) 및 비농민을 부양할 수 있는 토지 등을 갖추어야 한다. 中核地의 개념에 대해서는 任德淳, 『政治地理學原論』, 일지사, 1988, p.249 참조.
[7] 任德淳, 위의 책, p.251, p.253 참조.

긴박하게 외교행각을 벌였고, 특히 고구려는 후조 및 동진 등과 바다를 건너 입체적으로 정치 및 군사외교를 벌였다.

고대의 수도는 단순한 정치의 중심지만이 아니라 경제의 중심지 역할을 해야 한다. 일반적으로 고대는 인간의 이동이 자유롭고 물자의 집결이 용이한 곳은 도시이다. 그리고 자급자족품목(自給自足品目) 외에 일상생활용품과 사치품 등을 필요로 하는 곳은 대도시 내지 수도이기 때문에 수도(首都)는 경제중심지 역할도 해야 한다. 고구려는 농업경제를 상당히 중요시 하고 있었다. 건국신화에 따르면 해모수의 부인인 유화(柳花)는 동부여를 탈출하여 남천(南遷)하는 고주몽에게 오곡(五穀)의 종자를 주었다. 또 동맹(東盟) 등 농작물 수확을 위한 제천의식(祭天儀式)이 국가적으로 행해졌다.[8] 이는 초기부터 농업의 중요성을 인식하고 있었으며, 농업이 고구려 경제에서 상당히 중요한 역할을 하였음을 알려준다.

큰 강의 주변에는 평지가 발달하여 농경에 적합한 토지를 쉽게 확보할 수 있으며, 하구로 내려갈수록 그 면적은 더 없이 넓어진다. 그러므로 보통 강을 따라 국가가 발원하고 점차 영토를 확보해 가는 양상을 보인다. 한국사의 경우에는 고구려를 비롯하여 백제 등 거의 모든 나라가 이러한 환경을 고려하여 수도를 정했다. 그런데 압록강 중류지역 일대는 산악이 많고 평야는 하천연변(河川沿邊)에 좁게 산재해 있으며 척박하여, 농경에는 그다지 적합하지 못한 지대였다.[9] 이러한 사정은 중국인들의 눈에도 동일하게 비추어져 다음과 같이 기록하고 있다. '… 多大山深谷 無原澤 隨山谷以爲居 食澗水 無良田 雖力佃作 不足以實口腹 其俗節食…'[10] 그런데 국내성이 있었던 집안은

---

8 崔光植,「韓國古代祭儀에 대한 硏究史的 檢討」,『韓國傳統文化硏究』6.
　李玉,『고구려 민족형성과 사회』, 교보문고, 1984, p.143 참고.
9 盧泰敦,『한국사』2, p.147.
10 『三國志』卷30, 魏書 第30 東夷傳 高句麗.
　이하 본고에서 인용한 중국사서 가운데서 東夷傳에 해당하는 부분은『中國正史朝鮮傳』(國史編纂委員會 刊, 1987)을 참조하여 인용하였다.

동서 10km, 남북 5km인 분지로서 따뜻하고, 사람 살기에 적합하며 압록강 중류지역에선 토지가 그 중 나은 편이었다. 집안 일대에서 고구려와 관련하여 상당히 많은 철제(鐵製) 농업생산 도구가 발견되었다.[11] 이는 이 지역에 농업이 성행했음을 알려준다.

국내성은 압록강 등을 어업에 이용하기에 좋은 환경이었다. 유리왕 22년(A.D 3)에 국내(國內)로 도읍을 옮기고 위나암성(尉那巖城)을 축조했는데, 그 전 해에 설지(薛支)가 천도(遷都)를 간(諫)한 글에는 다음과 같은 구절이 있다. '산수가 깊고 험하며 땅이 농사짓기에 적합하고 또 사슴과 물고기와 자라의 생산이 충분하니 왕께서 만약 도읍을 옮기시면 백성의 이익이 무궁하며 또 전쟁의 환난을 면하기에 가합니다.'[12] 즉 이 시대에는 물고기의 획득이 중요했었다는 상황을 반증하고 있다.[13] 국내성 지역의 통구묘(通溝墓)군 우산하묘구(禹山下墓區) 3283호 적석묘(積石墓)에서는 일련의 물고기잡이 도구(道具), 흙그물추 등이 출토되었으며, 같은 시기에 출토된 것으로 철낚시고리(鐵漁釣) 등이 있다.[14] 이로 보아 고구려인들은 압록강에서 활발한 어로활동을 벌였으며, 생산의 중요한 수단으로 삼았음을 알 수 있다.[15]

국내성은 수상(水上)교통이 발전하는 데에 비교적 좋은 조건을 갖추고 있었다. 혼

---

11 李殿福·孫玉良 著, 姜仁求 金瑛洙 譯, 『高句麗簡史』, p.165을 중심으로 상세히 설명.
   기원 전 3세기부터 고구려지역인 한반도 북부 및 압록강 유역, 그리고 요동지방에서 곡괭이, 삽, 호미 등 철제농업생산도구들이 광범위하게 사용되었음이 발굴을 통해서 밝혀졌다. (강맹산, 앞 논문, pp.75~76에는 인용한 발굴보고서 등이 있다). 朴性鳳은 「發展期 高句麗의 南進過程」, 『美源 趙永植 博士 華甲記念 論文集』, 1981, p.142에서 高朱蒙의 南進을 우수한 농경조건을 찾아 시도한 것으로 보고있다.
12 『三國史記』卷13, 高句麗本紀. 琉璃王 21年.(이하 『三國史記』원본과 역주인용은 李丙燾, 『原本 三國史記』, 『國譯 三國史記』, 을유출판사, 1977 인용.)
   …見其山水深險 地宜五穀 又多麋鹿魚鼈之産 王若移都 即不唯民利之無窮 又可免兵革之患也.
13 현재도 압록강에서 잡히는 물고기는 이 지역 사람들에게 중요한 식물원이 되고 있다.
14 이 부분에 대해서는 耿鐵華, 「高句麗 漁獵經濟初探」, 『博物館研究』3期, 1986 참고. 심지어는 금으로 만든 낚시고리 등도 있었다.
15 李殿福·孫玉良 著, 姜仁求 金瑛洙 譯, 『高句麗簡史』, 삼성출판사, 1990, pp.188~189.
   현재도 압록강이나 동가강에서 잡히는 물고기는 지역의 경제생활에 많은 도움을 준다.

강 독로강을 비롯하여 하구에 내려오면 애하 등 크고 작은 강들이 모여들었다. 고구려는 초기부터 상업과 교역활동이 활발하였다. 고대국가로 팽창하고, 줄기차게 대외전쟁을 벌여야 했던 고구려는 재정수입을 확충하고, 경제력을 상승시키는 일이 절대적으로 필요했다. 책구루(幘溝漊)를 설치한데서 보여지듯 이미 3세기에 대외무역권(對外貿易權)을 중앙에 점차 귀속시키고 있었다.[16] 일찍부터 금속화폐를 사용하고 있었으며, 북방 요서 화북 강남지방 등 여러 지역들과 무역을 하고 있었다.[17] 동천왕 때는 손권의 오나라에 초피와 말 등을 수출하고, 보물과 의복 등을 수입하는 등 활발한 교역을 하였다. 후에 후조와는 호시 등 군수물자 등을 교역했으며, 광개토대왕 때는 남연에서 수우(水牛) 등을 수입하기도 하였다.

국내성(國內城)에서는 한대(漢代)의 오수전(五銖錢)[18]과 반량전(半兩錢), 동기(銅器), 남조(南朝)의 청자(靑瓷), 신강(新疆) 화전옥(和田玉) 귀걸이와 강남(江南)의 칠기(漆器) 등이 발견됐다. 이 지역이 초기부터 후기까지 내내 중원지구(中原地區)및 북방, 남방과 교섭이 밀접했음을 알려준다.[19] 물론 이러한 교역에서 압록강 수로와 해양활동은 절대적인 역할을 했다. 특히 백두산에서 서남방향으로 흐르다 안평성(安平城)에 이르러 바다로 들이기는[20] 압록강은 중류지역에서 명도전이 다량으로 발견됨으로써[21] 상업교역

---

16 盧重國, 『百濟政治史硏究』, 일조각, 1990, p.95.
17 손영종, 『고구려사』, 과학백과사전종합출판사, 1990, pp.280~281, 李殿福 孫玉良, 앞의 책, pp.192~193. 李鍾旭, 「高句麗 初期의 政治의 成長과 對中關係의 展開」, 『동아시아의 비교연구』(全海宗 편), pp.69~70. 金基興, 「고구려의 성장과 대외교역」, 『韓國史論』16, 서울대, 1987 참고.
18 집안에서는 五銖錢 외에 明刀錢 布錢 半兩 貨泉 등이 발견되었다.
   古兵, 「吉林輯安歷年出土的古代錢幣」, 『考古』64-2 참조. 국내지역에서 발견된 화폐의 종류와 유적 설명이 있다.
   M195호분에선 오수전이 32매 발견되었다.(최무장, 『고구려 고고학』1, 민음사, 1995, p.334에서 재인용)
19 吉林省博物館, 「吉林輯安高句麗建築遺址的淸理」, 『考古』60-1기에는 걸어서 이 지역이 위, 남북조 등의 문화를 흡수하여 독자적인 문화를 발전시켰다고 한다.
20 『通典』卷186 邊防二 東夷 下 高句麗傳.
   …馬訾水一名鴨綠水東北水源出靺鞨白頭…西南至安平城入海…所經津濟皆貯大船….

의 중요한 통로였음을 알려준다.

　미천왕(美川王)이 왕자로서 도피하던 시절에 압록강에서 배를 타고 소금장사를 하였다는 『삼국사기』의 기록은 고구려인들이 압록강을 이용해서 소금운송과 판매를 하였으며, 동시에 소금이 황해북부 해안, 즉 압록강 유역이나 요동반도 해안지대에서 생산되었을 가능성을 알려준다.[22] 하호(下戶)를 동원해서 동예(東濊)의 소금을 공급받았던 고구려가 이 지역의 소금생산 등에 대해서 깊은 경제적인 관심을 기울였을 것은 필지의 사실이다.

　수도는 문화(文化)의 집결지(集結地)와 개화지(開化地)의 기능을 수행해야 한다. 특히 고대에는 문화의 담당자들이 수도에 집중되어 있으므로 지방에 대해서는 문화의 수원지, 보급지(普及地)역할을 해야 한다. 따라서 외국에서 문화를 수입할 필요가 있는 경우에 수도의 위치는 외국과 직접 교통하기에 좋은 위치에 있어야 한다. 수도 이외의 다른 도시에서 교통의 이점을 활용한 문화의 성장이 이루어지는 경우에는 수도와의 관계에서 정치적인 갈등이 발생할 가능성이 많다.

　후에 천도한 평양 지역 및 아래의 황해도 지역은 오랫동안 낙랑과 대방이 경제 문화적으로 발전을 하였고, 민(民)에 의존한 주거형태를 유지했던[23] 특성상 정치집단이 멸망한 이후에도 잔재세력은 여전히 남아있었다. 405년(永樂 14)에도 황해도 지역의 토착호족세력인 왕씨(王氏)가 여전히 낙랑 대방군 당시의 묘제였던 塼築墳을 축조하면서 원흥(元興)이란 동진(東晉)의 연호를 사용하고 있었다.[24] 이들은 오랫동안 중국문화를

21　李殿福 孫玉良 著, 姜仁求 金瑛洙 譯, 『高句麗簡史』, 삼성출판사, 1990, p.187.
　　현 단동시 振安區 九連城鎭 靉河上尖村인 서안평성에서 오수전 등이 발견되었다.
22　요동반도의 瓦房店・普蘭店 등은 지금도 대규모의 염전이 발달해 있다.
23　權五重의 『樂浪郡硏究』(일조각, 1992, p.90)에서 낙랑군이 장기화 할 수 있었던 것은 漢人系 民을 토대로 한 주거집단의 성격을 가지고 있었기 때문이라고 했다.
24　孔錫龜의 논문에서는 이러한 부분에 대한 논의를 일관되게 표현하고 있다.

황해를 건너 직수입했으며, 그러한 형태는 멸망 후에도 잔존시키고 있었을 것이다. 소수림왕(小獸林王) 이후에는 왕권의 강화와 중앙집권화를 목적으로 낙랑(樂浪) 대방고지(帶方故地)에 대한 지배권을 확립하려는 남진정책을 추진하였다. 그러므로 수도가 문화의 중심지이며, 외국문물과 쉽게 접할 수 있는 위치에 있는 것은 정치적으로도 깊은 관련이 있다. 국내성은 평양으로 천도하기 이전에 북쪽에서는 비교적 대외적으로 교섭하기에 좋은 환경을 지니고 있었다. 역시 압록강 수로와 밀접한 관련이 있다.

이러한 몇 가지 수도의 기능과 고구려가 처한 상황에서 가장 필요한 수도조건은 역시 교통의 발달 즉 외부세계와 원활하게 연결되는 것이다. 국내성이 자리 잡은 집안지역은 교통이 편리하였다. 만주와 한반도 북부를 이어주는 이점이 있고, 외계(外界)와 연결하는 통로는 압록강(鴨綠江) 수로(水路)를 포함하여 크게 3갈래가 있다.[25] 따라서 초기에는 비교적 중앙도시로서의 역할을 충분히 하였을 것으로 판단된다.

2) 군사적 측면

고대에 수도는 국방상(國防上)의 요충지, 즉 국방을 하기에 가장 적합한 지형(地形)에 있어야 한다. 국가가 전시체제(戰時體制)나 군사동원체제(軍事動員體制)를 유지할 경우, 그리고 국가간의 경쟁이 군사력을 통해서 이루어진다면 무엇보다도 군사도시(軍事都市)로서의 성격이 강해진다.

고구려는 주변소국을 정복하면서 성장한 정복국가적(征服國家的)인 성격을 지닌 채 출발했고, 지정학적인 위치상 항상 외국과 군사적인 갈등을 벌일 수밖에 없다. 고구려는 12년에는 왕망(王莽)이 세운 신(新)과 신경전을 폈고, 14년에는 한(漢)의 고구려현(高

---

25 林至德 張雪岩,「고구려의 두개 수도」,『중국학계의 고구려사 인식』, 대륙연구소 출판부, 1991, p.78.

句麗縣)을 쳐서 빼앗았다. 계속해서 모본왕 때인 49년에 북평(北平)·어양(漁陽)·상곡(上谷)·태원(太原) 등 요하(太原)지역을 습격하였다. 기원 1세기 중엽에는 동쪽으로 창해(滄海 : 東海), 남쪽으로는 살수(薩水), 서쪽으로는 고조선(古朝鮮) 영역이었던 요동지방 가까이까지 영역을 확장하였다. 이후 요동지방의 진출과 지배권을 놓고 화북의 한족(漢族), 북방(北方)의 제 종족들과 교류와 공존을 하면서도 항상 갈등을 일으켰다.

이렇게 국가간의 경쟁이 군사력을 통해서 이루어졌고 전시체제적인 성격을 지녔으므로 자연이 군사국가의 성격을 가지고 있을 수 밖에 없다. 도시나 군사적 거점이 국방상의 요충지에 있어야 함은 필수적이다. 특히 수도는 왕성(王城)을 비롯하여 정부의 각 기관과 시설들이 집중되어 있기 때문에 적국에 노출되어 방어에 취약점을 지녀서는 곤란하다.

국내성은 초기 단계에서 군사도시로서의 성격에는 적합한 조건을 가지고 있다. 만주지역에 힘의 중심을 두기에 적합한 팽창거점도시(膨脹據點都市)이며 주변의 소국가들을 병합하는 초기 성장과정에서 정복국가(征服國家)의 기능을 수행하기에 조건이 좋다.[26] 유리왕 21년에 국내를 보고 온 이후에 그 곳으로 수도를 옮기는 이유를 '산수가 깊고 험하며, 땅에 오곡을 심기에 좋고…' 하여 방어조건이 1차적임을 알려준다. 국내성은 소집단의 공격에 대해서는 방어가 용이하고, 반대로 공격하고자 할 때는 주변의 강을 이용해서 효율적으로 군사행동을 할 수가 있다. 그러나 활동반경이 넓어지고 대상적국도 군사력과 기동력을 갖춘 집단일 경우, 방어전을 펴기에는 지형적으로나 준비기간으로 보아 조건이 불리하다.

고구려는 초기부터 북방의 침입이 있을 때 마다 수도인 국내성이 항상 위험스러웠으므로 군사수비성(軍事守備城)으로서 서북 2.5km지점의 산에 환도성(丸都城)을 두었다.[27] 대무신왕(大武神王) 대에 한(漢)의 요동(遼東) 군대(軍隊)와 격전을 벌였는데, 이 산

---

26 초기의 국가수준과 발전과정에서는 중앙도시의 기능을 수행하기에 적합한 조건을 가지고 있다.
27 李殿福 孫玉良, 앞의 책, pp.151~157.

성에서 장기농성전을 벌여 방어에 성공하였다.[28] 그 후에 군사적인 환경이 변하면서 군사방어체제를 보다 강력하게 구축하였다. 국내성의 방어성이며 임시 수도역할을 하였던 환도성은 관구검의 침입 때 드러났듯이 초기의 소국가 병합단계를 벗어나 위(軍隊) 또는 북방세력(北方勢力)과의 싸움으로 변화된 단계에서는 방어조건이 부적합했기 때문이다.[29]

본격적으로 구축된 고구려의 군사방어체제에 대해서는 그 목적 분포양상 편제 숫자 등에서 다양한 견해가 있다. 압록강 이북에 대하여 채희국을 비롯하여 북한에서는 요하 일대에 구축된 전연방어체계(前沿防禦體系 : 기본방어성)을 축으로 하고, 신성에서 국내성에 이르는 통로에 구축한 종심방어체계(太子河 상류와 蘇子河 일대) 수도방어를 위한 국내성 위성체계의 3중 구조로 되어 있다고 설명한다.[30] 위존성(魏存成)은 크게 3지역으로 나누어 압록강 중류・혼하・혼강일대의 초・중기 산성과 요동반도 남단에서 북방으로 요하를 따라 이룩된 후기 방어성 일대, 그리고 길림성(吉林省)의 연길(延吉)・혼춘(琿春) 일대의 북방경계지역으로 설명하고 있다.[31] 그러나 이러한 분류들은 해양 및 강변방어체제를 주목하지 못한 한계가 있다. 거기에 반해 손영종은 고구려는 관구검과 전투를 벌인 후에 방어상의 취약점을 보호할 목적으로 압록강의 좌・우안에 성 등 방어진지를 구축하였다고[32]하여 강변방어체제에 대한 인식을 하고 있음을 보이고

---

28 『三國史記』卷14, 高句麗本紀, 大武神王 12년.
29 北燕이 멸망하고 北魏와 국경을 맞대게 되자 長壽王은 미리 대비하기 위하여 平壤으로 천도하였다는 견해가 있다.(李殿福 孫玉良의 앞의 책, p.73) 이러한 견해는 國內城이 가진 국방상의 한계를 인식한 때문이다.
30 과학백과사전 종합출판사, 조선전사 3, 1979, pp.124~129.
　채희국,『고구려 력사연구 -고구려건국과 삼국통일을 위한 투쟁, 성곽』김일성 종합대학 출판사, 1985, pp.138~148 참조.
31 魏存成,『高句麗考古』, 길림대학 출판사, 1994, p.30.
　고구려성에 대한 연구는 그 외 申瀅植,「高句麗 千里長城硏究」, 余昊奎,『高句麗城』(1), 국방전사연구소, 1998 등의 책이 있고, 개별논문들도 많이 발표되고 있다.
32 손영종, 앞의 책, p.85, p.193 참조.

있다. 서길수 역시 주로 강을 중심으로 성이 분포되어있는 상황을 주목하고 분포상황을 개관하였다.³³ 그리고 필자는 광개토대왕 때 쌓은 국남 7성, 황해도와 경기만 일대의 해양방어체제, 기타 요동반도와 압록강 하구 및 섬방어체제, 한강 하구방어체제 등 강과 바다를 중심으로 많은 전략적 지구에 다양한 형태의 군사시설물들이 본격적으로 구축되었음을 주목하였다.³⁴

고구려는 기본적으로 1차적으로 자연지형을 활용하고, 2차적으로는 산성·차단성 및 초소 등을 배치하였다. 적군의 침입로를 예상하면서 요소요소에 배치한 것이다. 군사적인 환경이 변하면서 수도권 방어체제는 더욱 강력하게 구축되었을 것이다. 그런데 고구려의 군사도로 혹은 방어체제를 파악할 수 있는 유일한 단서가 기록되어 있다.

『삼국사기(三國史記)』및 『자치통감(資治通鑑)』에 의하면 고국원왕(故國原王) 12년인 342년에 전연의 모용황이 침입할 당시 '적의 진입로는 남도·북도가 있는데, 북도는 평탄하고 넓으며 남도는 험하고 좁다(高句麗有二道 其北道平闊 南道險狹 衆欲從北道)'고 한다. 남도·북도를 국내성을 둘러싼 방어체제의 일환으로 여기는 견해도 있다.³⁵ 하지만 모용황이 침입할 때 사용된 것으로 기록된 이 남도북도는 수도권에 있었던 것은 아

---

33 서길수, 『高句麗城』, KBS, 1994.
34 윤명철 공저, 『고구려 산성과 해양방어체제』.
　　윤명철, 「江華지역의 해양방어체제연구-關彌城 位置와 관련하여」, 『사학연구』58·59 합집호, 1999.
　　＿＿＿, 「遼東지방의 해양방어체제연구」, 『정신문화연구』겨울호 통권 77호, 1999.
　　＿＿＿, 「仁川지역의 해양방어체제연구」, 『박물관지』3호, 인하대, 1999.
　　＿＿＿, 「한강고대 강변방어체제연구-한강하류 지역을 중심으로-」(1), 『향토서울』61호, 2001.
35 남북도에 관한 견해를 밝힌 논문들은 다음과 같다.
　　李殿福 著, 車勇杰·金仁經 譯, 『中國內의 高句麗 遺蹟』, 學硏文化社, 1994.
　　方起東·陳相偉, 「吉林輯安高句麗南道和北道上의 關隘和城堡」, 『考古』제2기, 1964.
　　賈士金, 「集安의 歷史文物と高句麗遺蹟」, 『好太王碑と高句麗遺蹟』, 讀賣新聞社, 1988.
　　朴京哲, 「高句麗 軍事力量의 再檢討」, 『白山學報』35, 1988.
　　장국종, 「고구려에서의 도로발전」, 1985, 2, 력사과학.
　　손영종, 「고구려 남도 북도와 환도성의 위치에 대하여」1, 력사과학.

닐 것으로 판단한다. 간단히 언급하면 다음과 같다. 즉 첫째, 방향과 위치묘사가 틀리다. 기록과 달리 소위 남도·북도는 지리적으로 판단하면 모두 집안의 북쪽에 있고, 단지 남향해서 집안으로 들어오는 길이다. 또한 국내성에서 보아서도 위치묘사는 맞지가 않는다. 남문이 아니라 서문을 통과해서 나가면 마선구(麻線溝)로 해서 소위 남도로 이어지고, 북문이 아니라 동문을 통과해서 나가면 북도로 이어진다. 둘째, 현재 남도·북도는 대규모의 병력이 충돌해서 접전을 할만한 공간으로선 적합하지 않다. 당시 고구려군과 연군대의 전투상황을 고려할 때 대병력이 조우하여 공방전을 벌일만한 공간이 없기 때문이다. 따라서 현재 알려진 망파령관애와 관마장관애가 있는 소위 남도 북도는 수도권 방어체제이다. 필자는 수차례에 걸친 조사를 통하여 그 군도들은 하나씩이 아닌 복수였을 가능성을 재삼 확인하였다. 이 수도권방어체제는 이 궁성과 수도를 중심으로 노령산맥과 혼강·압록강 등 자연지세를 최대한 활용하면서 단선적이 아니라 산성·관애·초소 등을 네트워크화한 축차방어(築次防禦)체제였다. 따라서 곳곳에서 새로운 산성·초소 등이 발견될 가능성이 높다.[36] 혼강의 자안산성·오녀산성, 신개하의 패왕조산성 등 수도권 주변에는 많은 강변방어체제가 구축되었다. 이러한 방어체세에도 불구하고 국내성은 동천왕 때와 342년인 고국원영(故國原王) 년간에 전연(前燕)의 침입을 받고 함락되고 말았다.[37]

고구려역사의 전과정을 살펴보면 강을 배경으로 전투가 수 없이 벌어졌으며, 그 규모와 의미도 크다. 위(魏)나라와 벌어진 전투에서 양 군은 비류수를 사이에 두고 치열한 공방전을 폈다. 북방종족들의 남하를 저지할 목적으로 송화강가에는 용담산성·동단산성 등이 구축되었다. 혼강가에도 자안산성·패왕조산성 등 많은 산성들이

---

36 이 지역의 자연 및 군사환경에 대해서는 필자가 직접 조사하여 기록한 『말타고 고구려가다』(청노루, 1995)를 참고하면 좋다.
37 『三國史記』卷18, 高句麗本紀, 故國原王 12年.

구축되었으며, 수(隋)·당(唐)과의 전쟁에서 요하(遼河)를 사이에 둔 공방전(攻防戰)은 대단한 격전이었다. 신성, 요동성, 백암성, 안시성, 오고성, 석성(莊河) 등은 강과 밀접한 관련이 있는 성들이다. 이처럼 큰 강은 고구려가 역사를 발전시켜 가는데 정치·군사적인 측면에서 중요한 의미를 지니고 있다. 그러나 고구려가 압록강에 구축한 강변방어체제는 다른 육지 내부에 구축한 강변방어체제와는 성격과 기능이 다르다.

3. 압록강의 군사전략적 환경

고구려는 영토가 사방으로 확대되고, 주변의 국제정세가 변하면서 군사전(軍事戰)의 질(質)도 달라졌다. 특히 대외적으로 진출할 능력과 기회가 많아지고, 해양을 활용하는 해상전을 대비한 방어체제의 구축이 필요해지고, 해양활동이 본격화되면서 압록강의 존재와 그 역할은 점중하였다. 압록강은 수도권을 방어하는 전체의 체제 속에 속한 종속적인 위치에서 벗어나 질적으로 다른 독자적인 수도권방어체제의 성격을 지니게 되었다. 압록강 방어체제를 더욱 복잡하고 치밀하게 구축할 필요가 있었다. 먼저 압록강의 군사전략적인 환경을 통해서 압록강이 방어체제와 관련하여 어떤 의미를 지녔는가를 살펴보고자 한다.

강(江)이 가진 군사적인 측면은 공격과 방어라는 직접적인 충돌에만 적용되는 것은 아니다. 또하나 중요한 것은 군수물자(軍需物資)의 운송통로로서 중요한 역할을 한다는 것이다. 강은 실질적인 생산장소에서 사용장소로 이동하는 가장 안전하고 빠른 지름길이 된다. 압록강은 백두산에 출발하여 내려오면서 크고 작은 강들과 만나 황해로 접어든다. 중류에서는 혼강, 독로강(禿魯江)과 만나 수심이 깊고 수로가 길다. 또한 강 하류에는 많은 하상도서(河上島嶼)가 있고 끝나는 곳에는 만(灣)이 발달되어 황해로 접어든다.[38] 따라서 통항거리가 길고(750km) 큰 규모의 선박이 항행(航行)할 수 있고 많은 선박들이 동시에 운행할 수가 있다. 이러한 조건 때문에 압록강은 고구려의 수도와 직접 연결되는 가장 중요한 물류통로였으므로 필수적으로 강을 보호하는 군사시설을 구축해야 한다.

또한 고구려는 점차 국제질서의 중심부로 진입하면서 대외관계가 원활해졌다. 주변국가들, 특히 중국지역의 정치세력들과 밀접한 외교관계를 맺어야 했다. 그런데 압록강은 국내성의 남벽과 붙어서 흐를 만큼 수도의 교통과 밀접해서 강상수운이 발달했다. 그러므로 선박을 이용하여 바다로 나가 항해하는 것이 가장 바람직했다. 국내성의 남쪽벽은 압록강과 거의 만나고 있다. 그런데 그곳에는 돌로 쌓은 부두시설이 있었다고 한다. 현재 남아있는 부분은 30m 정도인데 국내성 성벽과 그 쌓은 수법에서 공통적이라고 한다.[39] 그 후에 쌓은것으로 추정되는 청암리 성이 있는 평양시 대성구역의 동문근처에는 작은 운하가 있어 성안으로 배를 끌어들일 수가 있었다.[40] 또한 평양이성에는 다경문 밑으로 해서 중성 정양문까지 약 3km 구간에 운하를 굴설하였다고 한다.[41] 다경문에 갑문시설이 있었다는 사실은 매우 중요하며,[42] 이는 국내성의 성격과 구조를 이해하는데 도움을 준다.

국내성은 수도이면서 동시에 일종의 내륙하항(內陸河港)의 역할도 한 것이다. 물론

---

38 『漢書地理志』卷28, 地理志 第 8 下 1에는 황해북부로 흘러들어가는 강들에 대해서 본문과 주를 통해서 상세하게 설명하고 있다. 특히 玄兎郡 西盖馬縣 註에 馬자水, 西北入監難水, 西南至西安平 入海 過郡二, 行二千 一白里- 라 하여 압록강에 대하여 상세하게 설명하고 있다.
그 당시 서안평이던 단동지역에는 靉河 등의 강이 흘러들고, 위화도 등 섬들이 있다.
39 손영종, 『고구려사』2, 과학백과사전종합출판사, 1997, p.39.
『文物』, 1984, 1기, pp.39~40.
40 『조선유적유물도감』3권, 조선유적유물도감편찬위원회, 1989, p.108.
41 『고구려 평양상』, 과학백과사전출판사, 1978, pp.106~108.
42 손영종, 『고구려사』2, pp.39~40.

압록강 하구에는 국내성의 내항(內港)과 이어지는 일종의 외항(外港)이 있었을 것이다. 외항 가운데 가장 중요한 곳은 서안평(西安平)이었을 가능성이 크다. 1920년대에 압록강 하류의 북부인 단동(丹東)시에서도 부두석축시설이 드러났다고 한다.[43] 단동은 서안평 등 많은 고구려성이 있는 곳이다. 이렇게 압록강은 내륙수운 뿐 아니라 바다와의 관련성 속에서 그 가치와 의미를 파악해야 한다.

한편 압록강은 고구려가 외국으로 진출하고 군사작전을 펼 때도 중요한 역할을 하였다.

압록강의 종착점인 하구는 서한만(西韓灣)을 통해 해양으로 진출하는 출구(出口)이며 동시에 바다에서 들어오는 입구(入口)이다. 그런데 서한만은 동아지중해(東亞地中海)에서 일본열도를 출발하여 압록강 하구와 요동반도(遼東半島)를 경유하여 산동(山東)까지 이어지는 남북연근해항로(南北沿近海航路)의 중간기점이고, 산동 및 화북에서 발해만을 지나 한반도 북부지역으로 오는 항로가 마주치는 해양교통의 십자로이다. 만약 압록강 하류를 장악하면 서한만을 장악하고, 서한만을 장악하면 황해북부의 해상권에 강력한 영향력을 행사할 수 있다. 또한 서한만과 압록강 하류로 모여드는 크고 작은 강들을 거슬러 올라가면 광범위하게 퍼진 하계망(河系網)을 이용하여 내륙의 상당한 지역에 영향력을 행사할 수 있다. 즉 정치적으로 내륙통합의 계기를 마련하고, 경제적으로 물류체계를 원활하게 하여 경제권을 형성한다. 따라서 압록강 하류와 서한만은 지정학적(地政學的)·지경학적(地經學的)·지문화적(地文化的) 입장에서 보아 필연적으로 각 국간의 질서와 힘이 충돌하는 현장이었다.

반면에 압록강은 점차 해양을 군사적으로 활용하는 시대적 상황 때문에 방어적 측면에서도 매우 중요해졌다. 고구려는 서북방면, 즉 요동·요서지역으로 팽창하기 위한 전진기지를 구축하고, 요동 연안 혹은 근해항로의 해상권을 장악하고, 이들 지역

---

43 손영종, 『고구려사』 2, 과학백과사전종합출판사, 1997, p.39.

간의 육로연결과 해로연결도 차단해야만 했다. 그러기 위해선 압록강 하구유역을 확실하게 장악해야 했다. 한편 중국 측 또한 낙랑(樂浪) 등 잔존한 한의 정치세력들과의 관계를 생각할 때 그 중간에 위치하고 있는 고구려의 존재를 염두에 두지 않을 수 없었다. 더구나 고구려의 황해연안 진출은 현실적으로 해로 혹은 하구 연안지대를 이용하는 양 지역간의 교통에 상당한 위협을 주기 때문이었다.

고구려는 중국과의 긴장관계를 염두에 둘 경우에 육상전 뿐 만 아니라 해상전(海上戰)의 가능성을 고려하지 않을 수 없었을 것이다. 압록강 하구는 중국지역에서 고구려로 오기에 가장 적합한 노철산항로(老鐵山航路)의 종착점(終着點)적인 성격을 가지고 있다. 등주, 래주 등을 출항하여 묘도군도를 경유하면서 연안항해(沿岸航海)를 하여 장산군도의 여러섬들을 경유한 후에[44] 압록강 유역으로 공격해 올 경우, 국내성은 위험에 노출되어 있다. 해상이동거리가 짧고, 일단 상륙한 다음에는 수도까지 거리가 짧고, 수륙협공작전이 용이하다. 만약 압록강 이남의 해안지대 등으로 상륙을 허용할 경우에는 배후에서 협공당할 우려가 다분하다. 이미 후한(後漢) 광무제(光武帝)의 낙랑정벌과 위명제(魏明帝)의 낙랑·대방 정벌은 해양을 통해서 이루어졌다. 그런만큼 국내성 배후 공격이 가능하다.

고구려는 압록강과 서한만의 이러한 군사전략적 가치를 초기 단계부터 인식했던 것 같다. 태조대왕(太祖大王) 94년(146)에 서안평을 공격했다. 후에 동천왕(東川王) 16년(242)에 다시 서안평을 공격하였다.[45] 동천왕 때는 손권의 오나라와 몇 번에 걸쳐 사신을 교환하였으며, 일종의 교역도 하였다. 『오서(吳書)』는 사신들이 도착한 항구를 압록

---

44 이 지역의 해양방어체제에 관해서는
　윤명철 공저, 『고구려 산성과 해양방어체제』, 백산문화사, 2000.
　윤명철, 「遼東지방의 해양방어체제연구」, 『정신문화연구』겨울호, 통권 77호, 1999.
　＿＿＿＿, 「고구려 요동 장산군도의 해양전략적 가치연구」, 고구려연구회 25차 학술발표회의, 2002.
45 『三國史記』卷17, 高句麗本紀, 東川王 16年.

강 하구에 있는 안평구(吳書)라고 기록하였다. 『한서(漢書)』에는 서안평(西安平)을 설명하면서 안평구와 서안평이 동일한 지명임을 말하고 있다.[46] 『한서(漢書)』지리지(地理志) 下에서는 "西安平 莽曰北安平(… 吳志所謂安平口也. 新唐志 安東府 南至鴨綠江 北泊灼城七百里 故西安平也…)"라고 하여 당시의 안평이 역시 압록강 하구임을 분명히 밝히고 있다. 한편 『후한서(後漢書)』에는 오(吳)의 사신(使臣)이 도착한 안평구(安平口)는 북현해구(北縣海口)라고 되어 있다. 모든 기록들은 서안평이 양국간에 활용된 항구였음을 알려준다. 그들은 이 외항에 도착한 다음에 육로 혹은 다시 압록강 수로를 거슬러 올라와 국내성에 닿았을 것이다.

고구려는 마침내 미천왕(美川王) 12년(311)에 서안평을 점령한 후, 본격적으로 서해안(西海岸)에 진출한다.[47] 그 후 압록강은 고구려의 적극적인 해양활동과 관련하여서 국가정책 및 군사전략 방어체제 등의 비중이 더욱 더 높아졌다. 330년, 연(燕)에 대한 견제책으로 후조(後趙)에 사신을 보내고[48] 다시 같은 해에 사신과 함께 고시(楛矢)를 보내어 양국은 군수물자를 교환했다.[49] 이 때 사신들은 중간의 연(燕)을 피해 해로(海矢)를 이용해 신속하고 안전하게 산동지방으로 잠입한 것이다.[50] 336년 3월에는 고구려

---

46 『漢書』卷28 地理志 下 "…案卽吳志所謂安平口也"
   같은 책에서도 현도군을 설명하면서 "馬訾水西北入鹽水 西南至西安平入海,……"라고 하면서 서안평이 압록강 하구임을 밝히고 있다.
47 『三國史記』卷17, 高句麗本紀, 美川王 12年.
   고구려는 西安平을 점령하고 서해안에 진출한다.(李萬烈, 『三國時代史』, 知識産業社, 1976, p.128 참조)
48 『晋書』卷105 載記5 石勒 下 建平 元年條.
49 『三國史記』卷17, 高句麗本紀, 美川王 31年.
50 李龍範은 「大陸關係史」, 고대편 상, (『白山學報』18, 1975, p.21)에서 遼東과 遼西를 연결하는 길 가운데서 山海關으로 나와 해안선을 따라 가는 길이 개척된 것은 遼代 이후부터라고 하는데, 『魏志』卷1 武帝紀에는 曹操가 烏丸을 정벌하기에 앞서 無終(現 薊縣)에서 바다로 나와 해로를 통하여 大凌河유역의 오환을 정벌하려는 계획을 세운 기사가 나와있다. 따라서 이미 이 당시에 해로를 통하여 요동에 이를 수 있는 교통로가 이미 발달되어 있음을 추측할 수 있다. (孔錫龜, 「高句麗의 遼東進出史硏究」, 충남대 석사학위논문, 1983, pp.5~6)

가 해로를 이용하여 동진(東晉)에 사신과 공물을 보냈다.[51]

이러한 사실들은 당시에 해양(海洋)을 이용하여 각국들이 사신왕래를 빈번하게 했음을 알려준다. 해양은 적대국가의 국경을 통과하지 않고도 교섭할 수 있는 장점이 있기 때문이다. 광개토태왕(廣開土太王) 때는 산동지역에 있었던 남연(南燕)과 해로로 교섭을 했다. 『릉비문(陵碑文)』 영락(永樂) 6년 병신조(丙申條)에는 대왕이 직접 수군을 거느리고 백제를 공격한 기사가 나온다.[52] 이때 압록강 하구지역은 어떠한 형태로든 이 수군작전과 관계가 있었을 것이다. 이러한 진출과 개척과정에서 고구려는 압록강에 있는 전략적 요충지와 교통로의 길목을 중심으로 치밀하고 견고한 방어체제를 구축하였을 것이다.[53]

그 후 해양전이 본격적으로 벌어진 수·당과의 전쟁에서 이 지역은 매우 중요한 방어체제로서 격렬한 공방전을 펼쳤다. 648년 당군은 산동북부의 래주를 출발하여 바다를 건넌 다음에 압록강 하구에 닿았다. 이때 압록수에 들어와 100여 리를 지나 박작성에 이르렀다고 한다.[54] 가탐(賈耽)의 도리기에는 발해와 당간의 교섭로인 소위 압록도가 바다를 건너 압록강하구인 박작구(泊灼口)에 이르고 여기서 배를 타고 집안인 환도현성을 경유하여 윗쪽 200리에 있는 신주인 임강(臨江)에 닿았다고 하였다. 압록강 수로를 이용한 것이다.

이처럼 압록강은 수도방어라는 측면, 전술적인 측면, 또 국가정책과 관련하여 매우 의미가 있었다. 국토의 보존이라는 원론적인 기능 이외에 교통로 및 교역로를 보호하며 적 수군의 침입을 방어하고 수군활동을 양성하는 복합적인 의미를 가졌다. 특히

---

51 『三國史記』卷18, 高句麗本紀, 故國原王 6年條 및 『晋書』卷7 帝紀 第7 成帝 咸康 2年條.
52 『廣開土王陵碑』 '六年丙申王躬率水軍討伐殘國軍……'
53 서일범은 『북한지역 고구려 산성 연구』, 단국대학교 박사학위논문, 1999, p.12에서 鳳凰山城과 같은 愛河 유역의 내륙통로 방어성은 평양천도 이후에 새로 구축되었다는 견해를 피력하고 있다.
54 『舊唐書』, 薛萬徹 전, 『新唐書』와 『册府元龜』에도 동일한 기사가 있다.

서한만과 이어지는 하류의 방어체제는 요동반도의 해양방어체제[55]와 유기적인 시스템을 구축해야 한다. 따라서 그 위치와 규모·성격을 정확히 파악하는 일은 당시의 전황은 물론 전쟁의 기본성격과 변화하는 국제질서의 한 단면을 알 수 있는 단서를 제공한다.

4. 압록강 강변방어체제

앞에서 살펴본 바와 같이 압록강 변에 구축한 군사시설은 방어(防禦)와 진출(進出)이라는 이중의 목적을 실현하기 위한 것이었다. 따라서 성의 기능과 위치 등은 이러한 이중의 목적을 염두에 두고 구축되었음을 전제로 이해해야 한다.

1) 압록강 중류지역

중류지역은 수도권 방어체제의 일부로 활용되었다. 압록강은 중류에서 통구하(通溝河) 부이강(富尒江)·신개하(新開河)·위사하(葦沙河), 그리고 남쪽의 독로강(禿魯江) 등과 만나면서 하류로 내려간다. 수로를 관측하고 물길을 장악하는 길목에는 반드시 방어체제가 있어야 한다. 압록강 하구는 폭이 좁아 적이 수로를 통해서 국내성까지 침입하기가 쉽지 않다. 왜냐하면 강폭이 넓을 때는 강 안에서 방어하기가 힘들지만 폭이 좁을 때는 충분히 강 양변에서 공격할 수 있다. 더군다나 강변에는 여러 가지 방어시

---

[55] 해양방어체제의 성격과 기능에 대하여는 윤명철, 「江華지역의 해양방어체제연구-關彌城 위치와 관련하여」, 『사학연구』58·59 합집호, 1999 및 「경기만 지역의 해양방어체제」, 『고구려 산성과 해양방어체제』, 백산출판사, 2000 참조.

설을 설치할 수도 있기 때문이다. 예를 들면 진성(津城), 강안보루(串城) 등 다양한 방어시설을 구축해 놓았을 것이다.[56]

이러한 성격의 방어시설은 임진강과 한강이 만나는 지점에 있는 파주군(坡州郡)의 오두산성(烏頭山城), 연천군의 호로고루·당포성, 한강의 아차산보루 등이 있으며, 황해와 예성강, 한강이 만나는 강화북부인 하음면의 하음(河陰 : 奉天)산성(山城), 그 건너편 황해도의 백마산성(白馬山城) 등은 비교적 크고 중요한 역할을 한 강변방어체제이다. 그리고 강화도의 교동도(喬桐島) 등과 영산강·금강하구·섬진강 하구 등에도 있었다. 이 강변방어체제는 내륙에 포진한 군사체계와 유기적인 관계에 있어야 하며, 특히 하구가 아닌 중류지역에 있는 방어체제들은 내륙으로 진입하는 육상 교통로를 반드시 염두에 두어야 한다.

국내성으로 들어오는 압록강의 좌우에는 방어시설들이 구축되어 있다. 집안 서남쪽의 해관, 외차구 차단성(遮斷城) 외에도 청수, 고제령 유곡령 계선에도 서남쪽을 막기 위한 토성들이 지나가고 있다.

(1) 망파령 관애(望波嶺 關隘)

망파령 관애는 국내성의 방어에 중요한 역할을 한 전략적 요충지 가운데 하나이다. 신개하(新開河)를 사이에 두고 용두령(龍頭嶺)과 만난다. 낮고 움푹한 지형에 돌로 쭉 쌓아 적의 기병 등을 막게 한 일종의 차단산성이다. 총 길이가 260m에, 아래의 폭은 10m, 현재 남아있는 높이는 1.5m 내지 2m이다. 문도 있었는데 큰 돌로 쌓았으며 폭이 10m였고, 방향은 350도였다. 북쪽 끝은 신개하와 이어졌는데, 돌로 쌓은 둑이 있었다. 남아있는 길이가 13m, 높이는 0.5~0.8m이다. 철화살촉과 화강암으로 다듬은 입

---

56 손영종은 성을 분류하면서 일반적으로 인정되는 성들 외에도 작은 보루까지 고구려성의 범주에 포함시켜 약 1000여개로 추정하였다. 『고구려사』(2), 과학백과사전 출판사, 1997, pp.80~96.

구지름이 20cm, 깊이가 20cm의 돌절구도 발견됐다.[57] 관애는 현재 물 속에 잠겨 있는데 1976년 댐이 생기기 전에는 산에서 내려오는 능선자락과 신개하가 만나는 사이의 골짜기에 바로 관애가 있었다. 압록강 방어체제와 직결되는 것은 아니지만 간접적으로 근처의 패왕조(覇王朝) 산성과 함께 국내성 방어체제의 한 축으로서 상호보완의 기능을 하였을 것이다.

패왕조산은 노령산맥의 본줄기에 있는데 해발 862.8m이다. 산세가 험준하고 계곡이 깊다. 험준한 산봉우리들을 둘러가며 돌을 쌓아 산성을 만들었다. 집안에서 서북방향으로 97km 떨어져 있는데, 행정구역상으로 집안현에서 속해 있다. 환인 못미처 대천(大川)에서 산을 가로질러 이 강을 건너면 패왕조촌이다. 또 부이강(富爾江)과 혼강(渾江)이 만나는 곳에서 강을 건너 北屯子를 거쳐 패왕으로 올 수가 있다. 그래서 이곳을 통과하면 환도산성으로 들어갈 수가 있다. 뿐만 아니라 화전자(花甸子)에서 청하(淸河)로 갈 때도 역시 이 곳을 지나쳐야한다. 그러니 이곳은 전략적으로 요충지일수 밖에 없다. 환인의 오녀산성은 이곳에서 30km 서남쪽에 있다.

(2) 칠개정자 관애(七個頂子 關隘)

칠개정자 관애는 집안시 서남쪽 65km인 량수향(凉水鄕) 외차구촌(外岔溝村) 서쪽에 있다. 칠개정자산은 노령산맥의 줄기로서 길이가 15km되는 계곡이 있는데, 압록강으로 흘러 들어간다. 계곡을 사이에 두고 동서로 갈라진다. 동벽과 서벽이 있으며, 참호의 작용을 하였을 부벽이 동벽 남쪽으로 있다. 이 관애의 건축방법은 통화(通化)를 출발해 두도(頭道)·청하(淸河)를 거쳐 집안으로 진입하는 길을 방어하는 관마장(關馬墻) 관애의 그것과 유사하다. 강의 수로를 막는 기능도 하였다.[58]

---

57 方起東·陳相偉,「吉林輯安高句麗南道和北道上的關隘和城堡」,『考古』제2기, 1964, pp.77~78.
58 李殿福 著, 車勇杰·金仁經 譯,『中國內의 高句麗 遺蹟』, 학연문화사, 1994, pp.46~47.

이 관애는 2가지 이상의 기능을 하였을 것이다. 환인에서 이붕전자를 통과해 괘패령(挂牌嶺)을 넘어 대로(大路)를 통과해 량수(凉水)·유림(楡林)·대평(大平)을 거쳐 집안으로 들어간다. 이 길은 비교적 돌아가지만 비교적 평탄해서 많은 군마를 이동시킬 수 있다. 때문에 고구려는 이 지역에 노변장 관애(老邊墻 關隘), 칠개정자 관애(七個頂子 關隘 : 旗杆頂子 關隘) 등을 설치하여 진로를 차단하고 있다. 또한 압록강에서 산쪽과 대로 쪽으로 진입하는 적을 방어하거나 수로를 이용하려는 적을 초계하고 방어하는 기능도 겸했을 것이다. 지형상으로 보아 외차구에도 이와 유사한 기능을 하는 시설물이 있을 가능성이 높다.

(3) 노변장 관애(老邊墻 關隘)

집안현 량수향 해관촌 북쪽 1km 못미치는 통천령(通天嶺)의 동쪽 산기슭에 있다. 남쪽으로 압록강 강변과 4km가 채 안된다. 량수향에 남북으로 통과하는 길을 가로질러 동서방향으로 뻗은 석벽이다. 현재는 낮은 석벽만이 남아 있다.[59] 지형상으로 보아 13km 떨어진 칠개정자 관애(七個頂子 關隘)와 마찬가지로 집안으로 들어가는 통로를 차단하는 기능을 하였을 것이다. 역시 압록강 방어체제의 일환으로 강에서 접근하는 적을 막거나 강을 초계하는 기능도 겸했을 것이다.

압록강 중류지역에는 발견되고 보고된 것들 이외에도 크고 작은 산성들과 관애 초소 등 다양한 군사시설들이 있었을 것이다. 이 시설물들은 수도권방어체제에 직간접적으로 압록강방어체제와 연관을 맺고 있었을 것으로 추정된다.

---

59 李殿福 著, 車勇杰·金仁經 譯, 앞의 책, pp.48~49.

2) 압록강 하류지역

신석기 유적인 단동시 동구현 마가점향(馬家店鄕) 삼가자촌(馬家店鄕) 후와(後注) 유지 아래층(6000년 이상 된 곳)에서 배모양의 도기(陶器 : 舟形도기)가 3개 발견되었다.[60] 단동 지역의 고구려 박작성 내부에서는 우물 안에서 배유물이 발견됐다. 일찍부터 해양문화가 발달했음을 알 수 있다. 하류에는 단동지역과 의주지역이 마주보고 있으면서 방어체제를 구축하고 있다. 이곳에는 군사적이면서도 경제적인 성격을 지닌 도시가 발달했을 것이다.

해안도시(海岸都市)는 반드시 해안가에 위치해 있으며,[61] 대부분 강과 연결이 된다. 따라서 강(江)의 수로(水路)를 통한 내륙지방(內陸地方)과의 연결이 원활하므로 내륙지방에서 생산한 물품을 쉽게 운반하여 바다를 통한 교역에 활용할 수가 있다. 반면에 바다를 통해서 들어온 물품들은 강의 수로(水路)를 거슬러 올라가 내륙지방으로 효과적인 공급을 할 수 있다. 다시 말해서 공급지와 수요지, 그리고 집결지를 연결시켜 주기에 적합한 곳이 해안도시이다. 특히 외국과 교역을 할 경우에는 바다를 통한 팽창과 무역상의 이익을 얻을 수가 있다.[62] 압록강 하류지역에서는 서안평이 이 해안도시일 가능성이 크다.

---

60 汶江, 『古代中國與亞非地區的海上交通』, 四川省 社會科學院 出版社, 1989, pp.5~6.
   內藤雋輔 역시 濱田박사의 고고학적인 해석을 수용하여 남만주와 요동반도 사이에 항로가 있었다고 주장을 하고 있다. 『朝鮮史研究』, 東洋史研究會 刊, 1962, pp.378~378.
   孫光圻 著, 『中國古代海洋史』, 海洋出版社, 1989에서는 pp.34~36까지 중국지역에서 발견된 선사시대 통나무(獨木舟) 배 유적지 일람표가 상세히 되어있다.
61 金相昊, 『地理學槪論』, 일조각, 1991, pp.495~496 참조.
62 衛滿朝鮮이나 三韓 78개국의 일부는 그러한 성격을 가지고 있었을 것으로 여겨진다. 일본의 奴國 末盧國 伊都國 등은 그러한 海港國家였을 것이다.(江上波夫, 「古代日本の對外關係」, 『古代日本の國際化』, 朝日新聞社, 1990, p.72 참조. 武光 誠, 『大和朝廷は古代の水軍がつくった』, JICC, 1992, pp.32~36 참조). 필자는 '나루국가' 라는 용어를 사용하고자 한다.

(1) 서안평성(西安平城)

현지에서는 애하첨고성(靉河尖古城)으로 불리운다. 압록강구이고 서한만(西韓灣)의 입구이므로 황해북부의 연안항로를 이용하여 남북을 오고가거나 요동반도로 가려는 선박은 물론이고, 강을 통해서 고구려의 내부로 들어가려는 선박들은 모두 이곳을 거쳐야 한다. 서안평성은 수군의 공격을 사전에 방어하고, 해안선을 따라서 가는 적들을 공격하는 고구려군의 방어체제를 총괄하는 전략사령부 역할을 하였을 것으로 판단된다. 그러나 개활지에 있으므로 전력을 집중시켜 방어하는 기능에는 문제가 있었을 것으로 판단된다. 그렇다면 바로 가까이 위치한 박작성과 깊은 연관을 맺으면서 공동작전을 수행한 것으로 추정된다. 현재는 옥수수밭으로 변해버리고, 유지는 모두 땅속에 묻혀 있다고 한다.

평면이 네모꼴이며 북쪽 담은 길이 400m, 동쪽은 500m, 남쪽 담은 60m가 남아있다. 서쪽은 애하(靉河)에 의해 훼손되었다. 성 내부에서 '안평락미앙(安平樂未央)'이란 와당이 발견되었다. 또한 안평성(安平城)이란 문양이 새겨진 도기의 입부분이 발견되었다. 이 성은 퇴적이 2층으로 되어 있는데 아랫층은 한의 시대, 윗층은 고구려시대의 것이다. 특히 홍색연화문 와당과 홍색승문(紅色繩文), 사방격문판와(斜方格文板瓦) 등이 출토되었다.[63]

(2) 구련성(九連城)

단동에서 차를 타고 북동 방향으로 15분정도 가면 '구련성교(九連城橋)'라는 다리가 나타난다. 조선시대 지도를 보면 구련성은 애하(靉河)의 서쪽에 있는데 이 곳은 그렇지가 않다. 그러니까 단동서 올 때는 왼쪽 방향의 언덕으로 있다. 이 언덕들이 토성

---

63 辛占山,「遼寧境內 高句麗城址的考察」,『遼海文物學刊』, 1994, 제2기(孫進己 孫海 主編,『高句麗渤海研究論文集成』(中國古代民族研究集成之一), 高句麗卷(3), 哈爾濱出版社, 1994, p.218 참조).

의 흔적이다. 언덕고개에서는 들판이 나타나고, 그 건너편에 물줄기가 보이면서, 뒤로는 산이 연결된다. 그런데 고개를 가운데 두고 군데군데 언덕들이 있다.

구련성은 9개의 성이 이어져서 강을 바라보면서 하나의 방어체제를 구축하고 있다고 한다. 안에 있는 마을이 큰 구련성 방어체제의 안이다. 남동에서 북서방향으로 있는데, 이 성에서 남동 방향으로 애하(靉河)가 보인다. 현지 노인들의 증언에 따르면 예전에는 근처에 돌로 쌓은 고분군이 있었다고 한다. 서안평성보다 오히려 더 중요한 전략상의 요충지였다. 고구려시기에 축조되었는지는 알 수 없지만 후대에까지 구련성은 중요했기 때문에 조선시대 지도에도 표시가 되어 있었던 것이다. 호산장성이 박작성이란 사실이 밝혀지기 전까지는 구련성을 박작성이라고 보는 견해가 많았다.[64]

(3) 박작성(泊灼城)[65]

박작성은 사료에 자주 나타나고, 특히 압록강구의 교통을 말할 때는 하나의 기준이 되는 성이다. 관전현(寬甸縣) 호산진(虎山鎭) 호산촌(虎山村)에 있다. 단동에서 관전(寬佃)으로 가는 길은 압록강변에서는 일반적으로 험한 편에 속한다. 주위에 산과 산이 겹쳐지고 있는데, 물론 높은 규모의 산은 아니고 동네 야산 정도의 크기이다. 현재는 명(明)나라의 장성인 탑호산성(塔虎山城)이 있다.

박작성은 고구려와 당나라 사이에 벌어진 전쟁에서 자주 등장하는 성이다. 그 후 발해 시대에 발해로 들어가는 입구에 해당하는 장소로서 박작구(泊灼口)가 나타난다. 648년에 당군이 침입할 때 수군 3만을 거느리고 내주(萊州)를 출발하여 발해를 빠져 나

---

64 馮永謙,「高句麗泊灼城址的發現與考證」,『北方史地研究』, 1997(孫進己・孫海 主編, 앞의 책, pp. 234~235).
65 이 부분은 안산 당기대학교 교수인 金一慶 교수의 개인 글을 참조한 것이다. 1995년 8월 요동지역 산성을 조사할 때에 김일경 교수의 안내를 받았다.

온 후에 황해북부를 횡단하여 압록강하구에 도달하였다. 이때 기록은 압록수에 들어와 100여리를 지나 박작성에 이르렀다고 한다.[66] 삼국사기에는 박작성 남쪽 40리 되는 지점에다 군영(軍營)을 설치하였다고 되어있다.[67] 그렇다면 압록강하구에서 100여리 내부로 들어간 지점을 찾아야 한다. 고구려의 성주 소부손(所夫孫)은 기병을 거느리고 저항을 하다가 무너졌다. 이때 '박작성은 산을 의지하여 요새를 구축하였고, 압록수(鴨淥水)가 가로막아 견고하였다.'[68]는 기록이 있다. 박작성이 구련성(九連城)이라는 주장들도 있고,[69] 또 포석하구(蒲石河口)에 있다는 설도 있으며, 한서안평현구지(漢西安平縣舊址)라고 보는 견해도 있다.[70]

1990년부터 발굴을 시작하여 석벽 500m를 발견하였는데, 커다란 돌로 쌓은 우물이 발견되었는데, 입구의 직경이 4.4m, 우물 바닥은 지면으로부터 23여 m이다. 우물 깊이는 13m이다. 내부에서 길이 3.7m의 목선과 함께 몇 개의 나무노가 출토되었다. 고구려 시대의 유일한 목선이 발견되었다.[71]

(4) 대행성(大行城)

단동에서 남쪽으로 20여 km 내려와 랑두진(浪頭鎭)마을이 있다. 압록강 방이체제의 일환으로서 서안평 지역의 전진방어거점이다. 이세적은 668년의 설하수(薛賀水) 전

---

66 『舊唐書』, 薛萬徹 전, 『新唐書』와 『册府元龜』에도 동일한 기사가 있다.
67 『三國史記』, 고구려 본기, 寶藏王 7년조.
68 '……泊灼城因山設險 阻鴨淥水以爲固'.
  『三國史記』, 고구려본기, 寶藏王 7년조.
69 中國歷史地圖集, 釋文匯 編, 東北卷.
70 馮永謙, 「高句麗泊灼城址的發現與考證」, 『北方史地研究』, 1997(孫進己·孫海 主編, 앞의 책, pp.234~235).
71 馮永謙, 위의 논문, p.232.
  陳大爲, 「遼寧高句麗山城再探」, 『北方文物』, 1995(제3기 孫進己·孫海 主編, 앞의 책, p.227).

투에서 이긴 후에 대행성으로 진격하였다. 이긴 후에 모든 군대가 압록책에 이르러 고구려군과 큰 싸움이 벌어졌으나 당군은 이를 격파하고 2백리를 진격하여 욕이성(辱夷城)을 함락시켰다고 한다.[72] 667년 전투에서 원만경이 연남건에게 압록의 험한 곳을 지키라고 하자, 고구려군은 압록으로 병사를 옮겨 방어하므로 당병은 건널 압가 없었다.[73]는 기록이 없었다. 압록강에 강한 방어체제가 있었음을 알려준다.

『중국 역사지도집 동북지구자료회편(中國 歷史地圖集 東北地區資料匯編)』에서는 대행성은 단동의 서북방향으로 32리에 있는 낭낭묘산성(娘娘廟山城)으로 말하고 있다.[74] 필자가 1995년에 조사한 바에 따르면 현재는 '소낭낭성(小娘娘城)'이란 붉은 페인트 글씨가 새겨진 자그마한 돌비가 서있다. 성의 흔적은 찾을 길이 없고, 밭 건너편에 도로의 진행방향과 횡으로 300m 정도의 작은 언덕이 이어진다. 풀숲과 작은 나무들이 엉켜 빗속에 더 푸르게 보인다. 옛날 토성의 흔적이다. 그 토성 바로 너머가 압록강이다. 주변이 평평한 들판이고 강이 바로 옆에 있으니 지형상으로 보아 산성일 가능성은 없고, 그래서 평지성이다. 지형을 더 구체적으로 살펴보아야 하겠지만 혹시 해안장성일 가능성도 크다.

필자는 북한 쪽의 압록강 변에도 크고 작은 성과 초소 등이 많이 축조되었다고 확신한다. 다만 현재까지 알려진 것은 대성의 일부분이므로 소개하고자 한다.[75]

---

72 『三國史記』 권22, 고구려본기, 보장왕 27년조.
73 『三國史記』, 고구려본기, 보장왕 26년조.
74 최무장, 『고구려고고학』, 민음사, 1995, p.85.
75 백마산성과 걸망성 부분은 필자와 공저로 편찬한 『고구려 산성과 해양방어체제』, 백산문화원, 2000, 제3장 1에 실린 연변대학교 서일범 교수의 글을 전제로 한 것이다. 서교수는 2차례에 걸쳐 북한에 들어가 이 산성들을 직접 조사하였다. 서일범, 「북한 경내의 고구려 성 분포와 연구현황」, 『고구려 산성과 방어체계』, 사단법인 고구려연구회 제5회 국제학술대회, 1999-10 참조.

가. 백마산성(白馬山城)

백마산성은 평안북도 의주군과 피현군의 경계에 솟은 백마산(410)의 자연지세에 의거하여 쌓은 석성이다. 이 산성은 압록강(鴨綠江)을 건너 남쪽으로 들어오는 첫 요새지이므로 고려·조선시대까지 여러 번 보수·확충하여 사용해 왔다. 고려 때에 강감찬 장군이 쌓은 내성 서쪽에 있던 원래의 성(古城 또는 牛馬城이라고도 함)이 고구려 때 쌓은 원성이다. 이 성은 1965년 북한 사회과학원 고고학연구소에서 진행한 조사과정에서 처음 발견되었다.

산성은 백마산의 높은 봉우리에서 뻗어 내린 능선 사이에 형성된 2개의 골짜기 중에서 서남쪽 골짜기를 에워싸고 쌓은 고로봉식 산성이다. 성내에서 고구려계의 붉은색 그물무늬 기와조각들이 발견됐다. 이런 유물과 성벽축조기법 및 성돌모양에 근거하여 이 성을 고구려 때에 쌓은 것으로 인정하게 된 것이다.[76]

나. 걸망성(契亡城)

걸망성은 백마산성 동남 15리 지점에 있는 평안북도 피현군 당후리의 쏙새산에 위치해 있다. 쏙새산은 백마산(白馬山, 410)의 한 줄기가 남으로 뻗어 형성된 독립된 산인데, 성은 산의 남쪽 골짜기를 안에 넣고 주변의 봉우리들을 연결시킨 고로봉식 산성이다. 동, 남, 서쪽의 세 면은 삼교천이 자연해자를 이루어 감돌고, 북쪽은 산으로 겹겹이 막히었으며, 남쪽의 낮은 곳은 삼교천 평지와 잇닿아 있다.

걸망성에는 7개의 성문 흔적이 발견되었는데, 그 위치를 보면 동서남북에 각각 큰 문 하나씩 있고 동, 서, 남쪽에 각각 작은 문이 하나씩 더 설치되어있다. 성내에서는 병영터, 창고터로 인정되는 집터들이 발견되었으며, 고구려계의 붉은 색 기와조각과

---

[76] 『조선유적유물도감』(3) 고구려편(1) ; 김기웅, 「백마산성의 축조경위에 대하여」, 『고고민속』, 1967-2.

함께 고려시기의 기와조각들이 출토되었다 한다. 걸망성은 고려시기에 와서도 계속 이용되었다. '걸망성(契亡城)'이란 이름도 거란군이 망한 성이라는 데서 붙여진 이름이라고 한다.[77] 후대에도 압록강 하구 방어체제의 역할을 계속했음을 알 수 있다. 이들 산성 외에도 하구를 둘러싼 지역에는 고구려의 강변방어체제들이 구축되었을 것이다.

옥강(玉江 : 朔州郡)이나 가원령(義州郡) 산줄기에도 성유적들이 있는데, 이는 그 대안(對岸)인 대포석하 동쪽의 성유적들과 관련을 맺으면서 압록강 방어시설을 이룬다. 이러한 방어시설들의 적지않은 부분은 4세기 중엽까지 이미 축조되었으며[78] 당시 서북방에 있었던 세력들의 해안 침입을 방비하기 위한 것으로 판단된다.

5. 결론

한 국가에서 수도의 선정이란 매우 중요한 의미를 지녔다. 특히 대외모순이 심각하여 늘 외부세력과 긴장상태에 있는 고구려같은 나라에서는 더욱 중요하다. 대외진출 발전방향 안보 경제상의 이점 등을 고려할 때 국내성은 대체로 그러한 요구를 충족시킬 수 있는 환경이었다. 여기에는 압록강이란 존재가 크게 작용했다. 압록강은 본문에서 충분하게 언급했지만 내륙의 강이 아니라 서해와 가깝게 연결되므로서 수륙교통과 해류교통이 모두 편리한 강이다. 또한 하구인 서한만은 육로를 통해서도 중국지역 한반도 중부 이남지역을 연결할 수 있으며, 모든 항로의 중간 경유지 기능을 할 수 있다. 그러므로 교통·외교·경제적인 면에서 매우 효용성이 높다. 또한 군사적인 측

---

[77] 『우리 나라 주요 유적』, 공화국 북반부 편, 평양·군중문화출판사, 1963.
[78] 손영종, 앞의 책, p.85 및 pp.192~193.

면에서도 수군활동을 뒷받침할 수 있는 선단기지 역할도하고, 국내성 지역을 방어하는 데에도 유리하다. 해양전의 가능성이 높아지고, 수로공격이 이루어질 경우를 대비하여 중요한 전략적 거점과 전술적인 요충지에 군사시설물을 설치하여 견고한 방어체제를 구축하였다. 이러한 방어체제는 특히 후대에 고수·고당 전쟁에서 그 효용성을 발휘하였다.

그런데 본고를 작성하면서 압록강의 군사시설물은 물론이고, 수도권 방어체제의 실상, 그리고 고구려의 발전에 어떤 영향을 끼쳤는가에 대하여 구체적으로 파악하는 데 한계가 있었다. 해양 및 강이 역사에서 한 역할과 중요성에 대한 인식이 미약한 탓에 학계의 연구가 부족하고, 또 해당지역인 북한·중국지역에서의 연구 또한 불충분했다. 특히 고고학적인 성과물이 부족한 것은 매우 안타까운 일이었다. 조금 더 시간이 흐른 다음으로 기회로 미룰 수밖에 없다.

08 고대 한강 강변방어체제 연구 2[*]

—서울 지역을 중심으로—

1. 서 론

한강은 서해(西海 : 黃海라는 용어가 있으나 육지 연안과 관련된 개념일 때는 서해라는 용어를 사용한다)와 연결된다는 강점이 있다. 백제가 발전하는데 한강은 절대적인 역할을 하였다. 첫째는 효과적인 대외진출을 목적으로, 둘째는 수도권을 방어하기 위해서, 셋째는 한강 수운(水運) 및 하구(河口)를 보호할 목적으로 주위에 군사시설 내지 방어체제를 구축하였을 것으로 판단한다. 그 후 고구려가 이 지역을 장악한 이후에는 아차산보루 등 강력한 방어체제를 구축하였고, 이어 신라도 한강 주변에 군사시설을 마련했다.

그 동안 서울지역의 한강 군사체제에 대해서는 몇몇 연구와 함께 아차산보루·풍납토성 등 고고학적인 발굴이 있었다. 이를 토대로 한강 주변의 군사체제에 관한 연구들이 있었다.[1] 그러나 소규모 강변 보루의 존재 가능성과 기능, 다른 방어체제와의 유

---

* 「고대 한강 강변방어체제연구 2」, 『鄕土서울』64호, 서울시사편찬위원회, 2004.
1 본고와 직접 관련 있는 연구물은 아래와 같다.
   李丙燾, 「風納里土城과 백제시대의 사성」, 『震壇學報』10, 진단학회, 1939.
   方東仁, 「風納里토성의 역사지리적 검토」, 『白山學報』16호, 1974.
   金龍國, 「夢村토성에 대하여」, 『鄕土서울』39호, 서울특별시사편찬위원회, 1981.

기적인 관련성에 대해서는 구체적으로 연구되지 않았다. 필자는 그동안 요동반도에서 서해안을 거쳐 경기만에 이르기까지 해양방어체제에 관한 논문들을 발표하고, 책으로 펴낸바 있다.[2] 또한 압록강[3]과 한강의 강변방어체제에 관하여도 논문을 발표하였다.[4] 큰 강의 하류에 구축된 강변방어체제는 반드시 해양방어체제와 관련시켜 그 체제와 기능을 이해해야 한다. 특히 한강 하구는 경기만과 직결되고 백제의 수도였으므로 이러한 점을 반드시 염두에 둔채 연구하지 않으면 안된다.

본고에서는 특히 1차 작업인 「한강 고대 강변방어체제연구」(1)에 이어 2차로 한강의 핵심지역인 서울지역의 강변방어체제를 살펴보고자 한다. 그러나 일부를 제외하고는 소규모 보루의 고고학적인 발굴이 되지 않은 현실로 인하여 그 대강만을 살펴보고, 또한 한성의 위치논쟁과 관련하여 강변방어체제가 지닌 의미를 찾고자 이글을 작성한다.

朴海玉, 「백제 전기도성 한성의 위치」, 『應用地理』17, 한국지리연구소, 1994.
吳舜濟, 『한성 백제사』, 집문당, 1995.
金起燮, 「경기지역의 관방문화」, 『경기지역의 향토문화』, 한국정신문화연구원, 1997.
尹明喆, 「하남지역의 방어체제 연구노트 1」, 『백제역사문화자료집』 창간호, 백제문화연구회, 2000.
신형식·최근영·윤명철·오순제·서일범, 「고구려 산성과 해양방어체제」, 백산자료원, 2000.
尹明喆, 「한강 고대 강변방어체제 연구(1)」, 『鄕土서울』61호, 서울특별시사편찬위원회, 2001, pp.91~124.
余昊奎, 「漢城 시기 백제의 都城制와 방어체계」, 『백제연구』36호, 2002.
崔鍾澤, 「경기북부지역의 고구려 관방체계」, 『고구려연구』8, 1999.

2 신형식·최근영·윤명철·오순제·서일범, 위의 책. 해양에 관해서는 필자가 집필하였다.
3 尹明喆, 「國內城의 鴨綠江 防禦體制 硏究」, 『高句麗研究』15, 2003.
4 尹明喆, 「한강 고대 강변방어체제 연구(1)」, 『鄕土서울』61호, 서울특별시사편찬위원회, 2001.
   尹明喆, 「하남지역의 방어체제 연구노트 1」, 『백제역사문화자료집』 창간호, 백제문화연구회, 2000.

2. 한강 강변방어체제의 역사적 배경

한강은 우리나라 중부의 가장 중요한 하천으로서 길이가 481km이고, 유역면적이 압록강 다음으로 넓다. 남한강과 북한강이 양수리에서 합쳐진 후에 북서방향으로 틀어 도중에 왕숙천(王宿川)·한천(漢川)·탄천(炭川)·양재천(良才川)·안양천(安養川)·창릉천(昌陵川)·곡릉천(曲陵川) 등의 지류와 합류한다.[5] 한강은 한민족이 역사를 발전시켜 가는데 정치·군사적인 측면에서 중요한 의미를 지니고 있다.

첫째, 한강은 정치적으로 내륙 통합의 계기를 마련하고, 경제적으로 물류체계를 원활하게 하여 경제권을 형성한다. 한반도의 서쪽은 지형이 낮기 때문에 강들이 서해안으로 흘러 들어가는 하계망(河系網)을 구성하고 있다. 평양(平壤)을 중심으로 대동강(大同江)이 있고, 특히 남쪽으로는 예성강(禮成江)·임진강(臨津江)·한강(漢江)이 하계망을 구성하면서 서해 중부로 흘러 들어가 경기만을 구성한다.[6] 따라서 한강 하류를 장악하면 중부해상권의 장악은 물론 그 주변, 하계망과 내륙수로(內陸水路)를 통해 한강유역·임진강 유역·예성강 유역·옹진반도(甕津半島)·장연군(長淵郡)의 장산곶(長山串) 등 내륙 통합의 계기를 마련할 수 있다.[7]

둘째, 한강은 경기만을 통해 해양으로 진출하는 출구이며 동시에 바다에서 들어오는 입구이다. 경기만은 동아지중해에서 가장 의미있는 역학관계의 핵(核)이고, 실제로 힘의 충돌과 각축전이 벌어진 곳이다. 동아지중해에서 일본열도를 출발하여 압록강 하구와 요동반도(遼東半島)를 경유하여 산동(山東)까지 이어지는 남북 연근해항로(沿近海航路)의 중간기점이고, 동시에, 한반도와 산동반도를 잇는 동서 횡단항로와 마주치

---

5 서울特別市史編纂委員會, 『漢江史』, 1985, pp.28~29.
6 河系網의 이론에 대해서는 權赫在, 『地形學』, 법문사, 1991, pp.108~117.
7 윤명철, 「長壽王의 남진정책과 東亞地中海의 역학관계」, 『高句麗南進 經營史의 硏究』, 백산자료원, 1995, p.509.

는 해양교통의 결절점(結節点)이다. 또한 한반도 내에서도 경기만은 지정학적(地政學的)·지경학적(地經學的)·지문화적(地文化的) 입장에서 보아 필연적으로 각 국 간의 질서와 힘이 충돌하는 현장이었다. 따라서 경기만과 직접 관련을 맺는 한강 하류는 매우 중요한 곳이다.[8] 한강 하류의 이러한 전략적인 조건 때문에 이 지역을 차지하고 영향권을 확대하기 위하여 삼국시대 각 나라들은 존속기간 내내 생존을 걸고 치열한 공방전을 벌였다. 자국이 점유한 지역을 중심으로 치밀하고 복합적이며 다양한 해양 및 강변방어체제를 구축하였다.

셋째, 백제는 특히 한강유역에서 건국하고 500년 가까이 발전하였으므로 한강이 지닌 수도권과의 관계가 매우 중요하고, 군사적인 측면에서 시스템이 매우 복잡했다.

1) 삼국시대 전기(방어체제의 1단계)

경기만이 본격적인 역사의 중심부로 등장하고, 한강 하류(서울 지역 포함)를 중심으로 한 방어체제가 성립된 것을 역사적 상황과 관련시켜 보면 몇 개의 시기로 나눌 수 있다.

첫번째는 진국(辰國)과 삼한(三韓)에 소속되어 있던 소국(小國)들의 시대를 거쳐 백제가 경기만을 처음으로 장악한 삼국시대 전기에 해당한다. 각각의 소국들은 주로 해안가나 큰 강의 하류에서 발생하고 성장하였다. 농경을 하기 위해서는 큰 강이 모여 바다로 흘러가는 해안가의 가까운 곳에 형성된 충적평야에서 이루어지는 것이 훨씬 유리하였다. 또한 해안가나 강 하류는 각 소국들 간에는 물론 바다를 건너 외국과도 교역하는데 유리했다. 따라서 소국들은 필연적으로 해양문화가 발달했고, 교역을 통

---

8 경기만의 가치, 한강과의 연관성에 대해서는 다양한 관점과 분야에서 연구한 필자의 연구 성과물들이 다수 있다.

해서 성장한 해항 도시국가(海港 都市國家 : polis) 혹은 강변도시의 성격을 가지고 있었다.[9] 하지만 초기에 만들어진 도시나 성들은 물가를 중심으로 한 소규모의 성이다. 바다나 큰 강의 물가 가까이 성을 쌓고 도시를 건설하는 일은 현실적으로 어려웠다. 따라서 규모가 작았으며 기능도 단순하였을 것이다. 초기의 산성들에서는 테뫼식이 많이 나타나는데, 이러한 형태였을 것이다. 후대에 진·보(鎭·堡)나 돈대(墩臺)로 사용된 방어체제는 초기 강변 방어성(防禦城)의 형태 및 기능과 유사한 것으로 여겨진다.

　방어체제와 관련하여 한강 하류에 본격적인 비중을 둔 것은 백제부터였다. 백제는 경기만의 한강수계를 중심으로 한 서부해안에서 건국된 지정학적 조건과 역사적 배경으로 인하여 출발부터 해양 및 한강 하류와 깊은 관련이 있다. 홀본부여(忽本扶餘)를 출발한 비류(沸流)와 온조(溫祚) 집단은 선단을 구성하여 연근해 항해를 하다가(필요에 따라서는 연안항해도 병행하였을 것이다.) 도중에 몇 군데에 상륙하였을 것이다. 남항(南航)하다가 낙랑세력이 장악하고 있었을 대동강 하구유역을 멀리서 우회한 다음 경기만의 한 지점으로 상륙하였을 것이다. 그리고 온조는 현재 서울 일원인 한강가에서 건국하였다. 일종의 '하항도시국가(河港都市國家)'로서 발전을 시작하였다.[10]

　그 후 백제는 낙랑과 말갈의 압력으로 방어에 힘을 기울이기 시작했다. 예를 들면 낙랑으로 통하는 길을 봉쇄하였다.[11] 이어 고이왕(古爾王) 3년(236)에는 왕이 서해의 대도(大島)에서 사냥을 하였는데, 사슴 40마리를 쏘아 잡았다.[12] 이는 물론 해안 방어와 해양 진출을 동시에 모색하는 행위로 판단된다. 백제가 한강 하구를 비롯하여 수도권 주변의 방어에 적극적인 태세를 취해야 하는 상황이 전개되고 있었다. 그런데 그 후에

9　尹明喆,『동아지중해와 고대일본』, 청노루, 1996, pp.93~94.
10　윤명철,「沸流集團의 移動過程과 定着에 대한 검토」,『한민족의 해외활동과 동아지중해』, 학연문화사, 2002.
11　『삼국사기』권23, 백제본기, 제1 온조왕 11년조.
12　『삼국사기』권24, 백제본기, 고이왕 3년조,「三年冬十月 王獵西海大島 王手射四十鹿」.

는 공손강(公孫康)이 황해도 지역에 대방군(帶方郡)을 따로 설치하고 백제를 공격하여 구민(舊民)을 끌어갔다.[13]

백제는 책계왕(責稽王) 때에 이르러 한강 강변방어체제를 본격적으로 쌓았을 것으로 판단된다. 고구려가 대방을 공격하자 백제의 책계왕은 대방의 왕녀인 보과(寶菓)와 혼인한 처지였으므로 구원군을 파견하였다. 하지만 곧 고구려의 보복을 두려워하여 아차성(阿且城)을 쌓고, 사성(蛇城)을 고쳐 쌓았다.[14] 이 두 성은 현재 워커힐 뒷산의 아차산성과 건너편의 구산토성(龜山土城)[15] 혹은 풍납토성(風納土城)으로 알려져 있다. 현장의 환경을 검토하면 이 성들은 한강 이남의 수도성을 방어하기 위한 강변방어체제이다. 따라서 그 외에도 외곽이나 한강 수로 입구 부근의 강변에도 방어체제를 구축하였을 가능성이 높다.

2) 삼국시대 중기(방어체제의 2단계)

삼국이 고대국가로 발전하고 각 국 간에 정치·군사적인 대결이 심각해짐에 따라 방어체제도 점차 체계화되었다. 한강 하류와 해안가의 성은 방어체제 뿐만 아니라 자국의 외교사절·교역선단 등을 보호하고 해양 진출을 위한 교두보 내지 진출거점이라는 본격적인 기능도 하였다.

4세기에 들어오면서 백제와 고구려의 팽팽한 대결로 한반도의 역학관계에도 변화가 발생하였다. 371년에는 고국원왕이 근초고왕의 백제군과 전투를 벌이다가 전사하였다.[16] 이 후에도 양국은 주로 패하(浿河 : 예성강) 일대에서 전투를 벌였다. 광개토대왕

---

13 서울특별시사편찬위원회, 『漢江史』, p.298.
14 『삼국사기』권2, 백제본기, 책계왕 원년조.
15 方東仁은 앞의 논문에서 사성을 구산토성으로 보았다. 吳舜濟, 앞의 책, p.49.
16 『삼국사기』권24, 백제본기, 근초고왕 26년조.

의 공격은 백제의 방어체제 전반은 물론 특히 한강 하류 방어체제에 질적인 변화를 가져왔을 것이다.

그는 즉위년부터 대왕 17년(407)의 정벌 때까지 계속되면서 예성강 및 한강유역의 백제 활동영역을 완전히 점령하였다. 특히 원년에 한수(漢水) 이북을 점령하고 관미성(關彌城)을 공함(攻陷)하였으며, 석현(石峴) 등 10성을 빼앗았다. 「광개토왕비문(廣開土王碑文)」 영락(永樂) 6년조의 기사에 따르면 대왕은 6년(396)에 친히 수군을 거느리고 해양을 통해 백제를 공격하였다. 이 때 강화도(교동도를 포함) 혹은 한강수계 하류지역의 한 지점으로 비정되는 관미성(關彌城), 통진(通津)으로 추정되는 비성(沸城)과 아단성(阿旦城), 인천지역으로 비정되는 미추성(彌鄒城) 등을 점령하였다.

당시 고구려는 기병과 수군을 활용한 선제공격 및 협공을 하는 수륙양면작전을 실시했다. 수군은 3개 방향으로 상륙했던 것 같다. 제1로는 대동강 유역을 출발한 다음에 예성강 하구와 한강이 만나는 강화 북부에서 한강 하류를 거슬러 오면서 김포반도와 수도를 직공했다. 제2로는 인천상륙작전을 감행하여 한성으로 진입하였다. 제3로는 남양만으로 상륙하여 수원·용인 등을 거쳐 한성의 배후를 친다. 수군을 동원하여 수도를 직공한 것이다.[17] 고구려의 폭풍같은 공격에 대하여 백제는 방어체제를 구축하였는데 아신왕(阿莘王)은 쌍현성(雙峴城)을, 뒤를 이은 전지왕(腆支王)은 아마도 한강 하구일 가능성이 높은 지역에 사구성(沙口城)을 축성하였을 것이다.

그 후 장수왕이 왕위에 오르며 427년 수도를 평양으로 천도하고, 475년에는 대군을 동원하여 한성을 점령하고 개로왕을 죽였다. 물론 이 당시에도 수군작전이 병행되었을 것이다. 또한 한강변의 방어체제를 공격하면서 도하거거나 직공해 들어왔을 것이다. 특히 수도인 한성을 공격하기 위해서는 반드시 한강을 도하하여야 했다. 그렇다

---

17 윤명철, 「광개토태왕의 군사작전에 대하여-수군을 중심으로-」, 『고구려연구회 학술총서』 3, 고구려연구회, 2002.

면 백제는 광개토대왕의 공격을 받은 이후에 사활을 걸고 한강방어체제를 구축하는 데 국력을 쏟았을 것이다. 고구려는 점령지역을 다스리는 행정의 치소(治所)로서 적을 방어하는 군사적인 목적으로 성들을 곳곳에 구축하였다. 즉 재령의 장수산성(長壽山城)에 설치되었던 것으로 추정하는 남평양(南平壤)을 북한산성(北漢山城) 지역으로 옮겼다. 그리고 북진하는 백제나 신라의 세력을 한강 선에서 저지하고자 아차산(峨嵯山) 용마루봉·양주산성(楊州山城) 부근을 중심으로 많은 보루(堡壘)들을 구축하였다.[18] 대체적으로 군사적인 요충지는 지정학적인 요인에 가장 영향을 받기 때문에 점령군이 바뀌었다고 해도 크게 달라지지 않는다. 때문에 고구려는 종래 백제나 신라가 만든 성을 기본적으로 그대로 사용하였을 것이다. 『삼국사기(三國史記)』와 『대동지지(大東地志)』 등에서 동일한 성을 두고 고구려성과 백제성이라는 기술이 혼용되어 나타나는 것은 이러한 역사의 반영이다. 삼국시대의 강변 및 해양방어체제는 4세기 중반에서 5세기에 걸치는 이 2단계에 가장 많이 구축되었고, 또 효용성이 컸을 것이다.

3) 삼국시대 후기(방어체제의 3단계)

삼국시대는 후기에 들어서면서 한반도 내부에서는 고구려와 백제 외에 신라가 가세하여 본격적인 삼국의 쟁패전이 벌어졌다. 주된 전장은 내륙으로 옮겨갔고, 대규모의 군사와 기마병이 동원되는 양상으로 바뀌면서 한강 강변방어체제는 상대적으로 의미가 약화되었다. 웅진(熊津)으로 수도를 옮긴 백제는 꾸준히 고구려를 공격하면서 한강 유역의 영토를 회복하려고 하였다.

고구려 문자왕(文咨王)이 치양성(雉壤城)을 공격하였을 때 백제는 신라에 구원을 청

---

18 신형식·최근영·윤명철·오순제·서일범, 앞의 책, 오순제 편.

하였다. 이곳이 백제의 영역이었다는 반증이다. 무녕왕(武寧王)은 즉위(501)하자마자 11월에 황해도의 신계(新溪) 지역에 있었고, 고구려의 중요한 거점성이었던 수곡성(水谷城)을 공격하였다. 『삼국사기』 고구려본기에도 문자왕 12년(503)에 동일한 기사가 실려 있다. 백제는 일시적이었지만 하류 지역을 회복했음을 의미한다.[19] 무녕왕은 523년에 쌍현성(雙峴城)을 쌓아 고구려의 남진에 대비하였다. 이러한 전쟁상황 속에서 강변방어체제는 나름대로 제 역할을 수행했을 것이다. 고구려는 안장왕(安臧王) 때에 다시 한강 하류 유역을 장악하고 더욱 남진한 것으로 판단된다.

백제는 성왕 29년(551)에 2차 나제동맹을 체결시켜 한강 하류 유역을 수복하였다. 하지만 신라의 배신으로 2년 후인 553년에 신라의 진흥왕에게 빼앗기고 말았다. 신라는 이 지역에 신주(新州)를 설치하였다. 뒤이어 이를 폐하고 북한산주(北漢山州)를 설치하였다. 한강 유역이 신라의 대내외정책에서 매우 중요하게 긴박한 장소로 부상한 것이다. 이 무렵 신라는 한강변에 현재의 아차산성으로 추정되고 있는 장한성(長漢城)을 축조하였다.[20] 이 무렵 한강의 주변지역에 방어체제를 새롭게 축성하거나 보축(補築)하였을 것이다. 7세기에 들어서서 고구려가 신라를 공격하면서 한강 유역은 다시 전장이 되었다. 이때 한강 강변방어체제는 다시 강화되었을 가능성이 크다.

3. 강변방어체제와 한성위치 검토

백제는 몇 번에 걸쳐 수도 천도가 이루어졌고, 수도가 파괴되었다. 백제의 첫 수도는 하남 위례성이었다가 한성으로 옮겼다. 그런데 한성은 수도로서 어떤 가치가 있으

---

19 申澄植, 『百濟史』, 이화여자대학교출판부, 1992, pp. 163~164.
20 『新增東國輿地勝覽』 권3, 漢城府 古跡條에 이곳을 설명하고 있다.

며, 또한 바람직한 수도 조건에 얼마나 부합된 것일까? 그리고 한강과는 어떤 함수관계에 있을까?

수도란 권력의 집중지이므로 한 나라의 정치 군사 문화 등 모든 분야에 끼치는 영향이 실로 지대하다. 수도의 평가와 선택에는 수도의 기능과 역할에 대한 이해를 기본 토대로 삼아야 한다.[21]

수도는 몇 가지 기본적인 기능을 수행할 수 있어야 한다.

첫째로 정치 외교의 중심지로서 행정수도이어야 한다.[22] 통신보다는 교통에 더욱 의존하는 정보체계상 가능한 한 지리적으로 중앙에 위치하고, 교통의 이점이 최대한 있는 곳이어야 한다. 중앙적 수도(中央的 首都, central capital)는 중앙과 주변지역 간에 가장 짧은 거리를 유지함으로써 가능한 한 넓은 영토를 통치할 수가 있다. 따라서 중앙집권화된 수도로서 적당하다.[23] 그런데 한성(漢城)은 외교전에 유리한 환경이다. 당시 정치적으로 외교의 주 대상은 화북 및 산동 강소지역에 위치한 중국세력이었으므로 해로를 통하는 것이 바람직했다. 한성은 한강을 활용하여 해양교통을 이용할 수 있으므로 가장 좋은 조건을 지니고 있다. 아울러 한강은 한반도 중부의 모든 강들이 모여들고 있기 때문에 역으로 주변지역과 세력을 효율적으로 관리하고 통제할 수 있다.

둘째로 고대의 수도는 경제의 중심지 역할을 해야 한다. 큰 강의 주변에는 평지가 발달하여 농경에 적합한 토지를 쉽게 확보할 수 있다. 그러므로 강을 따라 국가가 발원하고 점차 영토를 확보해 가는 양상을 보인다. 한국사의 경우에는 백제 등 거의 모

---

21 윤명철, 『고구려해양사연구』, 사계절, 2003의 4장 3절에는 고구려 수도의 조건, 특히 해양 및 수로와 관련하여 설명하고 있다.
22 수도는 中核地가 된다. 한 장소가 中核地가 되려면 많은 인구와 풍부한 자원, 집중된 정치권력, 교통상의 結節點(nodal point) 및 비농민을 부양할 수 있는 토지 등을 갖추어야 한다. 中核地의 개념에 대해서는 任德淳, 『政治地理學原論』, 일지사, 1988, p.249.
23 任德淳, 위의 책, p.251, p.253.

든 나라가 이러한 환경을 고려하여 수도를 정했다. 특히 백제는 농업경제를 상당히 중요시하고 있었다. 또한 한강에서 활발한 어로활동을 벌였으며, 생산의 중요한 수단으로 삼았다. 백제는 초기부터 상업과 교역활동이 활발하였다. 고대국가로 팽창하고, 줄기차게 대외전쟁을 벌여야 했던 백제는 재정수입을 확충하고, 경제력을 상승시키는 일이 절대적으로 필요했다.

셋째로 수도는 문화의 집결지(集結地)와 개화지(開化地)의 기능을 수행해야 한다. 특히 고대에는 문화의 담당자들이 수도에 집중되어 있으므로 지방에 대해서는 문화의 수원지, 보급지 역할을 해야 한다. 따라서 외국에서 문화를 수입할 필요가 있는 경우에 수도의 위치는 외국과 직접 교통하기에 좋은 위치에 있어야 한다. 수도 이외의 다른 도시에서 교통의 이점을 활용한 문화의 성장이 이루어지는 경우에는 수도와의 관계에서 정치적인 갈등이 발생할 가능성이 많다.

넷째로 수도는 대외적으로 전쟁이 빈번한 국방상의 요충지, 즉 국방을 하기에 가장 적합한 지형에 있어야 한다. 국가가 전시체제나 군사동원체제를 유지할 경우, 그리고 국가간의 경쟁이 군사력을 통해서 이루어진다면 무엇보다도 군사도시로서의 성격이 강해진다. 도시나 군사적 거점이 국방상의 요충지에 있어야 힘은 필수적이다. 특히 수도는 왕성을 비롯하여 정부의 각 기관과 시설들이 집중되어 있기 때문에 적국에 노출되어 방어에 취약점을 지녀서는 곤란하다.

고구려의 성곽은 산성을 위주로 하되 수도방어를 위한 수단으로 '평지성과 산성'으로 이룩되는 도성체제(都城體制)를 특징으로 설명한다. 그러나 일반적으로 산성·평지성·차단성(關城)·장성·책성(柵城) 등으로 분류되기도 하며,[24] 기능에 따라 겹성과 차단성으로 구분되기도 한다. 다만 도성체제는 오녀산성과 하고성의 시원을 거쳐, '국내성과 환도산성', '안학궁(安鶴宮)과 대성산성(大城山城)', 그리고 '성자산성과 하

---

24 박진욱, 『조선고고학 전서』(중세편 1, 고구려), 1991, pp.165~167.

룡고성(연길)'뿐이다.[25]

　백제도 이와 유사한 구조를 갖추고 있다. 한성은 수도이면서 동시에 일종의 내륙하항(內陸河港)의 역할도 한 것이다. 그러므로 한강 강변방어체제는 적 수군의 침입 방어와 국토의 보존이라는 원론적인 점 이외에 외교통로 및 교역로를 보호하며 수군활동을 양성하는 복합적인 의미를 가졌다. 그리고 백제에게는 수도라는 국가의 운명과 직결된 것이다. 따라서 수도의 위치를 규명하는 데 역으로 방어체제를 통해서 시사받는 것도 방법이 될 수 있다. 현재 전기 백제의 실질적인 수도인 한성의 위치에 대해서는 대체로 한강 이남인 현재의 강동구·송파구·하남시·광주지역 등 몇몇 지역으로 일치하고 있다.

　광범위한 백제가 먼저 이곳을 차지하였다. 『삼국사기』에는 온조왕(溫祚王)이 하남위례성(河南慰禮城)에 도읍을 정한이래, 그 후에도 몇 차례에 걸쳐 수도에 대한 언급이 나오고 있다.

　한성(漢城)의 위치에 대해서는 여러 설이 있다. 예를 들면 '몽촌토성설(夢村土城說)'이 있고, 최근에 들어서는 대대적인 발굴과정과 발견된 유물을 통해서 다시 '풍납토성설(風納土城說)'이 강력하게 주장되고 있다. 그리고 과거에 정약용(丁若鏞)이 『여유당전서』에서 주장하였으며, 이병도(李丙燾)·천관우(千寬宇) 등이 주장하였다가 얼마 전부터 다시 표면화되기 시작한 현재의 하남시 교산동(校山洞), 춘궁동(春宮洞) 일대라는 설이 있다.[26]

25　신형식·최근영·윤명철·오순제·서일범, 앞의 책, p.28.
　　오순제, 『백제 한성시기 도성체제의 연구』, 명지대학교박사학위논문, 2000.
26　尹明喆, 「하남지역의 방어체제 연구노트 1」, 『백제역사문화자료집』 창간호, 백제문화연구회, 2000, p.58.

1) 몽촌토성

『조선보물고적조사자료(朝鮮寶物古蹟調査資料)』 광주군(廣州郡)에는 '중대면 2리 몽촌(夢村)에는 토루(土壘)가 약 230間 정도 현존하나 다른 부분은 불분명하며 높이는 약 3間으로 토기와 와편(瓦片)이 산재되어 있다.' 하였다. 내성의 길이가 2,285m, 높이가 15~45m로 동북쪽 풍납토성과의 사이에 성내천(城內川)이 흐르고 고원성으로도 불리워졌는데 남북이 약간 긴 마름모꼴로 외성이 270m이며 총 길이가 2,555m이다. 성가퀴 위에 목책(木柵)을 설치하였고 토성 밖 둘레에는 해자(垓字) 시설이 되어있다. 회백색연질토기와 풍납동식토기 등의 회청색경질토기 조각이 나오고 있어 백제 전기 3세기경에서 5세기 사이에 거성으로 쓰였을 것으로 추정된다.

서울대학교가 1989년에 발굴하였는데,[27] 이곳에서 원삼국토기 72개체분, 백제토기 1,896개체분, 고구려토기(高句麗土器)가 388개체 나왔다. 대체적으로 고구려 것이며, 5세기 중엽 경으로 편년되고 있다. 1988년에 조사된 고구려의 온돌건물지는 구의동보루의 온돌 굴뚝시설과 같은 형태이다. 집안 동대자(東臺子) 유적의 고구려 후기 건축에서도 나타나고 있어 몽촌토성의 건물지는 고구려에 의해 축조되었다고 추정하였다.[28] 결국 이곳은 고구려가 사용한 강변에서 약간 들어간 방어시설이었다. 이곳은 현재 백제의 수도였던 하남위례성(河南慰禮城)으로 추정하기도 한다.

하지만 성안에서 나온 유물이 고급 생활용품보다는 대부분 전쟁용 무기류가 많으며 대형건물지나 대형초석도 나오지 않고 있다. 한강과 만나는 물길이 흘러가고 있는 이곳은 표고 45m의 평지에 돌출한 구릉에 있어 군사적으로 효율적인 면이 있지만 몇 가지 한계가 있다. 방어에 효율적인 측면이 있지만, 한강(漢江)과 너무 가까워 군사력

---

27 서울대학교박물관, 『夢村土城』, 1989.
28 서울大學校博物館, 『夢村土城-東南地區發掘調査報告書』, 1988, pp.30~33.

이 약하거나 열세에 놓여 있을 때에는 오히려 적에게 공격당하기가 쉬우며 다른 한편
으로는 벌판 가운데 있어 적에게 포위당하기 쉽고 달아날 퇴로가 없다. 이 성의 군사
적인 가치는 오히려 한강방어보다는 한남지역 일대나 남한산성지역으로 접근하는 적
을 막는 데 적합하다.

   또한 침수의 피해가 있다. 최소한 군사적인 환경을 고려한다면 궁성(宮城)으로서
의 기능을 하기에는 문제가 많다. 건물지와 토기 등을 고려할 때 구의동보루나 아차산
일대에 주둔했던 군사보다 비중있는 인물이 거주했던 것으로 추정할 수 있다.[29]

2) 풍납 토성

   서울시 송파구 풍납동 일대에 분포하고 있는 대규모 토성 유적이다. 1925년에 발
생한 을축년 대홍수로 인하여 성벽의 일부가 붕괴되었다. 중국에서 수입한 청동제 초
두(鐎斗)와 금귀걸이 등 중요 유물이 우연히 출토되었다. 그 이후에 백제의 초기 도읍
지이면서 도성인 하남위례성이라는 견해들이 발표되었다. 그러나 이병도가 풍납을
'바람드리'라고 하면서 이 성의 성격을 『삼국사기』에 나타나는 사성(蛇城)으로 비정한
이래로 그 견해가 주류를 이루고 있었다.[30] 국내 학계의 일각에서 하남위례성일 가능
성을 제기하였으나[31] 그동안 풍납토성에 대한 조사가 매우 부진하였기 때문에 더 이
상의 심화된 논의는 불가능하였다. 1999년 봄부터 국립문화재연구소에 의해 진행된
성벽조사에서는 기저부 폭 40m, 높이 10m 이상의 대형 판축토성임이 확인되면서[32]

---

29 崔鐘澤, 앞의 논문, 1999, p.249.
30 이병도, 앞의 논문, 1939. 이 논문은 『한국고대사연구』 1976에 재수록.
31 김정학, 「서울 근교의 백제유적」, 『향토서울』 39호, 서울특별시사편찬위원회, 1981.
32 국립문화재연구소, 「풍납토성 발굴조사 현장설명회 자료」, 1999 ; 신희권, 「풍납토성의 축조기법과 성격
   에 대하여」, 『풍납토성 발굴과 그 성과』, 한밭대학교 개교 74주년기념 학술발표대회 논문집, 2001.

하남위례성 논쟁은 중대한 계기를 맞게 되었다.[33] 이곳에서는 유물들도 많이 출토되었다.[34] 이처럼 풍납토성에서는 백제시기 유물이 대량으로 출토된 반면에 고구려 계통 유물은 출토되지 않았다.[35] 일반적으로 한성이 점령당했을 때 나타난 북성(北城)은 풍납토성(風納土城), 남성(南城)은 몽촌토성(夢村土城)으로 추정하고 있다.[36]

하지만 풍납토성은 한강변에 거의 붙어있어 침수와 유실의 위험이 크고, 방어력에 문제가 크다. 광개토대왕 때에 수군작전으로 인하여 이미 그 위험성이 노출된 상태에다가 도하 상륙작전이 가능해진 현실 속에서 풍납이 왕성으로서 기능을 할 수는 없다. 다만 초기에 왕성의 역할을 하였을 것이며, 후기에는 강변방어체제 겸 왕성을 보위하는 수도권방어체제의 중심성이며, 일종의 교역 등 경제적인 공간으로서 항구도시의 기능을 하였을 것이다.

고구려의 국내성은 남벽이 압록강과 붙어있을 정도로 가깝지만, 수량이 많지않은 중류이며, 압록강은 국경선 근처가 아니라 나라의 내부를 흐르는 강이다. 또 적군이 수군을 동원하여 직공한다고 해도 수도와 매우 먼 거리에 있다. 또한 사면이 노령산맥 등 험준한 산으로 둘러싸여 있다. 그럼에도 불구하고 육지방어체제 뿐만 아니라 강변방어체제가 촘촘하게 구축되어 있다.

---

33 문동석,「풍납토성 출토 '大夫' 銘에 대하여」,『百濟研究』36, 2002, p.50.
34 권오영,「4세기 백제의 지방통제방식 일례-동진 청자의 유입경위를 중심으로-」,『韓國史論』18, 1988.
  권오영,「풍납토성 출토 외래 유물에 대한 검토」,『百濟研究』36, 2002, pp.25~47.
  문화재연구소가 조사한 현대연합 주택부지에서는 대개 東晋代에 해당하는 청자와 흑자류가 10여 점 출토되었다.
35 국립문화재연구소,『風納土城 I -현대연합주택 및 1지구 재건축 부지』, 2001.
36 李道學,「백제 한성시기의 도성제에 관한 검토」,『한국상고사학보』, 1992, pp.36~38.

3) 하남 지역

　『신증동국여지승람(新增東國輿地勝覽)』에는 광주고읍(廣州古邑)을 하남위례성(河南慰禮城)이라고 기록하고 있다. 정약용의 여유당전서도 동일한 내용이 있다. 하남지역이 한 나라의 수도였거나 중요한 행정치소가 있었다면 많은 증거와 논리적인 근거가 필수적이다. 하지만 고고학적인 발굴은 아직 끝나지 않은 상태이다. 수도는 당연히 군사도시의 성격을 띠어야 한다. 군사도시였을 경우에는 공격과 방어를 위한 이 지역의 군사체제가 치밀하고 완벽하게 구축되어야 한다. 그러므로 이 지역의 군사적인 환경을 검토함으로써 수도로서의 가능성 여부를 살펴볼 수 있다.

　한강 이북에서 남진을 하여 남양주시의 여러 지역에서 한강을 도하한 후에 이곳을 돌파당하게 되면 남한산의 배후를 공격할 수 있고, 남한산성 지역은 매우 긴박한 상태에 처해진다. 고덕동・명일동・암사동 등을 제압할 수 있으며, 현재 하남 위례성지의 후보로 추정되고 있는 풍납토성 및 몽촌토성 등의 지역을 외곽 포위하여 쉽게 진입할 수 있는 교두보를 마련할 수 있다.

　한편 한강 이남에서 한강을 도하하여 북진을 시도하는 경우에도 마찬가지로 전략적인 요충지이다. 이성산성 등 요충지를 전략사령부로 삼아 한강변의 여러 지역에서 공격한다면 도하를 성공시킬 수 있다. 아차산(峨嵯山)과 용마산(龍馬山)으로 이어지는 강변능선에 고구려가 보루를 열지어 구축한 것은 이러한 전략의 가능성과 효용성을 반증한다. 그런데 이 지역의 자연조건은 북진보다는 한강주변, 특히 한강을 건너 남진해오는 적을 방어하기에 매우 유리한 지형이다.[37] 자연스럽게 방어막을 이룬 크고 작은 산봉우리와 길게 뻗은 능선, 골짜기, 그리고 내(川)와 한강을 자연해자(自然垓字)로서

37　尹明喆,「하남지역의 방어체제 연구노트 1」,『백제역사문화자료집』창간호, 백제문화연구회, 2000, pp. 50~60.

활용한다면 더 이상 바랄 수 없을 정도로 유기적이고, 효율적인 완벽한 방어체제를 구축할 수 있다. 특히 내부를 방어하는 데에는 더없이 유리한 조건을 갖추고 있다. 이렇게 자연조건을 활용하여 이곳과 유사한 방어체제를 구축한 지역이 몇 군데 있다. 그 가운데에서도 규슈 북부의 다자이후(太宰府) 방어체제는 유의할 만하다.

필자는 하남지역을 조사하는 처음 순간부터 양 지역 간에는 자연지형 및 이를 활용한 방어체제가 유사함을 느꼈다. 특히 『삼국사기』의 백제본기에는 책계왕(責稽王) 원년에 사성(蛇城)을 쌓고, 개로왕(蓋鹵王) 21년에는 사성의 동쪽에서 강변을 따라 숭산(崇山)의 북쪽까지 제방을 쌓았다는 기록이 있다. 그런데 그 제방으로 추정되는 부분을 한종섭과 오순제가 현장조사를 통해서 추정하였고, 1999년에 한종섭과 필자가 검단산의 바로 밑에서 그 동쪽 시작점으로 추정되는 지점을 발견하였다. 아직 발굴이 이루어지지 않아서 확인할 수는 없지만, 개념과 형태는 다자이후의 수성과 매우 깊은 관련이 있음을 알 수 있었다.[38] 만약 이러한 군사적인 환경을 근거로 하남지역을 한성전기 백제의 중심지로 비정한다면 방어적 측면에서 고대 문헌의 기록과 어느정도 부합된다고 생각할 수 있다.[39]

하남지역에서 중요한 것은 이성산성(二聖山城)이다.[40] 북쪽에서 한강을 건너 공격해 들어오는 적들을 관찰하고 방어하는데 있어서 전략적으로 매우 중요한 성이다. 이 성을 중심으로 주변 10km 이내에 많은 삼국시대 성들이 방사상형태로 포진해 있다. 동쪽으로 5km 지점의 검단산에 토석 혼축의 성이 존재하고, 북으로 5km 지점에 구산토성(龜山土城)이 있고, 암사동에도 토성이 있었다고 전해진다. 한강을 건너 수석리(水石里)에는 수석리 토성, 북서로 8km 지점에는 아차산성(阿且山城), 서쪽으로 직선거리

---

38 윤명철, 위의 논문, pp.62~64.
39 『하남시교산동일대 문화유적』, p.19.
40 漢陽大學校博物館, 『二聖山城-三次發掘調査報告書』, 1991.

5km 지점에 몽촌토성과 그곳에서 일직선상에 삼성동(三城洞) 토성이 있으며, 천호동 쪽으로 5km 지점에는 풍납토성이 위치해 있다. 그리고 남쪽으로 5km 지점의 청량산에는 남한산성이 위치해 있다. 이렇게 여러 성들의 중심부에 이성산성이 위치하고 있음을 볼 때 이성산성이 북쪽에서 한강을 도하해서 공격해 오는 적들을 방어하는 전략사령부의 역할을 했음을 추측할 수 있다. 이성산성을 홍경모는 백제시조 온조왕의 고성으로, 최몽룡과 권오영은 백제 근초고왕이 천도했던 한산(漢山)으로, 오순제는 백제 진사왕의 한성별궁(漢城別宮)으로 비정하고 있으며, 김정호는 이성산에 백제의 성지(城址)가 있다고 기록하고 있다.

이성산성에 대한 발굴조사는 한양대학교박물관에 의해서 실시되고 있는데, 1986년 제 1차 발굴을 시작으로 2002년까지 10차 발굴을 마무리 지었다. 이성산성은 축성법으로만 볼 때 세 단계의 시기로 구분할 수가 있다. 이 중 2차 성벽이 전형적인 고구려 축성법에 의해 축조된 성벽이다.

필자는 현재 하남지역의 자연환경을 조사하고, 남아있는 구조물 발굴 결과의 일부 등을 면밀하게 살펴본 결과, 이 일대에는 중요한 군사공간으로서 기능을 한 흔적들이 곳곳에 구축되었던 것을 찾을 수 있었다. 적어도 강변방어체제와 관련하여 군사적인 측면에서 고찰할 때 개로왕 때의 한성은 현재 하남지역 일대로 보여진다. 내부의 궁성지역을 중심으로 다양한 형태의 방어체제가 겹겹이 구축되어 있고, 일종의 차단격실구조로 되어 있다. 풍납토성은 백제의 초기상황, 한강수로의 중요성 등을 고려할 때 초기왕성 역할을 충실하게 하였고, 4세기 이후, 근초고왕 이후에 천도한 왕성의 외곽 방어성 겸 강변 방어의 총 사령부, 그리고 하항소도시로서의 역할을 담당하였을 것이다. 몽촌토성은 풍납토성의 외곽수비군사성이며, 후기에는 한성보위성의 역할과 함께 상륙작전 등을 막는 강변방어체제의 핵심성이었을 것이다.

4. 한강 강변방어체제

한강 강변방어체제는 전술적으로 또 국가정책과 관련하여 매우 의미가 있다. 따라서 그 위치와 규모·성격을 정확히 파악하는 일은 당시의 전황은 물론 전쟁의 기본성격과 변화하는 국제질서의 한 단면을 알 수 있는 단서를 제공한다. 뿐만 아니라 지리적·지형적·역사적 배경으로 보아 강변방어체제의 구체적인 모델로서 중요한 가치가 있다.

강변방어체제는 형태와 기능, 위치와 규모에 따라 몇 가지로 분류할 수 있다.[41] 크게 나누면 성곽(城郭)과 소규모의 보루, 강변초소, 봉수(烽燧) 등으로 나눌 수 있다. 성곽은 내륙으로 들어와 축성된 독립된 큰 성, 강변의 산능선 혹은 강가를 따라서 선의 개념으로 방어하는 장성(長城), 강가에 있는 진성(津城)이 있다. 그리고 비교적 규모가 작은 산 능선의 보루, 강변의 곶 등에 위치한 초소성(哨城), 또 섬안에는 섬방어체제가 있다.[42] 크고 작은 강이 만나거나 육지와 이어진 곳에는 포(浦)가 형성되거나 진(津)이 있다. 그러므로 수로를 관측하고 물길을 장악하는 길목에는 반드시 방어체제가 있어야 한다. 강폭이 좁아지거나 여울이 있는 양쪽에 이러한 방어체제가 있다.

한강은 중류에서 여러 강들을 만나면서 서울 지역을 거쳐 하류로 내려간다. 이러한 곳을 점령당하면 내륙으로 진격하는 것을 허용한다. 또 육지에서 바다로 나가는 출구가 봉쇄당하여 고립된다. 때문에 서울의 한강유역은 방어적 가치가 매우 높은 곳이다.

한강을 바라보는 서울의 아차산과 용마산에는 봉우리마다 보루가 있다.[43] 최근 양

---

41 신형식·최근영·윤명철·오순제·서일범, 앞의 책, pp.30~37.
42 윤명철, 「고구려의 요동 장산군도의 해양전략적 가치 연구」, 『고구려연구』15집, 학연문화사, 2003에는 섬방어체제의 실상을 설명하고 있다.
43 구리문화원, 『아차산의 역사와 문화』, 1994, 관방유적조항 참조. 崔鍾澤, 앞의 논문, 1999.

주군 일대에서 고구려의 보루들을 대거 발굴하였다.[44] 그런데 강변초소나 보루 외에도 일종의 참호가 있다. 필자는 경기도 하남시(河南市) 춘궁리(春宮里) 일대에서 1997년 12월부터 1998년 5월까지 방어체제를 조사한 적이 있었다. 그 곳에서 일종의 참호 내지 교통호의 모습을 띈 그 동안 알려지지 않았던 새로운 형태의 방어체제를 몇 종류 찾아냈다. 필자는 이를 '옹로(甕路)'라고 명명하였다. 이러한 옹로체제는 그 동안의 조사를 통해서 강변 및 해변은 물론 일부의 산성에서도 발견하였다.

 그러면 이러한 강변방어체제는 어떠한 기능을 할까? 1차 임무는 '관측(觀測)과 검문(檢問)'이다. 시설물은 강과 가까우면서도 높은 지대(串)에 있어야 한다. 물길 혹은 도강지점(津渡)을 장악하여, 적의 수로(水路)침투를 경계하기도 한다. 통신망(通信網)을 구성하기에 적합하게 시계가 광범위하고 양호한 장소이어야 한다.[45] 2차 임무는 적군 진입의 '제어(制御) 및 저지(沮止)'이다. 대규모의 상륙작전 혹은 침투작전은 비밀리에 기습적으로 감행하는 경우가 많아(潛行性) 방어망을 충분하게 구축할 수 없다. 하안선은 일반적으로 길고 복잡하므로 방어라인도 역시 길고 복잡하다. 때문에 여간 많은 인원을 투입하지 않으면 안된다. 소규모의 산발적인 공격과 교란작전을 써서 상륙과 이동 속도를 지연시키는 역할을 해야 한다. 아차산 보루, 용마산 보루 등 강변 능선보루에서 할 일이다. 3차 임무는 '공격과 격퇴'이다. 방어성 등은 강상(江上)전투, 특히 섬 안에 있는 성들은 전투에 직접 참여하거나 영향을 끼쳤다. 또한 대규모 병력으로 적군의 상륙과 공격을 견제해야 한다.

 황해와 예성강, 한강이 만나는 강화 북부인 하음면의 하음(河陰 : 奉天)산성(山城),

---

44 한국토지공사 토지박물관·양주군, 『양주군의 역사와 문화유적』, 1998.
45 고양시 일산구 송포리의 옛 나루터 근처인 멱절산에는 전형적인 강변보루의 유지가 있다. 1998년 필자와 오순제가 발견한 곳으로서 삼국시대 연질토기편을 다수 수습하고 특히 황토빛 도는 우각형 파수를 발견하였다. 백제가 초기에 사용한 한강방어체제의 하나이다. 근래에 경기도 박물관서 시굴조사를 하고 많은 유물을 수습하였다.

그 건너편 황해도의 백마산성(白馬山城) 등은 비교적 크고 중요한 역할을 한 강변방어체제이다. 그리고 영산강·금강 하구·섬진강 하구 등에도 있었다. 이 강변방어체제는 내륙에 포진한 군사체계와 유기적인 관계에 있어야 하며, 특히 하구가 아닌 비교적 내륙으로 들어간 지역에 있는 방어체제들은 내륙으로 진입하는 육상 교통로를 반드시 염두에 두어야 한다. 이성산성·아차산성 등은 그러한 기능을 담당한 성이다.

그러면 하남지역일대·풍납토성·몽촌토성 등을 포함하는 지역이 도성일 경우에 그 방어중심을 보위하는 강변방어체제들은 어떻게 구성되어 있었을까? 먼저 규모가 비교적 크고 이미 조사가 끝난 강변능선의 보루를 몇 개만 선택해서 살펴보고자 한다.

1) 아차산성(峨嵯山城)

아차산 일원은 의정부와 양주에서 남으로 이어지는 산줄기의 마지막이며 이 산줄기의 좌측에는 중랑천(中浪川), 우측에는 왕숙천(王宿川)을 낀 비교적 넓은 평지가 분포되어있다. 아차산과 관련해서는 다음과 같은 기록이 있다. 즉 책계왕(責稽王) 원년(元年: AD 286년)에 고구려의 공격에 대비하여 아사성(阿且城)과 사'성(蛇城)을 수리하였다. 또 개로왕 21년(AD 475)에 고구려 장수왕(長壽王)이 군사 3만을 거느리고 내려와 한성을 공격하여 점령한 다음에 개로왕을 포로로 삼아 아차성(阿且城) 아래에서 죽였다. 『대동지지』에는 '양진성(楊津城)은 아차산(莪嵯山)의 동쪽 절벽 광진(廣津)의 위에 있는데 한수(漢水)에 임하여 광주(廣州)의 평고성(坪古城)과 강을 사이에 두고 마주하고 있다.'[46]고 하여 현재의 아차산임을 표현하고 있다. 그런데 현재 알려진 아차산성은 산 정상부를 돌아가며 축성한 테뫼식과는 달리 아차산 능선 말단부 지역을 적절히 이용하여 작은

---

46 강변제사유적지로 추정하고 있다.
『大東地志』卷3, 京畿道, 楊州, 城池條 : 楊津城在莪嵯山東崖廣津 上, 俯臨漢水興廣州坪 古城, 隔江相對.

계곡이 포함되도록 함으로써 성내에 우물과 작은 개울이 흐르는 포곡식산성이다.[47] 전체의 길이는 1,125m[48]이고 내부면적은 25,000평이다.[49]

장대지에서는 서울시내 전역과 한강변 일대 풍납토성 · 몽촌토성 · 이성산성 · 남한산성 · 북한산성 · 암사동토성 · 구산토성 · 남한산성 · 이성산성까지 한 눈에 조망되는 중요한 위치이다. 채집된 유물은 와편이나 토기편 중에 고구려나 백제토기로 판단되는 것도 한두점 있지만 신라토기가 주종을 이루고 있다.[50] 결국 이러한 역사 교차 지역이 가진 특성이지만 삼국이 골고루 사용했다고 판단된다.

2) 아차산 지역의 고구려보루[51]

아차산과 용마산의 보루는 『조선보물고적조사자료(朝鮮寶物古蹟調査資料)』 경기도(京畿道) 고양군조(高陽郡條)에 기록되어 있었다. 구리문화원 김민수(金玟秀)의 장기간에 걸친 조사에 의해 장성(長城)유적과 함께 학계에 알려지게 되었다. 그 중에서 최근 규모가 제일 큰 아차산보루를 서울대학에서 발굴하여 큰 성과를 거두었다. 그 동안 논란이 되어오던 구의동유적의 성격이 뚜렷해지게 됨과 동시에 한강유역에 포진된 고구려 유적의 규모와 형태가 드러나게 되었다.

몽촌 · 풍납 쪽을 감시할 목적으로 구의동 · 백련봉 · 홍련봉 · 제1보루 · 제2보루

---

47 명지대학교가 이 산성을 발굴하면서 신라토기를 대량으로 수습하였다. 명지대 한국건축문화연구소, 『아차산성 '96보수 구간 내 실측 및 수습발굴보고서』, 광진구청, 1998 ; 峨嵯山城發掘調査團, 『峨嵯山城發掘調査略報告』, 1999.
48 1998년 조사시에는 10,328.58m로 실측되었다.(명지대 한국건축문화연구소, 『아차산성 기초학술조사보고서』, 광진구청, 1998, p.42.
49 심광주 · 윤우준, 「문화유적」, 앞의 책, 구리시 · 구리문화원, 1994.
50 심광주 · 윤우준, 위의 책, pp.120~127.
51 심광주 · 윤우준, 위의 책, pp.146~178.

를 구축하였고, 하남쪽을 감시할 목적으로 제3보루, 제4보루를 설치한 것으로 추정된다. 특히 아차산 제4보루는 아차산 주능선으로서 용마봉으로 건너가기 직전 봉우리로 해발 285.8m 지점에 있다. 서울대학교 박물관에서 1997년 1차 발굴조사시 온돌 유구가 나왔다. 1998년 2차 조사 시에 남쪽 구역에 대한 조사가 실시되어 유적의 규모와 성격이 대략 파악되었다.[52] 이곳은 용마봉 일대 뿐만 아니라 아차산의 넓은 지역 흐름을 한 눈에 알 수 있을 뿐만 아니라 관측 정면이 하남시 일대를 향하고 있어 그곳에 주둔한 백제 또는 신라의 세력을 감시하고자 한 것으로 팔당 쪽까지 한강의 물굽이를 조망할 수 있을 정도로 시야가 넓어 전략적으로 매우 중요한 지역임을 알 수 있다. 큰 규모의 보루에 속하며 출토된 명문이나 유적의 규모로 보아 상당히 비중있는 인물이 거주하였던 것으로 추정되며 토기류의 형태로 보아 5세기 중엽에서 6세기 중엽에 걸쳐 사용된 것으로 추정된다. 최종택은 아차산일원에 비슷한 규모의 보루가 15개소 분포 되어 있으므로 적어도 1,500여명의 고구려 군사가 주둔하였을 것으로 보았다.[53]

용마산보루는 중랑천쪽을 감시하기 위해서 구축하였는데, 다수의 보루가 있으나 한강 강변방어체제와 직접 관련이 있는 것은 제1보루이다. 중랑천 일대와 잠실(蠶室) 주변이 한 눈에 보이는 반면 뒷 부분은 용마산(龍馬山) 정상부에 가려 시야가 넓지 못해 이 요새의 주방어 대상은 한강 이남과 중랑천 일대라는 사실을 알 수 있다. 홍련봉 보루는 정상부에 있는 유적으로 산의 형태는 북서~남동향으로 길쭉하고 가운데가 잘록한 표주박을 엎어놓은 것과 같은 형태로 해발 116m, 116.9m의 2개의 봉우리가 있는데 봉우리마다 고구려 보루가 남아있다.

구의동보루(九宜洞堡壘)[54]는 광진구 구의동 해발 53m 가량의 구릉 정상부에 위치하

---

52 서울대학교 발굴조사단, 『아차산 보루성유적 발굴조사 중간보고서』, 1998.
53 崔鐘澤, 앞의 논문, 1999, pp.247~248.
54 구의동 보고서 간행위원회, 『한강유역의 고구려 요새-구의동유적 발굴조사 종합보고서-』, 1997.

고 있었다. 이곳은 1978~1979년 토지구획 정리로 발굴된 후 현재는 파괴되어 남아있지 않다. 400여 점에 이르는 토기와 많은 철제 무기류가 출토되었고, 369점에 달하는 토기류가 발견되었는데 고구려계통이다. 한강 남쪽을 감시하는 동시에 도강을 저지하기 위한 전초기지였다.

시루봉 보루는 서울시와 구리시의 경계를 이루는 아차산의 주능선에서 동남쪽 한강방향으로 이어지는 능선상에 위치한 봉우리(경기도 구리시 아천동 산 7-2번지)에서 발견되었다. 정상부에는 아차산 주능선과 구리시 일원, 한강 이남 지역이 한 눈에 조망되지만 북쪽으로는 아차산 줄기가 시야를 차단하고 있다. 평탄한 정상부에 둘레 150m 정도의 보루가 축조되어 있는데 전체적인 형태는 가운데가 굽은 타원형이다. 오순제는 강 건너 왕숙천의 감시 뿐만 아니라 이곳이 아차산이 망우리로 이어지는 능선에서 한강쪽으로 가장 깊은 골짜기를 형성하고 있어 적들이 이 골짜기를 타고 산줄기의 허리부분을 차단할 경우를 대비한 것으로 추정된다고 하였다. 그 외에 백련봉보루가 있는데, 『조선보물고적조사자료(朝鮮寶物古蹟調査資料)』에는 주위가 약 30間, 높이가 20尺으로 내부가 평탄하며 토기와 와편이 널려있다고 하였다.

오순제는 고구려가 남한지역의 최대거점지로 북한산성에 설치한 남평양의 전초방어선을 한강으로 정하고 신라가 충주와 이천을 지나 북진해오던 길목인 이성산성과 도강지점인 풍납토성에 군사를 주둔시켰으며 특히 강변에 접하고 있는 구의동보루를 비롯해 아차산 일원에 수많은 보루들을 구축하여 여러 방향에서 공격해 올 수 있는 적을 탐지하고 방어하고자 하였을 것으로 추정한다. 이것은 당시의 정치·군사적인 상황과 한강변의 지형을 전략적으로 살펴 볼 때 매우 설득력이 있다. 도강지점에 위치한 구의동보루(九宜洞堡壘)는 임진강유역의 북안에 절벽으로 된 삼각형 대지를 이용해 설치한 호로고성·당포성·은대리토성과 비견할만다다 하겠다. 즉 고구려인들은 임진강에서는 자연의 지형을 최대로 이용하였으며, 한강에서는 높은 봉우리에 인공으로 석축을 하여 사용하였음을 알 수 있다.[55]

3) 강변 초소[56]

강변에는 진성(津城) 곶성(串城)들이 있었고, 섬 안에도 군사시설들이 있었을 것이다. 가장 대표적인 것은 수석리토성이다. 남양주시(南楊州市) 수석동(水石洞) 산 21번지에 위치한다.[57] 토미재라 불리는 표고 82.3m의 야산에 있는데 둘레가 140.5m로 남북 37.5m, 동서가 49.3m인 반월형의 토성이다. 왕숙천(王宿川)과 한강이 만나는 곳으로 퇴적물이 쌓여 물이 얕아서 적들이 건너기 쉬운 길목이기 때문에 이곳을 지키기 위하여 성을 쌓은 것이다. 서북으로 불암산성 봉수, 동쪽으로 아차산성과 장성으로부터의 위급한 상황을 강 건너의 구산토성으로 연락하는 전초기지의 역할을 하였다고 본다.

구산토성은 사성(蛇城)의 서쪽 끝으로 추정되는 곳으로 해발 49.5m의 구산에 있다. 200m의 토성이 있었다고[58] 하며 현재는 머리 부분이 잘려 나갔다. 북쪽 사면은 가파르며 그 아래에는 미사리 선사유적지가 보인다. 동남으로는 검단산과 객산이 보이고 남으로는 이성산성이 보이며 강 건너 서북쪽으로는 수석리토성, 서쪽으로는 아차산성이 보이는 곳으로 온조왕 때에 쌓은 것을 고구려의 침공에 대비하여 책계왕이 수리하였다. 개로왕 때에는 이곳에서 검단산 좌측의 창우리까지 방죽을 쌓았던 곳으로 하남위례성의 북쪽을 담당하는 마지막 보루임을 알 수 있다.

암사동토성은 암사동의 해발 88.3m의 응봉에 있는 성으로 강 건너로 아차산성과 장성이 보이고 동쪽으로는 수석리토성과 구산토성이 보이며, 풍납토성·몽촌토성과 근거리에 존재하고 있다. 주변의 암사동 선사유적지에는 백제시대의 토기편이 수습

---

55 신형식·최근영·윤명철·오순제·서일범, 앞의 책, pp.383~384.
56 서울지역 강변방어체제에 관해서는 오순제가 일찍이 주목하여 몇개 성을 소개하고 있다. 吳舜濟, 앞의 책, 1995.
57 김기섭, 앞의 논문, p.663.
58 방동인, 앞의 논문, 1974.

되었고 옹관 2기와 건물지가 노출되어 이곳이 백제시대 요충지였음을 알 수 있다. 근처의 천호동토성은 『문화유적총람』에 따르면 천호동에 있던 토성으로 대부분 붕괴되어 남아 있지 않다고 하였다.

삼성토성은 해발 59.5m의 현재 경기고등학교 자리에 있던 토성으로 북으로 한강을 접하고 있으며 강 건너 뚝섬쪽이 보이며 길이 170간(309m), 높이 1간(1.8m)인데 단을 이룬 축성형태가 명확하게 산허리를 둘러싸고 있었다고 하였으나 현재는 파괴되어 버렸다.

응봉산성은 옥수동의 해발 175m의 응봉에 있는 토성으로 『문화유적총람』에는 토루로 쌓은 성으로 높이가 약 5.4m, 주위가 414m로 도기편, 와편 등이 산재해 있다고 하였다. 북으로는 북한산과 도봉산이 보이며, 동북으로는 불암산, 동으로는 아차산성, 동남으로는 남한산성, 서쪽으로는 남산과 한강의 물굽이가 보이며 남쪽 아래에는 중랑천이 한강으로 들어가고 있고 강남의 넓은 벌판과 관악산, 청계산이 조망되고 있다.

이외에도 적지 않은 수의 강변방어체제들이 있었을 것이다. 또한 한강에는 일찍부터 광나루, 삼밭나루, 서빙고나루, 동작나루, 노들나루, 삼개나루, 서강나루, 양화나루 등이 개설되어 있었는데, 특히 광나루 삼밭나루 서빙고나루 동작나루 노들나루는 5강진로(江津路)라고 하여 중요 교통로로서 이용되고 있었다. 이들 나루의 도선장(渡船場)인 나루터를 오가며 사람과 물자를 건네주는 나룻배는 강하(江河) 양쪽의 통로를 이어주는 최대한의 편의시설이었다.[59] 이러한 한강의 진과 도에는 크고 작건 간에 소규모의 시설이 있었음이 틀림없다.

---

[59] 서울특별시사 편찬위원회, 앞의 책, p.401.

5. 맺음말

　머리말에서 언급한 바와 같이 한강이 우리 역사에서 차지하는 비중과 의미는 매우 크다. 단순한 강이 아니라 한반도의 중심에 있으며, 서울을 관통하는 강일 뿐만 아니라 해양활동은 물론 강상교통과도 깊은 관련이 있다. 때문에 고대에는 한강 하류지역을 차지할 목적으로 각 세력들 간에는 각축전이 끊이지 않았다. 이러한 이유로 인하여 한강 주변에는 상류부터 중류를 거쳐 하류에 이르기까지 각종 형식과 목적을 가진 방어체제들이 구축되었다.

　이에 대한 학계의 연구는 그리 많지 않았었고, 오히려 향토사학자들의 관심과 조사, 연구 등이 활발했고, 그 결과가 아차산보루 및 용마산보루의 발굴 등이다. 근래에 들어서 고고학적인 발굴이 본격적으로 이루어지면서 학문적인 관심도 많아지고, 연구성과도 질적으로 향상되고 양적으로도 많아지고 있다. 특히 아차산 주변지역의 보루들과 풍납토성 및 하남지역의 발굴은 서울 한강유역의 방어체제를 연구하고 이해하는데 많은 자료를 제공하고 있다. 예상했던 수준을 넘어서는 대규모의 시설들이 발견되어 고대사 전반에 대한 동념을 수정할 정도가 되있다. 본고는 1차 작업에 이어 2차로 서울의 한강유역을 대상으로 소규모 강변보루의 존재 가능성과 기능, 다른 방어체제와의 유기적인 관련성에 대해서는 살펴보았다. 아직 전 구간을 살펴보지 못했던 한계로 인하여 2차 연구에 국한해서 몇 가지 생각을 정리하고자 한다.

　첫째, 한강 강변방어체제는 강·능선·골·강상·강변 등의 자연조건을 최대한 활용하여 구축하였다. 둘째, 축성 지역은 도강 지점이나 수군의 상륙 지점을 막기에 효율적인 장소를 택하였으며, 벌판과의 관련성도 고려한 듯하다. 셋째, 한강을 사이에 두고 마주보면서 짝을 이루는 형태로 구축하였다. 또한 주변의 다른 방어체제와의 관계도 염두에 두었다. 넷째, 내륙에 대성을 두고, 주변 지역에 방사상형태로 전술적 기능의 소성이나 보루의 형태가 많았다. 다섯째, 강변에도 소규모의 보루들이 많이 있었다. 여섯째, 조금 더 연구가 이루어져야 하지만 서울지역의 한강 강변방어체제는 다른 지역의 강변방어체제와 시스템에서 유사하며, 특히 경기만 등 해양방어체제와 상호 연관성이 있었을 것이다.

강변방어체제의 조사와 연구를 통하여 한강이 고대사회에서 생각보다 더욱 중요한 역할을 하였으며, 수전과 해전이 고대 군사작전에서 활발하게 이루어졌을 개연성을 다시 한번 확인하였다. 1차 작업에서 윤곽을 잡은 강변방어체제의 전형(모델)이 대체로 이 지역에도 적용됨을 알 수 있었다. 또한 백제의 수도권지역이며, 고구려 · 백제 · 신라간의 군사적인 갈등이 벌어지던 곳인 만큼 그 체제가 매우 정교하고 조직적이었음을 확인할 수 있었다. 그리고 강변방어체제 및 군사적인 환경과 관련하여 판단할 때 적어도 근초고왕 이후 시대의 한성은 이미 여러 차례 밝혔듯이 풍납지역과 몽촌지역을 넘어서 더 내륙으로 들어간 지역이었을 것이다.

그리고 아울러 주목해야 할 것은 강변에 있는 일종의 해안초소, 즉 곶성(串城)으로 여겨지는 지역에 대한 조사이다. 이미 상당한 부분이 파괴되었지만, 지금부터라도 철저하게 조사가 이루어진다면 한강 강변방어체제는 물론이고, 한성의 위치 및 고대사회의 강상활동과 해양활동을 심도 깊게 이해할 수 있을 것이다. 이 글을 작성하는데 특별히 오순제의 글을 많이 참고 하였다. 수년간에 걸쳐 필자와 공동으로 강변과 해안들을 조사하고 집필한 부분이 많았기 때문이며, 특히 소규모 강변 보루의 존재를 본격적으로 인식하고 연구하였기 때문이다. 이글을 작성하기 위하여 논문과 저서 발굴보고서 등을 읽어가면서 의아스러운 점은 최근 본격적인 발굴활동이 진행되기 전에 발표되었던 연구성과들을 소수를 제외하고는 전혀 인용하지 않고 있다는 사실을 알고 매우 놀랐다. 특히 향토사학자들의 공과가 언급된 글이 거의 없었다. 필자는 꼭 필요한 부분을 제외하고는 가능한한 처음 연구한 글들을 참고로 삼고, 인용하였음을 밝힌다.

참고문헌

▶ 단행본

이원근·최근무·로헌식,『한국의 城郭과 烽燧』상, 한국보이스카우트연맹 편, 1989.
강진갑 外 共著,『아차산의 역사와 문화유산』, 경기도 구리 : 구리시 구리문화원, 1994.
서울특별시사편찬위원회 編,『한강사』, 1985.
韓宗燮 著,『위례성백제사』, 서울 : 집문당, 1994.
吳舜濟 著,『한성 백제사』, 서울 : 집문당, 1995.
韓國古代社會硏究所 編,『韓國古代史論叢』(8), 駕洛國史蹟開發硏究院, 1996.
韓國精神文化硏究院 編,『京畿地域의 鄕土文化』(下), 京畿道 城南 : 韓國精神文化硏究院, 1997.
余昊奎 著,『高句麗 城』(1), 서울 : 國防軍史硏究所, 1998.
李亨求 外 著,『風納土城(百濟王城)硏究論文集』, 서울 : 東洋考古學硏究所, 2000.
세종연구원 편,『河南市 校山洞一帶 文化遺蹟』, 서울 : 백산자료원, 1996.
구리시 編,『九里市誌』(上), 구리시, 1996.
경기도박물관 編,『경기문화유적지도』(제1집), 서울 : (주)대한항업, 1999.
한국토지공사 토지박물관 외 編,『남양주시의 역사와 문화유적』(토지박물관 학술조사 총서 제5집), 경기도 남양주 : 남양주시 한국토지공사 토지박물관, 1999.
백제문화연구회,『백제역사문화자료집』(장산호), 서울 : 백제문화연구회, 2000.
서울대학교 박물관 외 編,『구리시의 역사와 문화』(지표조사보고서), 서울 : 서울대학교 박물관 외, 2000.
서울특별시사편찬위원회 編,『서울의 하천』, 서울 : 동강기획, 2000.
全國文化院聯合會 京畿道支會 編,『京畿鄕土史學』(제5집), 京畿道 水原 : 全國文化院聯合會 京畿道支會, 2000.
하남시 하남역사문화연구회 編,『하남의 역사와 문화』, 서울 : 국학자료원, 2001.
朝鮮總督府 編,『朝鮮寶物古蹟調査資料』, 京城 : 大海堂印刷株式會社, 1942.
민족문화추진회 譯,『국역 신증동국여지승람』(1), 서울 : 민족문화문고 간행회, 1967.
민족문화추진회 譯,『국역 신증동국여지승람』(2), 서울 : 민족문화문고 간행회, 1967.
지도 영인본,『靑邱圖』(乾), 서울 : 白山資料院.
지도 영인본,『靑邱圖』(坤), 서울 : 白山資料院.

▶ 논문

권오영,「풍납토성 출토 외래유물에 대한 검토」,『百濟硏究』(36), 2002.

金玫秀, 「峨嵯山 에서의 古代史의 諸問題」, 『경기향토사학』5집, 전국문화원연합회 경기도지회, 2000.
문동석, 「풍납토성 출토 '大夫' 銘에 대하여」, 『百濟研究』(36), 2002.
朴性鳳, 「高句麗의 漢江流域進出과 意義」, 『鄕土서울』
安國承, 「臨津江 漢灘江 流域을 中心으로 한 城郭과 百濟 積石塚에 대한 考察」, 『京畿鄕土史學』(4-別冊), 2001.
余昊奎, 「漢城時期 百濟의 都城制와 防禦體系」, 『百濟研究』(36), 2002.
尹明喆, 「강화지역의 해양방어체제 연구」, 『史學研究』(58·59).
尹明喆, 「高句麗 後期의 國際關係와 海洋의 役割」, 『高句麗研究』(14-別刷), 2002 :
尹明喆, 「고구려의 요동 장산군도의 해양전략적 가치 연구」, 『고구려연구』(15-別刷), 2003.
尹明喆, 「國內城의 鴨綠江 防禦體制 研究」, 『高句麗研究』(15-別刷), 2003.
尹明喆, 「渤海의 海洋活動과 동아시아의 秩序 再編」, 『高句麗研究』(6-別刷), 1998.
尹明喆, 「한강 고대 강변방어체제 연구(1)」, 『鄕土서울』(61), 2001.
尹武炳, 「山城 王城 泗 都城」, 『百濟研究』(21), 1990.
李昊榮, 「高句麗 新羅의 漢江流域 進出 問題」, 『史學志』(18), 1984.
任孝宰 尹相悳, 「峨嵯山城의 築造 年代에 대하여」, 『淸溪史學』(16·17), 2002 :
田中俊明, 「王都로서의 泗沘城에 대한 豫備的 考察」, 『百濟研究』(21), 1990.
鄭又榮, 「하남의 지명유래와 한강변의 경기지역 군사 유적지」, 『경기향토사학』5집, 전국문화원연합회 경기도지회, 2000.
崔鍾澤, 「京畿北部地域의 高句麗 關防體系」, 『高句麗研究』8, 1999.
최종택, 「夢村土城 內 高句麗遺蹟 再考」, 『韓國史學報』(12), 2002.
河文植, 「하남 미사동 유적의 성격」, 『白山學報』(62).
韓昇, 「南北朝與百濟政治 文化關係의 演變」, 『百濟研究』(26), 1996.

▶ 학위논문

석사

金周洪, 「京畿地域의 烽燧研究」, 祥明大學校 大學院 史學科, 2000.
表寧冠, 「4世紀 高句麗 防禦體系의 形成過程」, 東國大學校 大學院 史學科, 2003.

09 千里長城의 구축시스템 및 海陸的 성격 검토[*]

―江海都市論을 중심으로―

1. 서 론

이 논문은 고구려 성의 일반적인 기능, 구조, 성격, 사상성, 미학, 정치권력 등과의 관계를 규명하는 것이 아니다. 그 동안 국내외 학자들에 의해 연구된 성과를 토대로 필자가 주장해온 '터이론' 이라는 모델을 통해서 또다른 이해를 하고자 함이다. 즉 천리장성(千里長城)을 군사적, 전술적인 기능 외에 어떤 다른 목적과 기준으로 성의 위치를 선택하고, 방어체제를 구축했는가를 살펴보는 것이다. 예를 들면 '거시적으로는 동아시아의 자연 및 국제질서, 고구려 전체의 국토재편계획(國土再編計劃) 또는 국가발전전략(國家發展戰略)과는 관련이 없는 것일까?' 등이다.

그리고 천리장성은 요동반도(遼東半島)의 자연환경과 국제환경을 고려할 때 해양적 요인이 분명하게 작용했고, 이것은 당연히 해양방어체제의 구축으로 나타났을 것이라고 전제했다. 물론 이에 대한 글들은 여러 곳에서 발표한 바 있다. 그랬을 경우에

---

* 「천리장성의 구축 SYSTEM 및 해륙적 성격의 검토」, 『韓民族共同體』제16호, 사단법인 海外韓民族研究所, 2008.
 이러한 연구방식과 논리들은 역사상을 이해하는 하나의 방식으로 필자가 구성한 모델을 토대로 했음을 밝혀둔다.

성들은 해륙적(海陸的) 성격을 띄웠을 가능성이 크다. 그런데 성들의 위치나 군사외적인 기능을 고려하면 바다와 강이 만나는 지점과 관계가 깊었다.(물론 遼河水系 및 해안가에 한해서) 그러므로 필자가 주장해온 '강해도시(江海都市)'의 모습과 관계가 깊은지 확인할 예정이다.

성을 구축한 목적과 배치형식은 고구려 전체 또는 요동 전체의 방어시스템 속에서 이루어졌을 것으로 가정하고, 그 시스템의 구체성을 살펴보고자 한다. 그래서 터이론을 적용해 천리장성(千里長城)을 비롯하여 해양과 연관된 요동반도의 성 분포지역을 유형화 시켰다. 그리고 그 유형화를 토대로 각 성의 위치와 역할은 물론이고, 터이론의 내적논리(內的論理)처럼 성들 간에 유기적 시스템을 연결되었는가 살펴보고자 한다.

이 모든 작업들은 역사상을 다양하게 해석하는 방식으로 필자가 주장해온 몇몇 모델들을 응용함을 밝혀둔다.

2. 遼東지역의 自然 및 歷史的인 環境 검토

역사를 이룩하는데 자연은 단순한 지리 기후의 공간만은 아니다. 지리정치적(地理政治的, geo-politic)인 영토이며 지리경제적(地理經濟的, geo-economic)으로, 지리문화적(地理文化的, geo-culture)으로도 큰 의미가 있다. 인간의 이동이 발생하고, 생활양식이 결정되면서 문화적 변화가 일어나고, 사회제도와 정치조직이 형성되면서 역사적인 변동이 발생한다. 즉 자연시스템에서 문화시스템을 경유하여 정치시스템으로 변해가는 구조이다.

동아시아는 지구상에서 가장 다양한 자연환경을 함께 갖추고 있는 지역이다. 동쪽으로는 백두산에서 연해주로 이어지는 대삼림지대가 있고, 북쪽으로는 대흥안령(大興安嶺), 북쪽으로는 소흥안령(小興安嶺)과 헤이룽강(黑龍江) 상류(上流)·중류(中流)유역의 대삼림지대, 남만주 일대의 소위 동북평원(東北平原)과 그 한 부분인 요동평원(遼東平原), 요서(遼西)에서 동몽골을 지나 몽골초원에 이르는 대초원지대, 황하유역에 펼쳐진 화북평원과 그 너머로 이어지는 사막지대, 산동반도(山東半島)의 구릉과 평원들을 비롯한 남으로 이어지는 남쪽 일부지역의 논농사지대가 있다. 그리고 서로 이어진 몇몇 대해(大海)들을 가운데 두고 주변의 육지들이 둘러싼 지중해적 형태로서 육지와 거의 비슷한 넓이의 해양이 있다. 필자는 동아시아의 이러한 지리적이고 문화적인 특성을 설명할 목적으로 동아시아의 내부 터로서 동아지중해(東亞地中海)[1]라는 모델을 설정했다. 동아시아라는 역사의 '터'는 크게 보면 대륙과 바다가 만나는 해륙적환경(海陸的環境)의 지역이다. 그 동아지중해의 한 가운데에 있으면서 북으로는 육지와 직접 이어지고, 바다를 통해서 모든 지역들과 연결되는 지역이 바로 고구려의 역사터였다.

고구려 전성기의 자연환경을 살펴보고자 한다. 고구려는 광개토태왕이 추진한 국가발전 정책에 힘입어 전성기에는 한반도 중부이북과 만주일대를 장악하고, 연해주 일부, 중국지역, 몽골, 일본열도, 해양 등과 직접 간접으로 연결되었다.[2] 『위서(魏書)』 고구려전에는 장수왕 시대인 434년에 북위(北魏)의 사신인 이오(李敖)가 평양에 왔다가

---

1 동아지중해의 자연환경에 대한 검토는 윤명철, 「해양조건을 통해서 본 고대 한일관계사의 이해」, 『일본학』 14, 동국대 일본학연구소, 1995 ; 「황해의 地中海的 성격 연구」, 『한중문화교류와 남방해로』, 국학자료원, 1997 기타 논문 참고. 千田稔는 『海の古代史-東アジア地中海考-』(角川書店, 2002) 서문에서, 1996-98년까지 국제일본문화연구쎈터가 '동아시아 지중해 세계에 있어서의 문화권의 성립과정에 대해서'라는 연구를 수행하고 그 보고서로서 이 책을 출판한다고 쓰고 있다. 그리고 그들의 동아지중해는 남지나해, 동지나해, 일본해, 황해, 발해를 가리키는 용어라고 규정하고 있다. 또한 이미 오래전부터 남방해양문화에 관하여 연구를 해 온 國分直一의 예로 들면서 그는 동아지중해를 4개의 지중해로 구성한다고 하면서 오호츠크해, 일본해, 동지나해, 남지나해라고 하였다. 동아시아를 동아지중해라고 부르고 연구를 진행하는 또 다른 학자는 독일 뮌헨대학의 중국사전공자인 Angela Schottenhammer 교수이다. 그는 동중국해, 황해, 일본해를 '동아시아 지중해'라고 설정하고 있다. Angela Schottenhammer, 「동아시아 해양국가의 양상 : 1400~1800 동아시아 '지중해'에서의 한국인들의 활동」, 『21세기 동아시아 지역공존과 역사문제』, 동국대학교 건학 100주년 국제학술회의, 2007.
2 徐榮洙, 「廣開土王碑文에 보이는 征服記事 再檢討 中」, 『歷史學報』, 1985, pp.106~107.
千寬宇, 「廣開土王陵碑文再論」 등 해양과 관련해서는 필자의 졸고 등 참고

돌아가서 보고한 기록이 있다. 거기에는 고구려의 영토가 요동의 남쪽으로 1천여리 동쪽으로는 책성(柵城), 남쪽으로는 소해(小海, 청천강설, 경기만설)에 닿고 북쪽은 옛 부여에 이르며 …동서가 2천 리이며 남북은 1천여 리가 된다고 하였다.[3]

고구려 전성기의 터 안에는 현재 한반도 지역과는 다른 다양한 자연환경들이 모여 있다.[4] 만주는 초원과 평원, 삼림 등이 골고루 분포되어 있고, 흑룡강(黑龍江)·송화강(松花江)·눈강(嫩江)·요하(遼河)·대릉하(大凌河)·압록강(鴨綠江)·두만강(豆滿江)·우수리강·황하(黃河) 등 크고 길며 수심이 깊은 강들이 바다로 흘러들고 있다. 또한 발해·황해·동해·타타르해 등의 바다를 통해서 모든 지역들과 연결되는 거점이었다. 동아시아와 고구려의 역사에서 해양의 비중과 역할은 결코 적지 않았다.

요동지역은 발해의 요동만(遼東灣)·내주만(萊州灣)의 일부 등과 황해북부, 그리고 다양한 지형의 육지가 만나는 지역이다. 대륙성기후와 해양성기후가 함께 작용하며, 온대 계절풍이 불어와 겨울에는 비교적 춥지만 여름에는 비가 자주 내리고 습도가 높다. 요동반도는 서남방향으로 뻗어 발해(渤海)와 황해(黃海)로 나누고, 산동반도와 마주보고 있다. 지형적으로는 비교적 평원이나 중부에는 구릉과 산지가 있는데, 해발 500~1000m이다. 그 가운데 평원이 펼쳐져 요동과 요서를 나누고 있다. 밭작물을 비롯한 농경문화가 발달하였고, 철을 비롯한 각종 지하자원이 풍부하고,[5] 어렵(漁獵)을 비롯하여 무역 등 해양문화가 발달하였다. 소금이 생산되었을 가능성이 크다.[6]

강이 발달하여 내몽골지역에서 발원한 서요하와 동요하가 각각 흘러오다 만나 반

---

3 『위서』권100, 열전 88, 고구려.
　…敎至所居平壤城, 訪其方事, 云, 遼東南一千餘里, 東至柵城, 南至小海, 北至舊夫餘, 民戶參倍於前, 魏時, 其地,東西二千里, 南北一千餘里…
4 윤명철, 「고구려 문화형성에 작용한 자연환경의 검토-터이론을 통해서-」, 『한민족 연구』4, 2007 등 참고.
5 漢나라가 鹽官과 鐵官을 두었던 平郭현은 요동군에 속했다. 고구려에서 건안현으로 불렀다.
6 요동반도의 瓦房店 普蘭店 등은 지금도 대규모의 염전이 발달해 있다.

산(盤山)에서 발해로 들어간다. 총 길이가 무려 1,430km에 달하는 긴 강이다. 그러나 고구려 시대에는 요하가 현재의 영구로 흘러갔고, 요하에는 태자하(太子河)·소자하(蘇子河)·혼하(渾河)·해성하(海城河) 등이 모여들어 요동만으로 흘러 들어갔다. 요동반도 남쪽으로 흐르는 강 가운데에는 압록강을 빼놓고는 벽류하(碧流河)·대양하(大洋河)가 있다. 요서에는 란하(欒河)와 해하(海河)가 내려오다 발해의 발해만(渤海灣)으로 들어간다.

황해(黃海)는 평균 수심이 44m로 낮고 해안선이 복잡한데다 섬들이 산재해 있다. 발달된 만(灣)에는 사람들이 모여 살았고, 연안과 많은 섬들을 따라 바다 반대편의 사람들과 직접 또는 간접접촉을 할 수 있었다. 주민들은 동일하거나 유사한 생활권을 만들기도 한다.[7]

그 한 부분인 발해(渤海)는 북위 37도 11분에서 북위 41도에, 동경 117도 30분에서 동경 122도 사이에 걸쳐 있다. 동북방향에서 서남방향으로 뻗어있는데, 남북이 550km이고, 동서는 330km로서 면적은 77만 평방km에 달한다. 보통 수심은 20~30m 정도이고, 연해안부근은 10m 내외로 얕다.[8] 발해유역은 선사시대에는 해안선이 지금과 달리 더 내륙으로 들어갔다. 하지만 내해적 지중해적 형태에는 큰 차이가 없다.

내주민(萊州灣)은 고구려를 공격하는 수나라와 당나라의 수군이 출항한 곳이다. 북쪽로는 장도(長島)·묘도(廟島)·오호도(烏呼島)·대사도(大謝島)·구흠도(龜歆島)·유도(游島) 등이 점점히 이어지고 있다. 발해해협(渤海海峽)이라고 부르는데 1997년도 영국에서 발행한 해도에 따르면 10m 미만의 얕은 해역도 있을 정도인데다가 길이가 35해리이지만 섬들 간의 거리가 매우 짧아[9] 요동반도로 항해가 가능하다.[10]

---

7 윤명철, 『동아지중해와 고대일본』, 청노루, 1996.
   윤명철, 『한국해양사』, 학연문화사 등 참고.
8 孫光圻, 『中國古代航海史』海洋出版社, 1989, pp.13~22.
9 이 부분에 대해서는 윤명철, 「黃海文化圈의 形成과 海洋活動에 대한 연구」, 『先史와 古代』, 한국고대학회, 1998, p.142 참조.

요동만은 요하하구의 영구만을 중심으로 서쪽에는 대릉하하구 금주만(錦州灣)·연산만(連山灣) 등의 작은 만으로, 동쪽에는 복주만(復州灣)·보란점만(普蘭店灣)·금주만(金州灣) 등이 있고, 서쪽에는 대련만(大連灣) 등이, 남쪽에는 장산(長山)군도와 석성(石城)열도가 있다. 해양환경을 살펴보면 조류의 흐름은 복잡했으나 전체적으로는 대양에 노출되어있지 않고, 해역이 복잡하지 않아 항해에 용이했다. 더구나 계절풍 지대이므로 바람을 이용할수 있다. 이러한 모든 해양환경요소들을 고려할 때 발해는 내해(內海)로서 황해의 모든 물길로 직접 이어진다.

이러한 자연환경은 요동반도 특유의 복잡다단한 역사적인 환경을 만들었다. 요동반도는 북방 초원에서 거주하는 유목종족들이 남으로 내려올 때 손쉽게 이용하는 일종의 대회랑(大回廊)이었다. 더구나 정치적으로 진공상태인 경우가 많았으므로 정착하기 좋은 장소이었다. 또한 해양질서와 관련하여 관련이 깊다. 황해의 북부, 환황해권에서 교역 등을 할 때 항로상 거쳐야 할 곳 가운데가 요동반도의 남쪽 끝이다.

산동(山東)반도의 북쪽인 장도(長島) 등 여러 곳에서 선미(船尾)의 잔적(殘跡) 등 선박 관련 유물들이 발견되었다. 요동반도의 남단인 장해현(長海縣) 대장산도의 여러 섬에서도 주형도기(舟形陶器)가 발견되었고, 압록강하구의 단동(丹東)시 후와(後洼)유지(6000년 이상 된 곳)에서 주형도기(舟形陶器)들이 발견되었다. 이러한 상황들을 고려하면 신석기 중기에는 산동반도와 요동반도 연해를 오고가는 항해가 있었던 것으로 보여진다.[11] 요동반도는 고조선과 직결된 고인돌 문화가 꽃을 피웠다. 주로 요동반도의 남부

---

10 唐太宗 年間에는 烏呼島, 大謝島, 龜歆島, 游島 등이 있었던 것을 알 수가 있다.
　賈眈의 道里記에는 入四夷之路가 있는데 제2인 登州海行入高麗渤海道에는 당시 가장 빈번하게 사용되던 항로와 함께 중간에 있던 이 지역 섬들을 기재하고 있다. 『唐書』권43 志 제33 下 地理志 7 下.
11 彭德淸, 『中國航海史(古代航海史)』, 人民交通出版社, 1988, pp.5~6.
　汶江, 『古代中國與亞非地區的海上交通』, 四川省 社會科學院, 出版社, 1989, pp.5~6.
　內藤雋輔 역시 濱田박사의 고고학적인 해석을 수용하여 남만주와 요동반도 사이에 항로가 있었다고 주

인 보란점(普蘭店)시·와방점(瓦房店)시·북부와 개주(盖州)·남부의 구릉지대와 낮은 산기슭에 있다. 남쪽인 장해(長海)의 소주산 유적에서도 B.P. 4000년 경으로 추정된 고인돌이 발견되었다.[12]

그 후 위만조선(衛滿朝鮮)과 한(漢)의 전쟁이 벌어졌다. 이 전쟁은 동아시아의 질서 재편을 위한 정치적인 대결과 황해의 교역권을 둘러싼 갈등이며, 해양전의 양상도 띠었다.[13] 『사기』 조선열전에 따르면 한(漢)의 침공은 수륙(水陸)양면으로 이루어졌으며, 양복(楊)의 지휘를 받은 제(齊)의 산동병(山東兵)이 공격한 왕험성(王險城)은 해안근처에 있었다.[14]

고조선이 역사에서 사라진 이후에는 한때 한족(漢族)들과 북방종족들이 이곳을 차지하면서 싸웠다. 3세기 경 공손씨(公孫氏)가 요동지역을 장악하고 있었을 때 건강(建康, 남경)지역에 수도를 둔 오(吳)나라의 손권(孫權)은 배로 중간의 위(魏) 지역을 통과해 이들과 교섭을 맺으면서,[15] 마필교역(馬匹交易)을 하였다.[16] 오나라는 그 후 고구려와 교섭을 하였다. '5호(胡) 16국(國) 시대' 라는 갈등과 전쟁의 상황에서 요동반도 등 중간 지역의 정치적인 상황은 불안정하였다. 따라서 북쪽 정권과의 교섭조차 해로교통(海路 交通)을 이용하는 일이 불가피했다.

    장을 하고 있다.(『朝鮮史硏究』, 東洋史硏究會 刊, 1962, pp. 378~378에서, 孫光圻 著,『中國古代海洋史』, 海洋出版社, 1989에는 pp. 34~36까지 중국지역에서 발견된 선사시대 통나무(獨木舟) 배 유적지 일람표가 상세히 되어있다.

12 許玉林,『遼東半島石棚』遼寧科學技術出版社, 1994, p. 74. 이 지역은 신석기 시대 유물들이 발견된다.
13 아래 전개하는 논리는 졸고,「黃海文化圈의 形成과 海洋活動에 대한 연구」,『先史와 古代』11호, 한국고대학회, 1998, 12 참조.
14 왕검성의 위치로 비정되고 있는 곳들이 요동반도의 몇 지역이라는 점은 의미심장하다.
15 『三國志』권47, 吳書 제2 吳主傳.
16 西嶋定生,『日本歷史の國際環境』, 東京大, 1985, p. 38.
    『三國志』魏書 公孫淵傳,에 인용된『魏略』등에는 吳와 遼東半島 公孫淵 정권과의 사이에 風力을 이용한 배로 渤海를 종단해서 軍事同盟, 馬匹交易 등이 빈번하고 신속하게 행해졌음을 보여준다.(內田吟風,「東アジア古代海上交通史凡論」, 內田吟風博士頌壽紀念會, 同朋社, 1978, p. 548 참조)

미천왕(美川王) 시대에 고구려와 후조(後趙)는 해로를 이용하여 중간의 연(燕)을 압박하면서 협공했으며,[17] 공동군사작전도 논의했다.[18] 연(燕)은 고립을 타개할 목적으로 동진(東晉)과 교섭을 했는데, 출발항구가 요동반도 끝인 마석진(馬石津 : 현재 여순항)이었다. 고구려는 해로를 이용하여 동진(東晉)에도 사신과 공물을 보냈다.[19] 요동반도와 해역은 이미 국제질서의 중요한 무대역할을 하였다. 그 후 광개토대왕이 요동지역을 완전히 장악한 이후부터 고구려는 본격적으로 운영하면서 방어체제를 구축하였다. 특히 해양전략적인 판단으로 남부에서 국남(國南) 7성을 구축한 것과 마찬가지로,[20] 요동지방에도 해양방어성을 쌓았을 것이다. 광개토대왕(廣開土大王) 때는 산동반도의 남연(南燕)과 해로로 교섭을 했다. 이러한 자연 환경과 역사적인 배경 속에서 7세기에 이르면 요동지방에 천리장성이 구축되었다.

3. 고구려성과 천리장성의 이해

삼국사기에는 이러한 기록이 있다. 영류왕 14년(631) 2월에 왕은 백성을 동원하여 장성을 쌓았는데 동북으로 부여성(扶餘城)으로부터 동남(東南)으로 바다에 이르렀는데 그 길이가 천여리가 되었다. 이 공사는 16년 만에 완성되었다.[21] 천리장성의 기점과 종

---

17 『삼국사기』권17, 고구려본기, 미천왕 31년.
　고구려는 330년에 楛矢 등을 燕을 피해 신속하고 안전하게 海路를 이용해 山東지방으로 잠입한 것이다.
18 『晋書』권106, 載記 제6石季龍 상, 『資治通鑑』권96, 晋紀 18 顯宗 中之下.
　후조는 石虎가 선박 300여척에 곡식 30萬斛을 보내고, 中郎將 王典으로 하여금 1만여 명을 거느린채 선박 千艘를 만들어 燕을 공격하자고 모의했다.
19 『삼국사기』권18, 고구려본기, 고국원왕 6년조 및 『晋書』권7, 帝紀 제7 成帝 咸康 2年條.
20 『삼국사기』권18, 고구려본기6, 광개토왕 3년.
21 『삼국사기』고구려본기 榮留王 14년 조.

점, 그리고 위치와 형태에 대해서도 역시 많은 견해가 있다. 우리는 요동반도 남쪽의 비사성 까지로 보고 있는데,[22] 중국인들을 중심으로 영구(營口)지역으로 보는 견해가 있다.[23] 특히 노변설(老邊說)은 강하게 제기되고 있다.[24] 『구당서(舊唐書)』[25]나 『삼국사기(三國史記)』에는 고구려에 176개의 성이 있다고 한다.[26] 진대위(陳大爲)의 「요녕고구려산성초탐(遼寧高句麗山城初探)」(1985)에 의하면 요녕성(遼寧城)에서 현재까지 87개가 밝혀졌다. 한국에서는 서길수가 직접 조사한 것을 토대로 성의 분포도를 작성했다. 북한은 『조선전사』 신편에서 60기로 파악하고 있으며,[27] 산성체제에 대해서 요하 일대에 구축된 전연방어성(기본방어성)을 축으로 하고, 수도(집안)에 이르는 중간지역(太子河 상류와 蘇子河 일대)에 중심방어성(중간방어성)과 수도방어를 위한 최종방어성으로 3중 구조로 되어 있다고 설명한다.[28] 필자는 여기에 해양방어 체제가 더 있음을 밝혔다.

고구려라는 국가의 명칭이 성을 뜻하는 '구루(溝漊)'에서 나왔다는 설도 있다. 그

중국 사료에도 동일한 기록이 있다. 『舊唐書』권199 열전 高麗. 『新唐書』권220 열전 高麗.
22 최근에 다시 申瀅植이 현지답사를 토대로 이 설을 주장하고 있다
「高句麗 千里長城의 硏究」『白山學報』49호, p.70.
23 李健才, 東北地區中部의 邊崗和延邊長城(『遼海文物學刊』, 1987-1).
「唐代高句麗長城和扶餘城」, 『民族硏究』1991, 4.
王建群, 「高句麗千里長城」, 『博物館硏究』1987, 3, p.35.
魏存成, 『高句麗考古』, 吉林大, 出版社, 1995, p.100.
24 즉 길림의 북방에서 영구의 노변까지는 중간 중간에 邊崗이란 지명을 가진 곳이 많이 있다. 이러한 지명을 이어보니까 천리장성으로 알고 있는 위치 및 거리와 유사하다. 그래서 이 노변을 천리장성의 제일 남쪽인 노변, 즉 종점으로 본다는 것이다.
25 『舊唐書』권39, 지리지2.
'高麗本五部, 一百七十六城, 戶六十九萬七千……'
26 신형식·최근영·오순제·윤명철·서일범, 『고구려산성과 해양방어체제』, 백산출판사, 2000.
신형식은 그 책 pp.9~17에 연구사 및 분포도 등을 소개하고 있다.
27 『조선전사』3, 1991, pp.190~191.
28 과학백과사전 종합출판사, 『조선전사』3, 1979, pp.124~129.

러한 고구려에서 성이란 어떤 의미를 지닌 것일까?

성의 기능에 대하여 여러 견해가 있다. 그 가운데 하나로 도시기능도 있다. 필자는 특히 도시의 선정과 역할을 국제질서의 변동 그리고 국가발전전략과 해륙사관이라는 관점에서 수도에 대한 견해를 피력해왔다.

중국사에서 '도시(都市)'라는 말 대신 '성시(城市)'라는 용어를 사용하는 것은 성(城)과 시(市)가 갖는 또 하나의 의미를 잘 말해주고 있다. 중국고대에서는 도읍(都邑)을 원래 '성(城)'이라고 불렀다. 성(城)은 정치적 권위(政治的 權威 : 王)를 보위(保衛)하기 위한 고장벽루(高墻壁壘)라는 뜻이었다. 하지만 시(市)의 의미가 덧붙여지면서 도시의 기능을 하게 되었다.[29] 마찬가지로 고구려에서도 성의 일부는 도시의 기능을 했을 가능성이 높다.

수도 또는 크고 중요한 도시는 몇 가지 조건을 갖추어야 한다. 즉 정치(政治)·외교(外交)의 중심지(中心地)이어야 한다.[30] 그런데 고구려의 성은 수도성 뿐만 아니라 대성(大城)은 단순한 군사방어처가 아니라 행정의 처소로서 일종의 행정기관이었다. 『구당서(舊唐書)』에 따르면 60여개의 성에 주(州)와 현(縣)을 두어 정치를 했다고 되어있다. 큰 성에는 욕살(褥薩)을 임명하고 작은 성에는 도사(道使)를 두었다.[31] 정치공간으로서 매우 중요한 역할을 했다. 이 때 큰 성이란 역할뿐만 아니라 규모도 기준이 되었다. 진대위(陳大爲)는 요녕성의 산성을 분석해서 규모에 따른 분류작업을 하였다. 즉 대형산성을 둘레 2km이상으로 정의하면서 용담산성(龍潭山城), 안시성(安市城 : 英城子山城), 고이산성(古爾山城) 등을 예로 들었고, 중형산성은 둘레 1~2km 정도로 하면서 적산산성

---

29 『강좌 한국고대사』, p.216.
30 수도는 中核地가 된다. 한 장소가 中核地가 되려면 많은 인구와 풍부한 자원, 집중된 정치권력, 교통상의 結節點(nodal point) 및 비농민을 부양할 수 있는 토지 등을 갖추어야 한다. 中核地의 개념에 대해서는 任德淳, 『政治地理學原論』, 일지사, 1988, p.249 참조.
31 『舊唐書』권199, 상 고려전, '外置州縣六十餘城. 大城置褥薩 ……'

(赤山山城)·낭랑산성(娘娘山城)·오룡산성(五龍山城) 등을 예를 들고, 소형산성은 둘레 0.2~1km 정도의 크기로 정했다.³² 대성들 가운데 대부분은 행정기능을 담당했을 것이다. 흘승골성(紇升骨城)·국내성(國內城)·장안성(長安城)·평양성(平壤城) 등은 수도역할을 한 성이고, 요동성(遼東城)·오골성(烏骨城)·장수산성(長壽山城) 등은 각각 해당지역의 정치중심지 역할을 담당하였다. 특히 단동(丹東) 근처의 봉성(鳳城)에 있는 오골성(鳳凰城)은 둘레가 무려 15km에 달하고 내부는 아주 평탄해서 10만 명 정도 거주할 수 있을 정도이다. 북한학자들은 이 성이 고구려의 부수도(副首都) 가운데 하나인 '북평양(北平壤)'이었다고 주장하고 있다.

고대 사회의 성격상 행정의 역할을 하는 성이라면 자연스럽게 다른 기능도 겸비했을 것이다. 성 안에 성주나 관리들이 거주하고, 군사들이 주둔하며 백성들도 일부는 성안에 살았다. 교통(交通)·통신망(通信網)이 방사(放射)되고 외국으로부터 정보가 입수되므로 경제공간이 되기에 유리했다. 내부에서 이루어지는 생산과 교환과 소비활동 뿐 만 아니라 다른 성 또는 다른 지역이나 나라와 무역이 이루어졌다. 그래서 성 안이나 근처에서 고대화폐들이 발견된다. 물론 지배계급이 거주하는 성은 문화공간의 역할도 담당하였다. 발견된 대부분의 성들은 유사시가 되면 전문적인 군사공간으로 탈바꿈하였다. 그래서 대성을 중심으로 방어체제가 구축되고, 방어거점(防禦據點) 구실을 하였다. 고구려는 '평지성(平地城)과 산성(山城)'의 쌍성체제(雙城體制)로 만들었으며,³³ 대성의 경우는 이러한 체제가 많았다. 고구려의 성들이 지닌 특성과 역할 등을 고려하면 일종의 도시와 유사하였음을 알 수 있다. 당나라 시대에 신성에는 신성주도

---

32 陳大爲,「遼寧高句麗山城初探」,『中國考古學會第5次年會論文集』, 1985, pp.115~117.
33 杉山信三·小笠原好彦편,『高句麗の都城遺跡と古墳』, 1992.
　　服部敬史·千田剛道·寺內威太郎(등),「高句麗都城と山城」,『靑丘學術論集』5, 1994.
　　東潮·田中俊明,『高句麗の歷史と遺蹟』, 중앙공론사, 東京, 1995.

독부(新城州都督府)를, 요동성에는 요성주(遼城州) 도독부(都督府)를, 건안성에는 건안주 도독부(建安州都督府)를 설치하고, 백암성은 암주(巖州)로, 안시성은 안시주(安市州)로, 득리사산성(得利寺山城)은 적리주(積利州)로 만들었다. 이 성들은 정치적인 성격을 지닌 행정성이었고, 특히 몇몇 대성들은 복합적인 기능을 한 도시였을 가능성을 보여준다.

그런데 수도 등 중요한 성들의 위치를 살펴보면 대부분은 국토의 자연환경과 마찬가지로 강 또는 바다 등 물과 관련이 깊다. 왕험성(王險城)·국내성(國內城)·평양성(平壤城)·한성(漢城)·웅진성(熊津城)·사비성(泗泌城)·금성(金城)·상경성(上京城)·개경성(上京城)·한양(漢陽)은 모두 그러하다. 필자는 고구려가 한국 역사에서는 드물면서 독특하게 대륙과 해양을 유기적으로 연결한 '터' 속에서 발전한 해륙국가(海陸國家)임을 주장해왔다.[34] 특히 전성기는 동아지중해의 터에서 중핵(中核)역할을 목표로 삼았으며, 그것을 실현시킬 구체적인 정책으로 자연환경, 역사적인 계승성, 당시의 국제관계를 고려할 때 수도의 해륙도시적(海陸都市的) 성격을 강조하였다. 그 외에 중요한 도시 또는 성들도 수도 및 국토와 유기적 체제(有機的 體制)를 가져야하는 만큼 그러한 성격을 가졌을 가능성을 언급하였다.[35] 고구려는 기마군단을 이용한 원거리 기동습격전술을 활용했고, 한편으로는 산성을 쌓아 거점을 확보해가면서 수비했다. 유목민(遊牧民)의 공격방식(攻擊方式)과 농경민(農耕民)의 수비방식(守備方式)을 조화시킨 국방전략을 활용했기 때문이다. 따라서 고구려의 산성은 개별 구조와 함께 지형전략에 맞추어

---

34 윤명철, 「海洋史觀으로 본 한국 고대사의 발전과 종언」, 『한국사연구』123, 2003.
윤명철, 「한국사 이해를 위한 몇 가지 제언」, 『한국사학사학회보』9, 한국사학사학회, 2004.
윤명철, 「한국 고대사 연구의 반성과 대안」, 『단군학 연구』11, 단군학회, 2004.
윤명철, 「東아시아의 海洋空間에 관한 再認識과 活用-동아지중해모델을 중심으로-」, 『동아시아 고대학』14, 동아시아 고대학회, 경인문화사, 2006.
윤명철, 「고구려 문화형성에 작용한 자연환경의 검토-터이론을 통해서-」, 『한민족 연구』4, 한민족학회, 2007 기타.
35 윤명철, 「고구려 수도의 海陸的 성격 검토 -江海都市論을 중심으로-」, 『백산학보』80호, 2008. 4.

각 성들의 연관관계를 유기적으로 파악해야 한다.

해안 가까이 위치한 해안도시(海岸都市)는 기본적으로 대부분 강(江)과 연결이 된다. 따라서 강(江)의 수로(水路)를 통한 내륙지방(內陸地方)과의 연결이 원활하므로 공급지와 수요지, 그리고 집결지를 연결시켜 주기에 적합한 곳이다. 특히 외국과 교역할 경우에는 바다를 이용하여 무역상의 이익을 얻을 수 있다.[36] 필자는 오래 전부터 '나루국가'라는 용어를 사용한 바가 있으며, 특히 강과 바다가 만나는 접점에서 발전한 도시를 '강해도시(江海都市)'라고 개념화시켰다.[37] 한국역사를 보면 소국들뿐만 아니라 대부분의 국가들이 강가의 나루나 바다와 만나는 하류의 포구(浦口)에서 건국했고, 강을 최대한 활용하여 나라의 힘을 강하게 키우고 백성들을 잘살게 하는데 활용했다.

이러한 관리시스템 속에서 천리장성의 성격을 살펴볼 필요가 있다. 요동반도는 수계(水系)가 발달하였고, 대부분의 수계는 요하(遼河)로 연결된다. 태자하(太子河)는 본계(本溪)에서 백암성을 거쳐 요양 앞을 통과한 다음에 해성을 거쳐 온 물길과 만나 다시 남쪽으로 내려오다 막바로 혼하를 거쳐 내려온 대요하와 만나 최종적으로 영구(營河)에 모인 다음에 발해의 요동만으로 들어간다. 따라서 천리장성(千里長城) 주변지역은 지형상으로 육지(陸地)와 강(江)과 해양(海洋)이 연결된 지역이다. 내륙수로(內陸水路)와 육로(陸路)를 연결한 후 해로(海路)와 통합되는 경제물류를 확장하고 내륙(內陸)의 정치적인 통일(統一)을 이루는데 효율성이 높다. 또한 유기적인 시스템을 갖춘 하항(河港) 및 해항(海港)을 활용하여 동아지중해의 대부분 지역과 이어지는 대외항로(對外航路)를 사용할 수 있다.

---

36 衛滿朝鮮이나 三韓 78개국의 일부는 그러한 성격을 가지고 있었을 것으로 여겨진다. 일본의 奴國 末盧國 伊都國 등은 그러한 海港國家였을 것이다.(江上波夫,「古代日本の對外關係」,『古代日本の國際化』, 朝日新聞社 1990, p.72 참조. 武光 誠,『大和朝廷は古代の水軍がつくった』, JICC, 1992, pp.32~36 참조) 필자는 '나루국가'라는 용어를 사용하고자 한다.
37 윤명철,「강해도시 김포시의 역사성과 21c가치 효용성」,『김포 수로도시 국회 공청회』, 김포저널, 2006. 6.

한편 요동반도의 자연환경을 고려할 때 군사적인 면에서도 강변방어체제(江邊防禦體制)[38] 및 해양방어체제(海洋防禦體制)[39]와 유기적인 시스템을 구축해야 한다. 필자는 몇 편의 글을 통해서 요동반도에 치밀하고 체계적으로 구축된 방어체제는 해양방어의 기능과 밀접한 관련이 있음을 밝힌바 있다. 특히 해안선과 가까운 거리(요동반도의 지형을 감안 할 때 보통 30~40km이내에 위치)에 있는 성들은 해양방어체제와 직접 관련이 있다. 사료에서 천리장성의 종점을 '……서남지해(西南之海)'[40] 혹은 '……서남속지해(西南屬之海)',[41] '……동남지해(東南之海)'[42] 등이라고 표현한 것은 결국 천리장성을 쌓은 중요한 목적 가운데 하나가 해양방어임을 알려준다. 천리장성의 중요한 성들과 그를 보위 또는 보완하는 대성들은 결국 육상방어와 해양방어를 복합적으로 구축한 것으로서 강해도시(江海都市)와 항구도시(港口都市)의 성격을 지니고 있었다.

---

[38] 주로 太子河·蘇子河와 함께 국내성으로 들어오는 압록강의 좌우에는 방어시설들이 구축되어 있다. 輯安 서남 쪽의 해관, 외차구 遮斷城 외에도 청수, 고제령 유곡령 계선에도 서남쪽을 막기 위한 토성들이 지나가고 있다. 또한 고구려성들은 크고 수량이 많고 폭이 가능하면 넓은 강을 한 쪽 혹은 두 쪽으로 끼고 쌓은 경우도 많이 있다. 일종의 자연해자 기능을 하게 하기 위해서다. 길림의 용담산성은 송화강을, 요동의 백암성은 태자하를, 通化의 自安산성, 임진강변의 호로고루, 한탄강변의 당포성, 한강변의 아차산 보루 등 다수의 성이 그러한 구조를 지니고 있다.
[39] 해양방어체제의 성격과 기능에 대하여는 윤명철, 「江華지역의 해양방어체제연구-關彌城 위치와 관련하여」, 『사학연구』58·59 합집호, 1999 및 「경기만 지역의 해양방어체제」, 『고구려 산성과 해양방어체제』, 백산출판사, 2000 참조.
[40] 『舊唐書』권199, 상 열전 고려.
[41] 『新唐書』권220, 열전 고려.
[42] 『삼국사기』권20, 고구려 본기, 영류왕 14년.

4. 천리장성의 구조적 특성-터이론의 틀 속에서

이 장은 우선 중요한 성을 선택하여, 그 성이 가진 공통분모(共通分母)를 찾고 그 종합과정 속에서 발견되는 전체의 기본적인 구조, 즉 터라는 전체구조 속에서 성의 성격과 기능을 찾아내는 작업방식이다. 이를 위해서는 우선 터이론[43]의 이해가 필요하다. 역사공간은 1차적으로 영토나 영역, 정치장소로서 성격을 살펴본 다음 단계로 총체적인 연결망(連結網), 즉 네트워크의 개념으로 접근할 필요가 있다. 하나의 공간에서도 중심부와 주변부를 구분하고, 시대와 역할에 따라 모습이 달라지기 때문이다. 필자는 역사공간을 전체이면서 부분인 터(場, field), 또 부분이면서 전체이기도 한 중핵(中核 : 恒星)과 주변의 몇몇 소핵들인 행성(行星)들, 그들을 싸고도는 위성(衛星)들이(multi-core), 그리고 이 모든 핵(核)들을 연결하는 중첩적인 선(line)들로 이루어졌다고 역사공간을 이해한다. 이러한 해석들을 '터[44]와 다핵(field & multi core) 이론' 이라고 명명했다.

이 모델 속에서 행정적 기능을 가진 대성(大城)은 핵(核)에 해당한다. 일종의 교통의 길목으로서 방사상(放射狀)으로 퍼지는 일종의 허브(hub)형이다. 자체적으로도 존재이유가 있지만, 다른 상태로 전화가 가능하므로 필요에 따라 관리와 조정기능을 할 수 있다. 또한 인체의 穴(경혈)처럼 경락들을 이어주는 역할을 하므로 집합과 배분기능도 함께 하면서 문화를 주변에 공급하는 능력도 있다. 또한 중핵문화를 모방하거나 변형

---

[43] 터 이론의 정식명칭은 터와 다핵(field & multi core)이론이다. 줄인다는 의미에서 또 터는 다핵을 포함한 개념이므로 약칭 '터이론' 이라고 한다.
그 동안 발표했던 내용은 졸고, 「東아시아의 海洋空間에 관한 再認識과 活用-동아지중해모델을 중심으로-」, 『동아시아 고대학』14집, 동아시아 고대학회, 경인문화사, 2006, 12, 「동해문화권의 설정 검토」, 『동아시아역사상과 우리문화의 형성』, 한국학 중앙연구원, 민속원, 2005, 9 참조.
[44] 필자가 개념화한 '터' 는 자연·지리·기후 등으로 채워지고 표현되는 단순한 공간은 아니고, 생태계·역사 등이 모두 포함된 총체적인 환경이다.

(變形)된 행성(行星)과 위성(衛星)들도 중심으로 향하면서 영향을 끼친다. 즉 전입과 전파가 하나가 연결되어 영향을 주고받은 '환류(環流)시스템'을 이룬다. 역사공간에서는 이렇게 여러 요소들이 서로 무관하며 격절된 부분으로서가 아니라 전체가 부분이 되고, 부분들이 전체로 되돌아가는 유기적인 관계에 있다. 즉, 터·중핵(中核)·소핵(小核)들·선(線)들은 유기적으로 네트워크화 되어야 작동할 수 있다.

이러한 '터' 이론을 적용해 보면 고구려 지역의 성들을 색다른 관점에서 이해할 수 있다. 즉 이질적이고 분절되었던 각 지역 및 성곽들을 거리의 유사성이나 표면적으로 드러난 크기를 통해서 비교하지 않고 특성 기준으로 비교한다. 또 전쟁상황 등의 현상을 통해서 분류하거나 과거 역사기록을 근거로 유형화 시키는 것은 아니고, 역학관계의 본질 현재상황 등을 고려해 범주화 시킨다. 또 크고 작은 성들을 단순하게 합하거나, 단선구조(單線構造)가 아닌 복합적(複合的)이고 유기적(有機的)으로 연결된 관계(關係) 속에서 파악한다. 이렇게 하면 다양한 자연환경과 다른 방어시스템으로 인하여 축성목적과 특성이 중첩(關係)되고 복잡해진 천리장성(千里長城)을 비교적 통일적(統一的)으로 이해하는데 용이하다. 아울러 그러한 시스템을 고려해 지역모델을 설정한 뒤 그를 이용해 또 다른 방어체제들을 찾아낼 수 있다. 그리고 대성과 마찬가지로 중성(中城)과 소성(小城) 또한 국가발전전략 또는 요동지역 방어체제라는 큰 틀 속에서 위상(位相)을 찾아주고 능동적(能動的)인 주체(主體)로서의 역할을 부여할 수 있다.

성을 구축하는 장소를 선택하는데 중요한 요인으로 자연환경을 고려하는 것과 마찬가지로 자연환경의 분석을 통해서 성의 성격을 이해할 수는 있다. 자연환경을 고려하면 요동반도의 방어체제들은 몇 개의 넓은 지역으로 범주화할 수 있다. 특히 천리장성 및 연결된 해양방어체제는 지역적(地域的)인 구분(區分)과 범주화(範疇化)가 가능하다. 즉 1개의 중핵지역과 건안성(建安城) 중심의 영구만(營口灣) 지역, 보란점만(普蘭店灣) 중심의 득리사산성(得利寺山城) 지역과 비사성(卑沙城) 지역, 오고성(吳姑城)과 석성(石城)을 잇는 요동반도 남부해안지역, 그리고 장산군도(長山群島)와 석성열도(石城列島)를 하나로 하는 요동반도 남부해역 등의 4지역으로 유형화 시킬 수 있다.[45] 이러한 분류에 근거해 천리장성의 성격과 시스템을 파악해 보고자 한다.[46]

1) 중핵지역(中核地域)

중핵지역은 요동반도의 동서남북 전체는 물론이고, 육로(陸路)와 해로(海路)로 이어지는 압록강 방어선 및 수도권 방어선으로 이어지는 국가전체의 방어전략과 연관시켜 판단해야 한다. 그동안 많은 연구가 이루어졌듯이 북방 종족들, 이어 수와 당의 공격군의 공격목표로 삼았고, 고구려가 방어거점으로 삼은 지역은 현재의 심양 무순 지역 등이다. 따라서 중핵지역의 최고핵심은 신성이다.

신성(新城)은 요령성 무순시(撫順市)를 흐르는 혼하(渾河)의 북쪽에 있는 고이산성(高爾山城)이다. 당나라가 공격을 해올 때 이적(李勣)은 신성을 가리켜 '고구려 서변의 요새이니 먼저 이곳을 빼앗지 못하면 나머지 성도 쉽게 취하지 못할 것이다'[47]라 하였다. 피아(彼我) 간에 얼마나 중요한 전략적인 요충지인가를 알려준다. 성벽의 남쪽을 흐르는 혼하를 따라 하류로 이동하면 수자하를 거쳐서 신빈(新濱)을 거쳐 환인(桓因)지역과 집안(集安 : 國內城)지역으로 갈 수 있다. 하지만 수량은 그리 많지 않으므로 강상수운(江上水運)에 이용했을 것 같지는 않다. 풍부한 철과 석탄의 집산지[48]로서 경제적으로도 중요한 역할을 담당했다.

---

[45] 물론 이 구분과 유형화는 일종의 모델이므로 꼭 정확한 것은 아니다. 비교적 확률 높은 공통성을 근거로 이해하기 쉽게 한 것이다.
[46] 이후 전개하는 서술 속에서 산성의 위치에 대한 자료는 신형식·윤명철 등의 『고구려산성과 해양방어체제』, 백산자료원, 2000. 그리고 서길수, 『高句麗城』, 한국방송공사, 1994. 두 책을 참고했음을 밝힌다.
[47] 『삼국사기』권22, 보장왕 26년조.
[48] 李龍範, 「고구려 성장과 철」, 『白山學報』1, 1966, pp.83~88.

동천왕 18년(344)에 위나라의 군대가 공격을 했고, 고국원왕 5년(335)에 성을 축조하였다는 기록이 나온다. 후에는 연(燕)나라 등 북방종족과 전투를 벌이는 거점역할을 담당하였으며, 339년(고국원왕 9)에는 모용황(慕容皝)이 신성을 공격하였다. 399년(광개토왕 9)에 후연(後燕)은 신성을 공격했다. 이것을 보더라도 해양과 연관된 요하남부 전선이 아직 중요하지 않을 때 이 곳은 방어의 중심핵이었다. 후에 국제관계가 변화하고 수(隋)·당(唐)의 전략변화(戰略變化)로 인하여 전략적인 요충지로 다시 떠올랐다. 당태종군이 공격을 가할 때 요동도행군은 요하의 중류인 통정진을 거쳐 도강한 후에 현도성(玄菟城)을 함락시켰고, 이어 신성을 공격했다. 신성은 공격자를 보거나 지리적인 환경을 고려할 때 초원 및 평원이라는 육상방어에 주기능을 두었음을 알 수 있다.

천리장성에는 신성 말고 또 하나의 중핵이 있다. 요양을 중심으로 한 지역인데, 본고의 목적은 천리장성의 해양적 성격과 관련한 것이므로 이 부분에 비중을 주고자 한다. 요양(遼陽)은 일종의 강해도시(江海都市)이면서도 내륙으로 깊숙하게 들어간 곳에 위치해 있다. 요하 이서에서 동으로 들어오는 길목이지만, 태자하 주변지역을 통과해서 본계(本溪)로 길이 이어지고, 북으로는 심양(沈陽) 무순(撫順)의 신성(新城) 지역, 남으로는 영구(營口) 등 동서남북의 사방으로 이어지는 교통의 요지이다. 또한 내륙수운(內陸水運)이 발달한 지역이기도 하였다. 서쪽에는 요하(遼河)가, 동쪽에는 태자하(太子河)가 흐르는데, 아래에서 혼하(渾河)와 만나 다시 요하로 합류하면서 요동만을 거쳐 발해(渤海)로 나아간다. 모든 시대를 통틀어서 정치와 교통의 중심지역할을 했다. 이 중핵지역에 있는 중심성이 요양의 요동성(遼東城)이다.

요동성은 태자하가 흐르는 서쪽 벌판에 있는 평지성이다. 교통의 요지이기도 하지만 방어상으로도 거리적인 안정성이 크다.『자치통감』과『삼국사기』'고구려본기'에는 405년 후연 모용희가 요동성을 공격했다는 기록이 있다. 이 두 기록으로 보아 늦어도 4세기 말에서 5세기 초에 요동성은 고구려가 장악했으며, 5세기에서 7세기에 걸쳐 요동일대에서 가장 중요한 거점성이 된다. 그 후에도 요양지역은 요동성의 행정중심지였다. '요동성총도(遼東城塚圖)'에서 보이듯 요동성은 행정도시의 면모를 갖고 있었다. 요동성이 당태종군에게 함락당했을 때에 성안에 비축해둔 양곡 50만석을 잃었다. 이를 보면 요동성은 경제력이 집중된 도시였음을 알 수 있다. 이 지역의 철(鐵)은 고대부터 유명해서 요동진출의 배경으로 들고 있다. 실제로 후기에는 북쪽의 유목민족들과 초피교역(貂皮交易)[49] 및 마철교역(馬鐵交易)을 하였는데,[50] 철은 주로 이 지역에서 생산된 것이다.

요동성은 육지방어와 함께 바다로 이어지는 해양방어도 함께 하는 종합적인 방어기능을 지휘한 성이었다. 중핵에 해당하는 대성(大城)인 만치 주변에는 보위하는 적지 않은 규모의 중성(中城) 및 소성(行星)들이 있었다. 대표적인 백암성(白巖城)은 요녕성 등탑현(燈塔縣) 서대요향(西大窯鄕) 관둔촌(官屯村)에 있는 연주성(燕州城)을 가리킨다. 본계를 거쳐 서쪽으로 온 태자하가 북으로 올라갔다가 다시 꺾어지는 곳의 높지 않은 벼랑에 위치해있다. 요동성과의 거리는 57리에 불과하다. 태자하는 계속 흘러 요동성(요양시)의 북쪽벽을 타고 흘러나가 요하와 합세하여 요동만으로 흘러 들어간다. 645년 당태종은 현도성, 개모성, 요동성을 함락시킨 다음에 백암성을 공격했다. 이때 연개소문은 오골성(烏骨城·현재 단동 근처 鳳凰山城)의 병력 1만을 백암성으로 파견했다. 이 성이 교통로 상에 위치했음을 알 수 있는 대목이다. 당시 전황에서 보이듯 요동성과 관련하여 안시성과 공동의 생존구조를 갖추었음을 알 수 있다. 후에 당나라는 백암성에 암주(巖州)를 설치하였다.

또 하나의 행성에 해당하는 성이 안시성(安市城)이다. 안시성(安市城)은 요녕성 해

---

[49] 松田壽男, 「貂皮交易と遊牧圈」, 『內陸アジア論集』, 1979, pp.208~211.
　　李在成, 「初期庫莫奚의 成長과 周邊諸族」, 『東洋史學硏究』 28, 1988, p.30.
[50] 李龍範, 『韓滿交流史硏究』 동화출판공사, 1989, pp.166~167.
　　『隋書』권84 室韋傳, 『新唐書』권219, 室韋傳, "土少金鐵 率易於高麗 器有角弓楛矢"

성(安市城)시의 동남쪽 7.5km인 영성자둔(英城子屯)에 있다. 동남쪽의 높은 산에 둘레 4km에 달하는 크지 않은 산성이다. 이 영성자성이 안시성인지에 대해서는 아직 논란이 있다.[51] 지금의 안시성은 거리상 건안성(建安城)과 요동성의 한가운데에 위치해 있어서 전술적으로 애매모호한 위치에 있다. 그럼에도 불구하고, 당군과 대규모의 전투를 벌였으며, 결국 고구려군의 승리로 끝났다. 방어력이 매우 높은 군사성이며 규모가 큰 대성이라고 판단할 수 있다. 안시성이 대성(大城) 또는 중핵(中核)지역을 보위하는 행성(行星)이라면 주변에 소성(小城)인 위성(衛星)들이 포진해야 하는 데 현재로서는 주변에서 다른 방어체제가 발견되지 않는다. 다만 건안성의 북쪽 대석교(大石橋)와 안시성과 사이에 는 영구(營口)로 빠지는 길목에 백채자향(百寨子鄕)·마권자산산성(馬圈子山山城)이 있을 뿐이다. 안시성은 주변의 안산 지역의 철을 비롯해서 해성의 마그네슘 광산이 있는 경제적인 능력을 소유한 거점이기도 하다. 현재의 영성자성은 영구까지는 대략 40여 km이고, 개주의 건안성까지는 15km정도이다. 성 옆을 흐르는 해성하(海城河)는 요하와 만나 요동만으로 들어간다. 그렇다면 안시성 또한 요하의 수계(水系)에 있으며 수륙교통(水陸交通)이 활발함과 동시에 영구만 등의 해양방어와 유기적인 시스템을 구축하였음을 알 수 있다.

2) 영구만(營口灣)과 개현(蓋縣)지역

요하는 반금(盤錦)을 거쳐 쌍대자하구(雙臺子河口)에서 요동만과 만난다. 하지만 고

---

51 『신당서』 고구려전에 큰 요하는 말갈 서남산에서 나와 남으로 흘러 안시성으로 간다. 소요하는 요산서쪽에서 나와 역시 남으로 흐른다. 양수가 새외에서 나와 서쪽으로 흐르다 더불어 합쳐진다.(大遼 出 靺鞨 西南山 南歷 安市城, 小遼出遼山西 亦南流 有梁水出塞外 西行與之合),『삼국유사』(麗時都 安市城 在 遼水之北 遼水 一名 鴨淥).

구려 시대에는 요하의 물길이 쌍대하자가 있는 반금(盤錦)으로 나가는 것이 아니라 심양을 흐르는 혼하와 본계에서 흘러오는 태자하가 요동성을 흘러 혼하와 만나 영구로 들어갔다. 요하구(遼河口)는 만이 커서 바다와 동일하기 때문에 선박 수만 척이 만 안에 포진해 있어도 문제될 것이 없다. 더구나 요동만 자체가 내항적(內港的) 성격을 가진데다가 또 다시 요하구(遼河口)로 들어온 지역이므로 파도를 느낄 수 없다. 요하구로 들어온 후에 강물을 타면 요동의 내륙까지 들어갈 수 있다. 이러한 지리적 이점은 군사적 목적과 교역에도 이용되었다. 현재도 요하구에서 요양까지 배가 통할 수 있다고 한다. 영구만은 요하와 연결되어 수륙교통(水陸交通)에 유리한 지역이므로 대규모 수군기지와 이를 보위하는 방어성이 있었을 가능성이 높다.

이 지역의 중심성은 건안성(建安城)이다. 건안성은 요녕성 영구시(營口市) 개현(蓋縣) 청석령향(靑石嶺鄕)에 있다. 북벽에서는 강이 보이고, 더 멀리로는 바다가 있다. 서쪽 성벽에 있으면 바다가 보인다고 한다. 영구만을 통하지는 않지만 남쪽으로 대청하(大淸河)가 흘러 요동만으로 들어간다.

수나 당의 수군은 동래(東萊)를 출발하여 요동반도에 상륙을 시도했다. 이때『삼국사기(三國史記)』·『수서(隋書)』·『당서(唐書)』 등 사료의 기록대로 남단의 비사성(卑沙城)이나 석성(石城)이 있는 동부의 해안지대에만 상륙하지는 않았을 것이다. 오히려 수군 작전을 감행하고, 상륙작전을 효율적으로 시도하려면 영구만(營口灣)이나 개현(蓋縣) 지역이 더 바람직할 수 있다. 당시 전장의 주전선은 요하전선이었다. 건안성에 상륙하다면 북으로 영구와 동북으로는 안시성, 남으로는 비사성, 그리고 동으로는 수암(岫岩) 봉성(鳳城) 등으로 진격할 수 있다. 따라서 건안성은 요동반도 서부해안에 포진한 고구려의 여타 해양방어성들과 유기적인 작전을 벌이면서 수군의 상륙을 방어했을 것이다. 그러므로 건안성은 비사성 석성과 함께 요동반도 해양방어성의 주요 3거점 가운데 하나이다. 초기에 쌓은 천리장성의 종점이 영구(營口 : 蓋縣)지역에 있다는 주장도 있었는데,[52] 신형식은 이 해안성을 건안성으로 보고 있다.[53]

645년 당군의 침입에서 영주도독(營州都督) 장검(張儉)은 건안성 전투에서 아군 수천 명을 죽였다고(포로) 한다. 또 장량(張亮)의 군대가 건안성 아래를 지나갔다. 이 때 고구려 군사와 접전이 벌어졌다.[54] 그렇다면 건안성은 규모가 큰 대성이어야 한다. 현재는 단성(單城)구조로 된 둘레가 5km의 성으로 이해하고 있다. 그러나 현장을 조사한 필자의 견해대로 삼중구조(三重構造)로 되었다면 큰 대성 가운데 하나가 된다.[55] 건안성은 6세기 초 혹은 그 보다 약간 빠른 시기에 축조되었다는 견해가 있다. 후에 당군이 개주(蓋州)라고 칭하였다. 행정성 겸 군사방어 요새였으며, 아울러 거리는 약간 떨어져 있지만 외항을 관리하는 역할도 했을 가능성이 크다. 근처에 위성으로서 해안쪽인 개현 쌍대자향(雙臺子鄕)의 성자구산성(城子溝山城), 건너편 동쪽으로 개현의 양운향(楊運鄕) 분영산성(奮英山城), 개현 서둔향(西屯鄕)의 연통산산성(煙筒山山城) 등이 있다.

3) 보란점만(普蘭店灣)과 비사성 지역

요동반도가 서남으로 뻗은 반도의 중간부분에 보란점만(普蘭店灣)과 복주만(復州灣)이 붙어있다. 보란점만은 넓고, 염전이 발달해 있다. 요동반도 아래쪽에서 소금이 많이 생산됐다는 『한서지리지(漢書地理志)』, 『한서(漢書)』의 기록과 일치하고, 이는 고구려의 요동반도 진출이 염전(鹽田)확보와도 관련이 있음을 의미한다. 보란점만은 복주만에 비해 더 크고, 남쪽에 금주만(金州灣)과 붙어 있다. 만 안에 작은 섬들이 있고, 작

---

52 東潮 田中俊明, 『高句麗の歷史と遺蹟』, 中央公論社, 1995, p.380.
53 앞의 책, p.70.
54 『舊唐書』권69, 열전 張亮.
55 윤명철, 『말타고 고구려가다』, 청노루, 1997, pp.348~351. 서쪽과 북벽이 만나는 곳(단성구조가 아니라 삼성구조일 경우), 두 개의 산, 능선이 마주치는 곳은 평평한 반면 굉장히 좁으므로 관애가 설치되었을 가능성이 크다. 그 길은 청석령관애로 이어진다.

은 만들은 물길을 막아주어 함선이 활동하기 적합하다. 좁고 긴 바다물길을 따라 내륙 깊숙하게 들어간 곳에 육지가 있다. 곳곳에 곶성(串城)·포구성(浦口城)이 있을 만한 지역이다. 복주만은 규모는 작은 편에 속하지만 만 내부에 장흥도(長興島)·봉명도(鳳鳴島) 등 섬들이 있고, 내부로는 내륙에서 복주하(復州河)가 흘러들고 있다. 안쪽에서는 좁은 목을 통과하면 동쪽의 오고성 등 고구려 성들과 연결이 용이하다.

이 지역의 중심성은 득리사산성(得利寺山城)으로 비정되는 와방점시(瓦房店市) 득리사향에 있는 용담산성(龍潭山城)이다. 산성의 옆을 복주하가 흐르고 있다. 이 성의 기능은 복주만으로 상륙하여 내륙으로 진입하는 적을 막는 역할이다. 나문을 지나서는 도로에 좌우로 거대한 절벽과 벼랑들이 끝이 뾰족하고 파도처럼 연결되고 있다. 멀리서도 형태가 완연한 아주 잘 쌓은 산성이다. 좌우측으로 길게 몇 단으로 되어 있다. 주변에 위성에 해당하는 소성들이 포진해 있다. 와방점시 득리사향의 마권자산(馬圈子山)산성(山城), 와방점시의 태양승향(太陽升鄕) 고려성산(高麗城山) 산성, 와방점시 이점향(李店鄕)의 람고산성(嵐崓山城) 등이다.[56]

요동반도 남단에는 금주만(金州灣)이 있다. 대련만(大連灣)과 함께 요동반도 남쪽의 길고 폭이 좁은 육지들 마주보고 있다. 내륙만처럼 반으로의 조건은 좋지 않지만, 주력전선이 서쪽인데다가 외부세력이 접근하기에 용이한 해양환경이므로 관측 기능을 비롯하여 해안방어 및 해상방어 등 적의 수군을 막아내는 각종 기능을 담당한다.

금주만의 중심성으로 비사성(卑沙城)이 있다. 금현(金縣)의 금주(金州)시내에서 동북으로 20km 떨어져 있는 우의향(友誼鄕) 팔리촌(八里村)의 동쪽인 해발 663m의 대흑산(大黑山) 위에 있다. 사료에서는 비사성(卑奢城)·비사성(卑沙城)·사비성(沙卑城)으로 불리운다.[57] 산성은 대흑산을 바라보면서 서남방향으로 들어가는데, 성벽은 총 길이가

---

56 서길수, 『高句麗城』, KBS, 1994.
57 李殿福 著, 車勇杰 金仁經 譯, 『中國內의 高句麗 遺蹟』, 학연문화사, 1994, p.83.

5km이지만 산군 전체가 하나의 덩어리로 되어 실제 범주는 크고 길이도 더 길었을 것으로 판단된다. 비사성(卑沙城)은 요동반도(遼東半島) 남단이고, 금주만, 대련만, 묘도군도(廟島群島)와 만나는 교차점이므로 해양전략적으로 중요한 목이다. 이곳을 점령당하면 남으로는 비사성이 위험하고, 북으로는 건안성, 동으로는 장하(莊河)의 석성까지 이르는 곳에 위치한 성들이 위험하다. 비사성을 점령당하면 요동반도의 동부와 서부해안이 적의 수군 앞에 맥없이 노출된다. 뿐만 아니라 득리사산성, 건안성 등을 거쳐 안시성까지 진군하여, 요동방어의 핵심지역들을 배후에서 공격할 수가 있다. 안시성 공방전이 벌어졌을 때 이 곳을 점령했던 장량은 수군을 이끌고 구원하려던 시도가 있었다. 당시의 기록에 따르면 비사성에서 안시성까지 2일 거리였다고 한다.[58]

비사성이 해양방어상으로 유리한 이점은 관측(觀測)과 제어(制御)에 적합한 위치라는 것이다. 멀리 요동반도 남쪽의 황해를 바라보고, 북쪽으로 금주만도 잘 보이므로 적선의 상륙이나 이동 등을 정확히 관찰할 수가 있다. 또한 비사성은 항해상의 물표로도 훌륭하므로 고구려 수군의 해상작전에 도움을 주었고, 평상시에도 항해교통에 매우 중요한 역할을 하였을 것이다. 또한 금주만과 대련만이라는 동서 2개의 만(灣)을 동시에 관측하고 방어할 수 있다. 즉 동서(東西)의 양쪽 방면에서 들어오는 적을 방어할 뿐 아니라 북상하는 적을 저지하기에 적합한 지역이다. 해양방어성이며, 요동반도의 최고 전방 방위성인 비사성이 노철산수도(老鐵山水道)가 시작에 관여순(旅順)에 있지 않고, 이 곳 있다. 이유가 바로 이것이다.[59] 비사성은 수군을 관리하면서 요동반도 남부의 해양방어체제를 총관할하는 군사성이면서, 대외무역 및 외교 기능 등을 담당하는 행정의 치소역할을 담당했을 것이다. 따라서 보위하는 위성들이 포진해있었을 것이다.

---

58 『삼국사기』, 고구려본기, 보장왕 4년.
59 『新增東國輿地勝覽』에 의하면 비사성이 한강 하류유역에도 있었음을 기록하고 있다. 그 명칭이 해안방어 혹은 물과 관련이 있을 가능성을 보여주고 있다.

4) 요동반도 남부해안(吳姑城 및 石城 일대)

요동반도 남부의 동쪽 해안은 리아스식이 아니고, 강 하구가 발달하지 못했으므로 양질의 만이 부족하다. 하지만 바로 앞에 석성열도와 서쪽으로 장산군도가 있어서 북상하는 황해의 물길을 막아줄뿐 아니라 항로식별(航路識別) 피항(避港) 등의 유리한 항해환경이 조성되어 있다.

이 해안은 범위가 넓은 데다가, 지형상으로 보아 2개의 중심성이 있을 수 밖에 없다. 하나는 오고성(吳姑城)으로서 와방점시(瓦房店市)에서 대왕(大王) 쪽으로 가다 성대진(星臺鎭) 곽둔(郭屯)의 북에 있다. 청천사(淸泉寺)라는 절에는 외패산성(巍覇山城)이라는 이름 아래 한(漢)나라 광무제(光武帝) 때 쌓아 이미 1,900년이 되었다고 쓰고 있다. 평원 가운데의 산에 있으며, 벽류하(碧流河)의 서안에 있다. 벽류하는 상류에서 대청하(大淸河)와 이어진다. 『요동지(遼東志)』에 따르면 외패산성(巍覇山城)은 복주성(復州城)의 동쪽 180리에 있다.[60]

이 성의 해양 전략적인 가치는 장하(莊河)의 석성(莊河)보다 더 높을 수 있다. 성 안에서 평원과 사하(沙河)가 보이고 그 너머에 황해가 있다. 동쪽에서 서쪽방향으로는 날씨가 좋을 경우에 100리 이상은 충분히 관찰이 가능하다. 바다를 이용해서 민간의 해양세력은 물론 고구려의 수군활동이 성장할 수 있으며, 육지와 유기적으로 공동작전을 실시하기에 적합한 지형이다. 장산군도(長山群島)의 핵심이 되는 섬들은 석성보다 더 가까워 오고성의 또 다른 기능을 추정할 수 있다. 즉 서남 방향에서 상륙한 적은 이곳까지 개활지를 통과할 수 밖에 없다. 결국 오고성은 동쪽에 있는 석성과 공동작전을 하면서 해양방어에 주력하는 한편, 서북쪽의 방어체제들을 해안에서 보호하는 기능

---

60 許明綱,「大連地區高句麗四座山城略考」, p.98.

도 하였을 것이다.[61]

또 하나의 중심성으로 석성(石城)이 있다. 석성(石城 : 城山山城)은 요녕성 장하현(莊河縣) 성산진(城山鎭 : 城山鄕) 사하촌(沙河村) 만덕둔(万德屯)의 서북에 있다. 장하는 길다란 해안선의 한 중간에 위치해 있어 동서로 각각 요동반도의 끝에서 압록강하구로 이어지는 중간에 있다. 남쪽으로 벽류하가 보이고 멀리는 황해까지 보인다고 한다. 석성이 있는 지역은 서북과 동북으로 중요한 방어석성과 연결되고 있다. 공격수군이 요동반도의 동남부 해안에 상륙하였을 경우에는 곧장 북상하다가 본계, 신빈(新賓) 등을 거쳐 고구려의 내부, 즉 국내성 외곽의 주변지역으로 진격할 수 있고, 역으로 서북진하여 요하전선의 안시성(安市城)·신성(新城) 등 전방방어성들을 후방에서 공격할 수 있다.

또한 석성은 주변의 오고성과 장산군도, 석성열도에 있는 고구려의 성들과 연결하면서 장해현 장산군도와 석성열도 등을 방어하는 동시에 수암지역 등 내륙의 성들과도 연계를 맺은 해륙방어(海陸防禦)의 중심성이었다. 때문에 이 성은 『신당서(新唐書)』 고려전(高麗傳)에 치열한 전투가 벌어지던 성으로 기록되어 있다. 수군(水軍)을 이끌고 온 우진달(牛進達)군이 요동반도 남쪽해안에 상륙한 다음에 이곳에 이르러 100번의 전투가 이루어졌다고 한다. 물론 장하(庄河)의 성산산성이 이 때의 석성인지에 대해서는 단언할 수가 없으나, 현재로서는 이 성으로 보고 있다.

석성은 산들이 펼쳐진 한 가운데의 해발 290m 능선에서 성벽이 북북동 방향으로 요철을 이루면서 연결된다. 둘레가 2,898m인데다가 구조가 치밀하고 견고해서 방어력이 높은 성이다. 많은 군사가 성안 뿐만 아니라 주변지역에 포진할 수 있고, 주변 산속에도 웅거할 수 있다. 특히 협곡을 사이에 두고 건너편 험한 산에 또 하나의 성을 배치한 것은 이 지역의 전략적 가치가 높으며, 성의 방어력이 매우 크다는 것을 알려준다. 『장하현지(庄河縣志)』에 따르면 가운데에 협하(狹河)를 두고 전성(前城), 후성(後城)이

---

61 윤명철, 앞의 책, pp.372~379.

라고 하는데,[62] 남쪽에 있는 전성이 석성이고, 북쪽인 입자산(砬子山)에 있는 성은 후성이라고 한다. 협하는 벽류하(碧流河)와 만난다. 주변의 위성으로 보란점시(普蘭店市) 묵반향(墨盤鄕) 마둔촌(馬屯村) 고려성산산성(高麗城山山城), 장하현(莊河縣) 평산향(平山鄕) 선성자산성(旋城子山城) 등이 있다.

5) 요동반도 섬방어 체제

요동반도 남부 해양에는 대장산도(大長山島), 소장산도, 광록도(廣鹿島) 등 큰 섬들과 외해로 나가면 장자도(獐子島), 대모도(大耗島) 등 작은 섬들이 점점이 있고, 한 가운데에는 먼 곳에 해양도(海洋島)가 있다. 조금 동쪽으로 떨어진 곳에는 석성도(石城島), 대왕가도(大王家島)를 비롯하여 석성열도가 있다. 해안과 군도의 사이는 폭이 좁고 수심이 얕다. 필자는 1995년 고구려성이 있다는 사실을 확인한 후[63] 다시 입도해서 조사한 결과 몇 개의 성을 발견하였다.[64] 고구려성은 대장산도의 장해현청에서 북쪽으로 떨어져 있는 해안가 절벽 위에 있었다. 북쪽으로 사하(沙河)가 내려오는 피구항(皮口港) 지역, 오고성(吳姑城)에서 흘러 내려오는 찬자차(贊子河) 하구유역, 그리고 동쪽으로 벽류하가 바다와 만나는 지역 및 요동반도 남단에 해당하는 지역들을 육안으로 관측할 수 있었다.[65] 광록도(廣鹿島)에도 고려성이 있었다. 신석기시대 패총유지였고, 선박관

---

62 許明綱,「大連地區高句麗四座山城略考」,『博物館研究』1996, 제1기 孫進己 孫海 主編『高句麗渤海研究論文集成(中國古代民族研究集成之一) 高句麗卷 (三) 哈爾濱出版社, 1994, p.98.
63 遼寧省博物館 旅順博物館 長海縣文化館,「長海縣廣鹿島大長山島貝丘遺址」,『考古學報』, 1981, 제1기, p.79. 지도에는 장해현에 고구려성이 있음을 표시하고 있다.
64 윤명철,「遼東지방의 해양방어체제연구」,『정신문화연구』겨울호, 통권 77호, 1999.
윤명철,「고구려 산성과 해양방어체계 연구」,『고구려 산성과 해양방어체제 연구』, 백산자료원, 2000, 108, p.111.
65 이 마을은 현재도 '고려방'이라고 불리우고, 과거에는 지명이었다.

계유물, 즉 주형도기(舟形陶器)들이 발견되었던 곳이다. 월량만(月亮灣) 근처에도 고려성이 있다.

장산군도는 대장산도를 중심으로 주변의 섬들이 울타리처럼 둘러싸고 있어 마치 거대한 만(灣) 혹은 내해적(內海的) 성격을 지니고 있다. 따라서 대규모의 수군선단기지가 될 만한 조건을 갖추고 있다. 또 육지에 구축된 해양방어체제들과 연결하여 유기적으로 작전을 펼칠 수 있으며, 실제로 수군을 움직일 수 있다. 이외에 장하현의 석성도(石城島), 석성열도의 해양도에도 고구려 산성이 있다. 그렇다면 647년에 우진달(牛進達)군이 수군을 이끌고 요동반도의 남쪽해안에 상륙하여 100번의 전투가 벌어졌을 때 이 요동반도 남부 해역은 고구려 수군과 당 수군과 전쟁이 벌어졌을 것이다. 광록도(廣鹿島)의 유조구(柳條溝)에서 출토된 수(隋)의 오수전(五銖錢) 등은 당시 수나라가 고구려를 공격할 때의 유물이다.[66]

섬 안에 고구려 성이 있는 사실은 고구려가 해양방어체제를 육지뿐 아니라 바다 한가운데도 구축했음을 의미한다. 이것은 고구려에 수군이 있었다는 강력한 증거이다. 섬에 성이 있으면 군사들이 주둔하고, 선박을 보유해야 한다. 이 선박들은 해양환경, 방어시스템, 전황등을 고려하면 척후선 수준을 넘어 요동반도의 남부를 지키고 적의 수로군과 결전을 벌이는 함대일 가능성이 크다. 고구려는 이러한 해양방어체제의 요충지에 수군을 배치하여 해상수송로를 제어하고, 척후활동 등을 하였을 것이다.[67]

살펴본 바와 같이 천리장성(千里長城)은 적어도 해양과 연관하여 볼 때 1중핵(中核)과 4행성(行星)지역으로 구조화 되어 있다. 신성(新城)과 요동성(遼東城)은 중핵(中核) 역할을 하고, 영구만(營口灣)과 개현(蓋縣)지역, 보란점만(普蘭店灣)과 요동반도 남단, 요동반도 남부해안, 군도(群島) 등은 부중핵(副中核 : 行星) 역할을 했다. 고구려는 각 개의 개

---

66 『長海縣志』, p.26.
67 윤명철, 위의 책, p.398.

별성(城)이나 각 지역들이 독자적으로 방어하고 활동한 것만이 아니다. 하나의 유기적인 시스템 속에서 해양방어는 물론이고, 요동반도 전체의 방어체제, 나아가 고구려의 국가 방어체제 및 전략과도 연관되었을 것이다.

이러한 유기적인 시스템은 한 성이 공격받을 경우에 주변에 포진한 다른 성들이 입체적으로 지원공격 할 수 있고, 적들도 다른 성의 공격을 염두에 둔 채 공격해야 하므로 전력을 분산시킬 수밖에 없는 구조이다. 또 한 성이 점령당하면 군사, 백성, 식량 등을 비롯한 전략물자를 회수하여 주변의 성으로 이동하여 항전(抗戰)을 계속한다. 최소의 전력으로 최대의 효과를 낼 수 있는 시스템이다.

그런데 이 구조는 불리한 점도 있다. 만약 중핵성(中核城)이 무너질 경우에는 연결고리가 약해지는데다가, 적 주력군의 공격이 주변으로 분산되면서 행성(行星)·위성(衛星) 격인 나머지 군소성(群小城)들의 위치가 불안정해진다. 이러한 한계를 보완할 목적으로 지역과 지역 사이의 중간지대에는 군사력이 강한 대성(大城)들을 독자적으로 포진시키고 있다. 예를 들면 안시성(安市城 : 英城子山城)과 장하(莊河)에 있는 석성(石城)이다.

5. 결론을 대신해서

서론에서 언급하였듯이 이 글은 '터이론'이라는 공간 모델을 이용하여 고구려의 천리장성을 새로운 관점에서 이해하고자 작성한 글이다. 즉 각개 성의 구조나 성격 기능 역할 등이 아니라 각개 성들이 주변의 다른 성들, 또는 요동지방에 축성된 다른 성들과 어떤 구조 속에서 관계를 맺는가와 고구려 전체의 국토전략 내지는 세계관과 어떠한 연관성이 있는 가를 살펴본 것이다.

이를 위해 처음에는 동아시아와 고구려, 요동지역의 자연환경과 역사적인 환경을 살펴보았다. 역사가 자연의 큰 틀과 유기적 관계에서 벗어날 수는 없다면 요동반도, 남만주의 육지와 발해, 황해북부 등의 해양은 하나의 시스템을 이루고 있으며, 천리장성 또한 해륙적(海陸的) 성격과 구조를 띠운다. 전쟁은 수륙양면전(水陸兩面戰)으로 전개되고, 고구려는 육상방어와 함께 해양방어에 비중을 두어 유기적인 방어시스템으로 구축해야 한다. 특히 천리장성에서 해양과 관련된 성들과 요동반도의 남부해안 및 섬들에 설치한 성들은 유기적인 관계를 맺으면서 전황을 파악하고, 공동으로 대응하는 방식을 구사했을 것이다. 이러한 사실들은 전황을 분석하면서 일부는 확인할 수 있다.

또 이 성들은 전략적 전술적인 판단과 지역환경들을 고려하여 몇 개의 부분으로 구분하여 배치하였다. 그래야 효율적으로 대응할 수 있기 때문이다. 예를 들면 개별성(個別城)이 독자적인 전투도 수행하면서 다른 성, 다른 지역들과 연계해서 총체적인 망(網)을 구성해야 하기 때문이다. 그러한 시스템을 고려하여 분석해 본 결과, 천리장성은 1개의 중핵(中核)지역과 4개의 부중핵(副中核)지역으로 범주화할 수 있었다. 그리고 그 지역은 각각 대성(大城 : 行星)을 중심으로 다른 군소성(群小城 : 衛星)들이 포진해서 또 하나의 터 내지는 망(網)을 구성하고 있었다. 고구려 성들은 서로가 유기적으로 도우면서 공동대응할 수 있는 상생구조(相生構造)였다고 판단된다. 앞으로 더 많은 성들의 존재가 밝혀지면 이러한 이론의 이해에 도움 될 것이고 역으로 이러한 이론 틀 속에서 지형과 전황을 면밀하게 분석하면 성들을 찾아내는데 효율적일 수 있다.

또 하나, 이 논문을 통해서 천리장성을 비롯한 요동반도 내의 성 들 가운데 일부는 바다와 직결되어 있음을 확인하고, 강과 바다가 만나는 접점에 있는 강해도시(江海都市) 또는 성곽은 해양방어뿐 만이 아니라 육지방어를 연결하는 구조 속에서 작동하는 것을 추론할 수 있었다. 또한 요동성 · 안시성 · 백암성 등은 내륙에 있음에도 불구하고 안으로 길게 이어진 요하(遼河)의 지류(支流)들을 통해서 바다와 연결될 수 있는 강해도시(江海都市)의 모델이 적용될 수 있다.